자활, 지역사회실천을 말하다

자활, 지역사회실천을 말하다

1판 1쇄 인쇄　2015년 12월 25일
1판 1쇄 발행　2015년 12월 30일
지은이　김정원 · 장효안
펴낸이　이형진
펴낸곳　도서출판 아르케
출판등록　1999. 2. 25. 제2-2759호
주소　강원도 홍천군 내촌면 와야리 300-4
대표전화　(02)336-4784~6　｜　**팩스**　(02)6442-5295
E-Mail　arche21@gmail.com　｜　**Homepage**　www.arche.co.kr

값 19,000원

ISBN 978-89-5803-147-5　03330

이 책은 (사)한국지역자활센터협회의 지원을 받아 연구 저술되었습니다.

자활, 지역사회실천을 말하다

김정원·장효안

■ 책을 펴내며

이 책은 지역자활센터와 자활기업에 대한 이야기이다. 지역자활센터? 자활기업? 솔직히 말해서 우리사회의 장삼이사들이 관심을 가질만한 것은 아니다. 그러나 때로는 관심의 대상이 아니어도 소중한 것들이 있기 마련이다. 사실 소중하다는 것이 대중의 척도로만 재어서 판단할 수 있는 것은 아니지 않은가? 세상의 소중한 것들 중에는 처음에는 관심을 받지 못한 것들이 무척 많다. 어쩌면 지역자활센터나 자활기업도 그런 것들 중 하나일지 모른다.

많은 사람들이 모르고 있지만 지역자활센터와 자활기업은 자활사업이라는 정부의 정책 내에 위치해 있다. 자활사업은 국민기초생활보장법 내에 위치해 있으며 기초생활보장수급자를 비롯한 빈곤층이 '일(work)'을 통해 현재의 가난한 상태를 벗어날 수 있도록 하는 정책이다. 지역자활센터는 전국의 기초지자체에서 이를 수행하는 역할을 하는 전달체계이며, 자활기업은 지역자활센터가 자활사업을 수행하면서 조직해낸 기업이다. 이처럼 제도의 틀에서 접근하면 명료해 보이지만 그 안을 들여다보면 그리 간단하지 않다. 만물은 항상 복잡하기 마련인 것이다.

자활사업은 정부가 일방적으로 만든 것이 아니다. 가난한 사람들과 함께 지역공동체를 만들어보고자 했던 빈민밀집지역 주민운동의 한 흐름이 정부와 논의를 하면서 탄생시킨 정책이다. 그런 이유로 한동안 '자활운동'이라는 표현이 사용될 정도로 사회운동적 분위기가 강했고, 실제로 사회운동 유경험자들의 많은 참여가 있었다. 또한 지금은 많은 이들에게 친숙한 단어가 된 사회적경제가 하나의 담론으로 등장한 것이 자활사업의 실천 현장에서였다. 그렇다면 오늘날 사회적경제에 대해서 한 마디씩 한다는 사람들은 모두 자활사업의 현장에 빚을 지고 있는 셈이다. 그뿐만 아니다. 자활사업은 지역에서 다양한 이해관계자들과 관계를 맺으면서 작동하고 있다. 자활사업 참여주민, 지역자활센터 및 자활기업의 종사자, 지자체의 관련 공무원, 지역의 자영업자, 전문가, 오피니언 리더, 일반 시민들이 자활사업과 관계를 맺고 있다. 이 책은 바로 이 지점, 즉 자활사업이 지역에서 다양한 이해관계자들과 어떻게 관계를 맺으면서 작동하고 있는지를 조명하고자 했다. 그래서 가져온 것이 지역사회실천이라는 개념이었다. 책의 내용은 다음과 같다.

먼저, 이 책은 프롤로그로부터 시작한다. 프롤로그에서 이 책을 집필한 의도를 밝힌 후에 본문으로 넘어간다. 본문은 크게 세 개의 이야기로 구성했다. 1부는 자활사업의 역사에서 지역사회실천의 흔적을 찾는 내용을 담았는데, 빈민밀집지역 주민운동에서 오늘날 자활사업 현장에 이르기까지의 과정을 기술했다. 이 책의 핵심인 2부는 현장의 이야기를 담았다. 11개 지역에서 이뤄지는 12개 지역자활센터의 활동과 4개 자활기업의 지역 활동을 모두 12개의 이야기로 구성했다. 이를 통해서 독자들은 지역자활센터와 자활기업이 지역사회를 조직하고 자활사업 참여자들의 역량을 강화하면서 지역을 변모시키기 위한 활동에 어떻게 참여하는지를 접할 수 있을 것이다. 본문의 마지막인 3부에서는 2부에서 살펴본 결과들을 바탕으로 지역자활센터와 자활기업의 지역사회실천 모형을 제시해봤다. 이렇게 본문을 마친 후에는 에필로그를 통해서 지역자활센터와 자활기업이 놓인 상황을 다시 한 번 짚어보면서 지역자활센터와 자활기업이 지역의 한 주체로서 역할을 할 수 있어야 함을 주장했다. 이렇게 책의 전체적인 구성을 마친 후에 별도로 지역사회실천 개념에 대한 이해와 제도적인 측면에서 지역자활센터와 자활기업을 이해하는 장을 부록으로 마련했다. 자활사업을 경험해보지 않았거나 배우지 않은 이들은 부록을 먼저 읽는 것이 좋을 것이다.

부디 좀 더 많은 사람들이 자활사업 현장을 이해하는데 이 책이 도움이 되기를 기대하며 이제 책이 출간될 수 있도록 도움을 주신 분들께 감사를 드려야겠다. 이 책은 한국지역자활센터협회의 지원으로 집필되었다. 한국지역자활센터협회의 오상운 회장님을 비롯한 여러 구성원들에게 감사를 드린다. 특히 책의 기획 단계에서부터 함께 해준 김현숙

사무총장과 박찬규 협동사회경제위원회 위원장, 그리고 온갖 잡일을 맡아준 홍대로 정책팀장에게 더욱 감사드린다. 바쁜 시간을 쪼개 조사에 협력해준 지역자활센터장과 자활기업 대표, 그리고 자활근로사업 및 자활기업의 구성원들에게도 감사를 드린다. 끝으로 책의 출판을 흔쾌히 맡아주신 도서출판 아르케에게도 감사드린다.

2015년 12월
김정원·장효안

차례 **자활, 지역사회실천을 말하다**

책을 펴내며   5

프롤로그 | 왜 자활사업에서 지역사회실천인가?   11

제 I 부 들어가기

Chapter 1   자활사업의 역사에서 찾는 지역사회실천의 흔적   22

제 II 부 현장 들여다보기

Chapter 2   인구과소지역에서 지역관리모델을 제시하다
_ 강원 고성지역자활센터   36

Chapter 3   지역살림과 지역자활을 모토로
_ 서울 강북지역자활센터   52

Chapter 4   지역에서 사회적경제를 이끌어 가다
_ 인천 부평구의 두 지역자활센터   67

Chapter 5   고용과 복지를 테마로 지역에 대처한다
_ 경기 남양주지역자활센터   80

Chapter 6   지역자활센터, 지역을 구상하다
_ 서울 노원지역자활센터   94

Chapter 7   지역과 함께 가다
_ 충북 청원지역자활센터   109

Chapter 8   주체로 서는 것, 지역사회실천의 시작이다
_ 서울 광진지역자활센터   **122**

Chapter 9   주민과 지역의 삶의 질을 높인다
_ 경기 부천소사지역자활센터   **140**

Chapter 10   자활을 통해 지역과 사회적경제를 묶는다
_ 전북 전주덕진지역자활센터   **156**

Chapter 11   지역의 욕구를 수렴하는 일자리전문기관을 꿈꾼다
_ 경북 포항나눔지역자활센터   **169**

Chapter 12   농촌과 사람을 살리는 지역사회실천을 향하여
_ 경기 여주지역자활센터   **186**

Chapter 13   더 나은 지역사회기업 모델을 향해
_ 자활기업들   **202**

제Ⅲ부 현장 정리하기

Chapter 14   지역자활센터의 지역사회실천 정리하기   **226**

Chapter 15   자활기업의 지역사회실천 정리하기   **249**

에필로그 | 자활사업이 지역을 바꿀 수 있을까?   **257**

부록 | 1. 지역사회실천 말하기   **266**

2. 지역자활센터와 자활기업 알아보기—제도적 이해   **275**

■ 프롤로그

왜 자활사업에서 지역사회실천인가?

1. 존재하지만 보이지 않는 것을 이야기하고 싶었다

아마 지역자활센터와 자활기업을 아는 이들은 그렇게 많지 않을 것이다. 자활이라는 개념 자체가 그리 쉽지 않다. 한 마디로 확 들어오지 않는다. 어떤 사람들은 자활센터에서 일한다고 하면 장애인을 지원하는 활동을 하는 것으로 이해하기도 한다. 그러면 또 한참을 설명해야 한다. 국민기초생활보장법이 어쩌고저쩌고, 외환위기가 어쩌고저쩌고, 가난한 사람이 어쩌고저쩌고 하면서.

그런데 사실 지역자활센터와 자활기업을 찾는 것은 그다지 어려운 일이 아니다. 한 때 지역자활센터들의 홍보 문구가 "우리 동네에는 지역자활센터가 있습니다."였을 정도이다. 물론 동네마다 있다는 것은 아니다. 지역자활센터는 서초구와 같이 예외적인 경우를 제외하고는 전국 대부분의 기초지자체에 1개 이상이 존재한다. 지역자활센터가 조직해내는 자활기업은 전국적으로 1,300여개가 넘는 것으로 알려져 있다. 그러면 지역자활센터와 자활기업은 최근에 만들어진 신생조직인가 하면 또 그렇지도 않다. 지역자활센터가 세상에 모습을 드러낸 것이 1996년이니 옛 표현을 빌리자면 그 후 강산은 두 번이나 바뀌었을 시간이 흘렀다. 이처럼 퍽 오래되었고 적지 않은 숫자가 있음에도 불구하고 지역자활센터와 자활기업이 많은 이들에게 낯선 것은 그것들이 특정 집단에게 친숙하기 때문이다. 그 특정 집단은 가난한 사람들이다.

지역자활센터는 기초생활보장수급자를 비롯한 차상위자들이 참여하는 자활근로를 사업단 방식으로 운영하는 사업을 축으로 해서 각종 자활사업을 진행한다. 자활기업은 자활근로를 기반으로 창업한 사업체이다. 그리고 이들은 국민기초생활보장법이라는 공공부조정책을 제도적 기반으로 하고 있다. 지역자활센터와 자활기업이 잘 알려지지 않고 있는 것은 이처럼 가난한 사람들을 대상으로 하는 제도를 기반으로 하고 있고, 가난한 사람들이 참여하고 있는 것이 큰 요인이라 할 수 있다. 잠시만 눈을 돌리면 경제적인 어려움에 놓인 사람들을 찾는 것이 어렵지 않음에도 불구하고 가난한 사람들은 연말에 울리는 구호의 종소리나 때때로 신문 지상에 오르내리는 비극적인 이야기가 아니라면 많은 사회 구성원들의 일상에서 시선 밖에 존재한다. 그러나 시선 밖에 존재한다고 해서 가난한 사람들의 일상이 존재하지 않는 것이 아닌 것처럼 가난한 사람들이 참여하는 지역자활센터와 자활기업도 비록 많은 이들의 시선 밖에 존재하지만 무척이나 활발한 활동을 전개하고 있다. 그런데 평소에 주목을 받지 못한 처지이다 보니 지역자활센터와 자활기업이 어떤 일을 하는지 사람들은 잘 모른다. 심지어 사회복지를 전공하는 학생들이나 현장 실무자들조차 그렇다. 그래서 지역자활센터와 자활기업이 하는 활동과 갖고 있는 고민을 함께 나누고 싶었다.

실은 가난한 사람들 이외에 지역자활센터와 자활기업에 친숙한 이들도 있다. 이와 관련된 정책을 다루는 이들이다. 그런데 이들의 접근은 제도에 기반을 두고 이뤄지다보니 그 관심도 제도의 효과에 맞춰져 있다. 물론 지역자활센터는 제도적으로 국민기초생활보장법에 근거한 전달체계로서 제도에 명시된 역할을 수행하고 제도에 의한 관리를 받으며, 그에 따른 평가를 받는다. 자활기업 역시 제도에 규정된 조건을 채울 경우 공식적인 인정을 받으며, 공식적인 인정을 받게 되면 제도에 명시된 일정한 지원을 받고 있다. 이렇듯 지역자활센터나 자활기업은 제도에 기반하고 있고 제도로부터 자유로울 수 없는 존재이다. 그렇다고 해서 제도의 틀에서만 접근하는 것은 바람직한 것일까?

지역자활센터나 자활기업은 특정한 대상 및 공간에 근거를 둔 조직이다. 특정한 대상은 가난한 사람이며, 공간은 지역이다. 이는 지역자활센터나 자활기업이 특정한 지역의 가난한 사람들과 함께 하는 조직으로 이들이 지니고 있는 문제를 해결하는 시도를 지역사회 내 역할로 부여받을 수 있음을 말한다. 물론 제도적 역할도 이러한 내용을 반영하고 있기는 하다. 그러나 제도가 포착하지 못하는 지점들이 존재한다. 다음과 같은 것들이다.

첫째, 지역자활센터나 자활기업이 특정한 지역에서 가난한 사람들과 만나는 매개고리인 노동이 발생시키는 효과이다. 자활기업은 생존과 자립을 위한 노동이며, 지역자활센터는 생존과 자립의 가능성을 모색하고 정부의 복지 급여를 제공받기 위한 노동이라는 점에서 차이가 존재하지만 노동이 매개가 되는 것이 존재의 근거가 됨은 분명하다. 이는 무척이나 중요한 부분인데, 그 노동이 지역자활센터나 자활기업이 지역과 관계를 맺는 지점이고 지역자활센터나 자활기업에 참여하는 가난한 사람 개인의 삶을 규정하는 핵심 요인이기 때문이다. 아래는 강원도에 위치한 고성지역자활센터의 야생화사업단에 참여하는 한 남성의 이야기이다. 어떤 사람들이 보기에는 정부에서 나가라니까 가서 일하는 것일 수 있겠지만 지역자활센터가 운영하는 자활근로사업단에서 일하는 당사자는 지역에 기여하는 일을 하고 있는 것이다. 삶이 다르게 해석되는 것이다. 어느 한 가난한 주민에서 지역에 뭔가 의미 있는 기여를 하는 이로.

> 수입이 조금씩 조금씩 생기기 시작을 했고. 앞으로도 이 어떤 꼭 수익보다는, 어떤 수익성보다는 일단 지역주민과 이곳을 지나다니는 많은 관광객, 그 다음에 청소년 우범지역 같은데 공원 같은 데 가보면 아주 구석에 학생이나 청소년들이 담배피고 술 마시고 그러고 으슥하게 만들어놓고 있는 데를 청소를 깨끗하게 해주면서 녹지관리해주고, 뭐도 심어주고 이러니까 주변에서 마을 주민들이나 높은 사람들이 환경도 단정하고 앞으로 지역을 위해서 좀 더 의미가 있고 보람 있는 일이 되지 않겠나. …

그러나 지역자활센터와 자활기업이 발생시키는 노동이 지역사회와 결합하면서 발생되는 효과에 대해서 제도는 어떠한 관심도 보이지 않는다.

둘째, 지역자활센터나 자활기업의 구성원인 지역의 가난한 주민이 지역자활센터 및 자활기업을 통해서 경험하는 일상이 발생시키는 효과이다. 지역자활센터나 자활기업은 여기에 참여하는 지역의 가난한 사람들에게는 일터이다. 일터는 노동과 함께 관계가 발생하는 장이다. 노동도 그렇지만 관계도 구성원들의 일상에 중요한 영향을 미치는데, 경우에 따라서는 작업장 내에서 빈곤층이 가지는 문제를 해결하는데 긍정적인 기여를 할 수 있는 기회로도 작용할 수 있다. 아래는 2012년에 전라북도 정읍에서 진행한 자활사업 참여자 집담회에 참여한 50대 여성의 이야기이다. 상당히 심각한 질환을 지니고 있는데다 가족 관계에서도 불행한 일을 겪은 이 여성은 자활근로사업에 참여하면서 정신적인 치유와 육체적인 회복을 경험했다고 토로한다.

> 제 몸에 질환이 아직 있으니까. 숨쉬기부터 힘이 드니까. 걸어올라 다니는 것도 힘이 드니까. 그래도 이 자활이라는 것이 있어서 이렇게 와서 일할 수 있다는 것이 얼마나 행복한지 몰라요. 아침에 일어나면 내가 갈 곳이 있으니까. 7년간 나무 그늘만 찾아 댕길 때는, 정말로 살맛이 아니야. 그런데 지금은 자고 눈 뜨면 내가 갈 곳이 있어. 내가 갈 곳이 있으니까.

사실 자활사업 현장에서 이런 사례는 매우 많다. 일하고 싶지 않은 사람은 없다. 다만, 일하고 싶은 욕구가 채워지지 않을 뿐이다. 일을 하지 못한다는 것은 고립이기도 하다. 자활사업에서 이뤄지는 노동은 단순한 일이 아니라 고립을 벗어나 관계를 만들어가는 것이다. 그러나 제도는 노동이 만들어내는 관계가 가난한 사람들에게 어떤 긍정적인 영향을 미치는지 관심이 없다.

셋째, 지역자활센터나 자활기업이 특정한 지역과 맺는 관계가 발생시키는 효과이다. 이는 주로 노동 행위를 매개로 발생하기도 하지만 각종 비노동적인 행위를 매개로 발생하기도 한다. 지역자활센터나 자활기업이 조직의 구성원들을 대상으로 진행하는 각종 프로그램의 운영이나 또는 지역에서 활동하고 있는 각종 조직들과의 네트워크 활동 등이 그것이다. 이런 활동을 통해서 지역자활센터나 자활기업은 지역의 다양한 구성원들과 관계를 맺는다. 그리고 그 관계는 관계 자체로 끝나는 것이 아니라 새로운 관계를 만들어 내거나 기존의 관계를 증폭시키는데, 요사이 하는 말로 사회적 자본(social capital)을 만들어내는 것이 된다. 협력적 행위를 촉진시켜 사회적 효율성을 향상시킨다고 사람들이 말하는 그것인데, 실제로 자활사업을 통한 사회적 자본의 창출에 주목하는 연구들이 있지만 이 역시 제도는 주목하지 않는다.

넷째, 자활사업이 만들어내는 경제적 효과이다. 경제의 본원적 의미는 살림살이이다. 지역자활센터나 자활기업은 지역의 살림에 도움이 되는 존재이다. 지역자활센터의 운영비 및 사업비는 대응예산의 성격을 지니고 있어 상당 부분이 국가의 부담이다. 한 마디로 지역자활센터는 지역 외부에서 돈을 끌어오는 역할을 하는 것이다. 그런데 소비는 지역 내부에서 주로 한다. 자활근로사업이나 자활기업 참여자들도 마찬가지이다. 이들의 소비는 주로 지역 내부에서 이뤄진다. 얼마 되지 않는 수입으로 할 수 있는 지출이라는 것은 주로 생활에 필수적인 것들이기 때문이다. 즉, 지역 외부에서 돈을 끌어와 지역 내부에서 돌도록 하는 역할을 하는 것이다. 그뿐만 아니라 자활사업의 상당수는 사회서비스이기도 하니 지역 주민들에게 유용한 서비스를 좀 더 풍부하게 하는 역할을 하는 것이다. 이처럼 지역 내부의 살림을 좀 더 풍요롭게 하는 역할을 하고 있으나 이 역시 제도는 주목을 하고 있지 않다.

제도는 더 많은 창업과 더 많은 취업, 그리고 더 많은 탈수급을 이야기하고 있을 뿐이다. 그러나 안타깝게도 제도가 요구하는 바들은 구조적 환경에 더 큰 영향을 받는 것들이다. 제도의 요구에 초점을 맞추자면 자활사업은 소모적인 것이 될 수 있다. 적지 않은 예산이 투입됨에도 불구하고 더 많은 창업과 더 많은 취업, 그리고 더 많은 탈수급은 선명하게 보이지 않기 때문이다. 그러나 제도가 보지 않는 것에서 진정한 '자활'이 있을 수도 있다. 우리는 그것을 이야기하고 싶었다. 제도가 외면하고 있지만, 그래서 보이지 않지만 더 나은 지역사회를 만들기 위한 노력이 자활사업의 현장에서 이뤄지고 있음을.

2. 함께 이야기를 만든 이들

현장의 구성원이 아닌 탓에 자활사업의 현장에서 이뤄지는 지역사회실천을 살펴보기 위해 저자들은 조사라고 하는 절차를 거쳐서 이야기를 담을 수밖에 없었다. 조사 준비에서부터 시작해 인터뷰와 간담회에 참석한 이들은 사실상 이야기를 함께 만든 이들이기도 하다. 조사는 다음과 같이 진행되었다.

가장 먼저 진행한 것은 사례에 대한 표집이었다. 표집은 몇 차례의 단계를 거쳐서 진행했다. 먼저, 저자 중 한 사람이 참가하기도 해서 2010년에 출판되었던 『자활사업과 지역화 실천』(나눔의집)에서 제시한 '지역화 실천의 목표, 행위, 결과물'이라는 당시의 분석 결과를 참고해 질문지를 작성하고 이 질문지를 전국의 광역단위 지역자활센터협회 사무국장에게 배포해서 해당 지역에서 이에 부합하는 사례에 대한 추천을 받았다. 추천서에는 추천 사례기관의 추천 이유를 함께 받았다. 이렇게 추천된 사례에 대한 자료를 이 책을 기획한 한국지역자활센터협회의 협동사회경제위원회에서 점검해서 저자들과 함께 조사를 위한 최종 사례를 추출했다. 한국지역자활센터협회 협동사회경제위원회의 구성원들은 자활사업 현장에서 오랜 경험을 쌓아왔기에 사례를 최종 추출하는데 가장 적합한 단위라 할 수 있었다. 사례를 추출하면서 일부 자활기업을 포함시켰는데, 이는 자활기업의 숫자가 이제는 대단히 많고 자활사업의 한 단위로 자리매김한데다 최근 사회적경제 영역에서도 하나의 주체로 인정받는 현실을 고려해 지역사회에서 중요한 역할을 하는 자활기업 사례도 함께 살펴볼 필요가 있다는 판단에서였다. 자활기업 사례의 최종 추출 역시 한국지역자활센터협회의 협동사회경제위원회와 저자들이 함께 담당했다.

두 번째로 사례 조사는 다음과 같이 진행했다. 먼저, 사례 기관들에 대한 기초 조사 질문지를 작성해 제출받아 이를 분석했다. 기초 조사 질문지는 지역 지표와 사업 현황, 그리고 지역사회 연계 활동에 대한 질문으로 구성했다. 이를 바탕으로 해당 사례에 대한 개괄적 이해를 한 후에 사례를 탐방해 기관의 대표―지역자활센터는 센터장, 자활기업은 기업의 대표―와 인터뷰를 하고 사업 참여자들과 간담회를 가졌다. 탐방 전에는 인터뷰를 위한 질문지를 사전에 보내 준비를 미리 해줄 것을 요청하기도 했다. 탐방이 끝난 후에는 각 지역자활센터 및 자활기업에서 제출한 각종 자료와 인터넷 홈페이지 등을 추가로 분석하면서 집필을 진행했으며, 집필 과정에서 조사에 참여한 사례기관들과 함께 간담회를 가지면서 사실 내용을 확인하고 보완 작업을 진행했다.

제 I 부
들어가기

Chapter 1
자활사업의 역사에서 찾는 지역사회실천의 흔적

역사란 진행되어 온 과정이라고 하니 역사를 살펴보는 것은 과거를 돌아보는 것이 된다. 과거를 돌이켜보는 일에는 해석이 함께 하기 마련이다. 그러니 자활사업의 역사 속에서 지역사회실천의 흔적을 찾는다는 것은 과거의 여러 행위 중 지역사회실천이라고 이름을 붙일만한 것들을 찾아내고 그것을 해석하는 과정이기도 하다. 이는 현재의 시점에서 과거를 보는 것이지만 실제로는 과거에서 현재를 찾아내는 것이다. 그것은 뒤에서 소개할 지역사회실천의 사례들이 실은 과거에 존재했던 것의 현재적 변용이기 때문이다. 요컨대 현재 지역자활센터들이 진행하는 활동의 상당수는 과거에 존재했었던 것들이 비록 직접적인 연계는 없지만 변주되면서 현재까지 이어진 것이라는 것이다. 그러면 자활사업의 역사에서 지역사회실천의 흔적을 찾는다면 어디까지 거슬러 올라갈 수 있을까? 바로 1970년을 전후해서 본격적으로 시작된 빈민밀집지역

주민운동의 현장이다.

1970년을 전후해서 본격적으로 시작된 빈민밀집지역 주민운동은 한국의 사회운동에서 매우 중요한 위치를 차지한다. 1970년대에 배출되었던 주민조직가들은 대개 기독교를 기반으로 하는 이들이었고 1970년대 한국의 기독교민주화운동에서 핵심적인 역할을 한다. 그런 이유로 이들의 활동은 기독운동이나 민주화 운동의 일환으로 설명이 되곤 했다. 그런가 하면 이들의 운동이 본질적으로 공동체를 지향하는 운동이었다는 점에서 한국의 공동체운동에서 일정한 위상을 갖고 있기도 하다. 그뿐만 아니라 이들은 알린스키(Saul Alinsky)의 민중조직론과 프레이리(Paulo Freire)의 민중교육론을 수용한 지역사회 활동을 전개했고 이들의 활동은 지역사회를 기반으로 하는 다양한 사회운동과 사회복지 실천에 영향을 미쳐 한국에서 전개된 지역사회실천의 초기 사례로 여겨지곤 한다. 그리고 후일 한국에서 사회적경제가 하나의 담론으로 등장하는 과정에서 이들의 경험과 조직화 사례, 그리고 문제 제기는 매우 중요한 역할을 한다.

자활사업은 빈민밀집지역 주민운동의 한 흐름이 정부와 결합해서 조직되고 제도화되었다. 국민기초생활보장법이 자활사업의 제도적 기반이지만 역사적으로는 빈민밀집지역 주민운동을 배경으로 하고 있는 실천 활동인 것이다. 비록 현재 지역자활센터나 자활기업 구성원들에게서 빈민밀집지역 주민운동에 참여했던 경험을 한 이들을 찾기는 어렵지만 자활사업 초기에는 빈민밀집지역 주민운동의 주요 활동가들이 참여했었고, 빈민밀집지역 주민운동에서 강조된 조직 및 실천 방법론이 현장에 중요한 영향력을 행사했었다. 그러면 빈민밀집지역의 주민운동은 어떠한 방식으로 진행되었는가?

우선, 주민조직가(community organizer)들이 있었다. 이들은 알린스키와 프레이리를 학습하고 그것에 입각해서 지역사회를 조직하는 활동을 전개했다. 대부분 지식인이었고 종종 기독교를 신앙적 배경으로 했던 이들은 주민들과 일상을 함께 하면서 자연스럽게 지역사회를 조직해나갔었다. 물론 빈민밀집지역이라고 하는 지역 특성상 철거에 대한 저항의 조직화가 있었고 특히 1980년대에는 그것이 가장 중요한 운동이기도 했었지만 주민조직가들은 주로 주민들과 일상적인 활동을 함께 하면서 지역사회에 기반한 '공동체'의 구축을 꿈꿨다. 야학, 탁아소, 주민금고, 장학회, 어머니학교, 청년회, 생필품 공동 구매 등은 그러한 활동의 한 일환이었다. 그리고 이 과정에서 목적의식적으로 빈민밀집지역에 들어간 주민조직가가 아닌 지역 주민이 주민지도자로 성장하기도 했으며, 철거민들이 자신들의 주거 공간을 직접 짓거나 주민금고를 넘는 신용협동조합을 조직하거나 또는 철거투쟁 과정에서 가이주단지를 조직해 주민들의 경제 조직을 만들고 마을공동체를 조직하기도 한다. 이런 면모들은 공동체의 구축이 곧 '자조(self-help)'를 방법론으로 했음을 뜻한다. 여기서 자조는 온전히 자신들만의 힘으로 무엇을 한다는 것이 아니다. 외부 지원자의 역할을 인정한다. 그러나 어디까지나 당사자들이 주도적으로 무엇인가를 해나가고 외부의 지원은 보조적인 수준에서 결합해 시너지를 내는 것이다(김정원, 2015). 즉, 주민조직가들은 현재의 상황을 타개하고 공동체를 만들어갈 수 있도록 하는데 있어서 주민들이 스스로의 힘을 강조했던 것이다. 그것이 '주민 주체'이다.

그런데 당시만 해도 지역사회에서 사회복지기관들을 찾기가 쉽지 않았던 때였다. 그래서 당시 주민조직가들의 활동은 자연스럽게 지역사회복지를 조직하는 활동이기도 했다. 우리가 주목할 것은 이 활동이 누군가 전문적인 사회복지서비스를 제공해주는 것이 아니었다는 것이다. 주민조직가들이 주민과 일상을 함께 하면서 지역사회 문제를 파악하고 그것을 해결하기 위한 방법으로 주민들을 조직해서 지역사회의 각종 조직을 주민들이 만들고 운영하도록 분위기를 조성하고 지원을 하는 수준이었던 것이다. 이런 역할을 했기에 당시 주민조직가들은 후일 자신들의 역할이 사실상 사회복지사나 다름없었으며, 독재정권 시절이 아니었다면 주민조직가가 전문직으로 자리 잡을 수 있었을지도 모른다고 평가하기도 한다.

> 화이트가 와서 할 때만 해도 그때만 해도 그러한 그 CO 직종이란 것이 한국에서 새로운 라이센스로 등장할 수 있었을 때 같아요. 그 요즘 얘기로 하면 사회복지산데. 이게 사실 사회복지 못지않은 사회복지사건든요. 지금 생각하니까. 그러니까 이게 그러한 라이센스를 가진 사람은 그 좋은 직종이 되는 거예요…(중략)…그와 같은 라이센스가 되는 그러한 직종으로서 전문직으로서의 자리매김을 했었을 거예요.(2003년 CO운동 집단 구술자료 중에서)

그리고 1990년대 들어서면서 주민조직가들은 새로운 시도를 하게 된다. 바로 주민들이 생산 활동에 참여하는 공동체 조직을 만드는 것이었다. 이게 오늘의 자활사업과 직접적으로 연결되는 생산공동체운동이다.

생산공동체는 빈민밀집지역 주민들이 함께 하는 노동공동체이자 경제공동체였다. 오늘날 식으로 정형화해서 설명하자면 노동자협동조합이라 할 수 있는데, 실제로도 당시 주민조직가들은 생산공동체운동을 노동자협동조합운동이라고 규정하기도 했었다. 물론 처음부터 노동자협동조합으로 규정한 것은 아니었다. 최초의 생산공동체로 평가받는 〈일꾼 두레〉의 경우 기업형태라기보다는 건설노동자들의 느슨한 공간으로 운영되었다. 특별한 정관이나 규칙도 정해져 있지 않았고, 출자금을 내는 것도 아니며 동네 사람 중에서 〈일꾼 두레〉로 들어오는 공사에 참여하고 싶어 하는 사람이면 누구나 참여할 수 있었다(김성오·김규태, 1993). 생산공동체 중 처음으로 정관을 만들고 노동자협동조합으로 규정한 것은 1992년에 만들어진 봉제 공장인 〈실과 바늘〉이었다. 생산공동체는 주로 건설 업종과 봉제 업종에서 조직되었는데, 그것은 빈민밀집지역 주민들의 노동 경험이 고려되었을 가능성이 크다. 빈민밀집지역 주민들 중에 남성들은 노가다 경험을 가진 이들이 많았고 여성들은 봉제 공장에서 일했던 경험을 가진 이들이 많았기 때문이다.

〈표 1〉 주민조직화 활동의 주요 사례

지역	시흥 복음자리	관악구 난곡지역	강북구 하월곡동	성동구 금호·행당·하왕
지역 특성	서울 거주 철거민들이 집단 이주를 통해 자조주택 건설한 지역. 제정구와 정일우가 철거민들을 데리고 들어오면서 형성된 지역	1960년대 후반부터 형성된 대규모 빈민밀집지역. 초기 이주민들은 대부분 이농민. 현재는 재개발 됨.	1960년대 후반에 청계천 철거민과 이농민들이 정착하면서 형성된 빈곤층 밀집지역. 현재는 재개발 됨.	대규모 빈민밀집지역. 현재는 재개발 됨.

지역	시흥 복음자리	관악구 난곡지역	강북구 하월곡동	성동구 금호·행당·하왕
조직화 시작	제정구와 정일우가 1976년에 양평동 철거민들을 조직해 집단 이주하고 공동주택을 지으면서 시작	창신동과 숭인동 지역에서 활동하던 김혜경이 이 지역에서 전개된 가톨릭 신학생 교육의 담당자로 역할을 하면서 시작. 1970년대 말부터 활동가들 합류	1976년 허병섭이 동월교회를 개척하면서 시작했으며, 이후 많은 활동가들 합류와 배출이 이뤄짐.	청계천과 복음자리에서 활동하던 박재천이 새로운 활동을 개척하기 위해 당시에 활동가가 없던 이 지역으로 1987년에 이주하고 그 이후 활동가들 합류하면서 시작
주요 활동	-. 자조주택 건설 ↳ 1977년 양평동 철거민들의 복음자리를 시작으로 1979년에 서울의 당산동, 신림동, 시흥동, 봉천동의 철거민들을 조직해 복음자리 인근에 한독주택, 1985년에는 목동 철거민들을 조직해 인근에 목화주택을 건설 -. 신용협동조합 ↳ 1978년부터 신협 조직화했고, 1982년에 인가받음 : 복음자리신협 -. 장학회 ↳ 월 500원 이상 회비로 누구나 가입 가능했고 한 해 약 50여명 학생들에게 장학금 지급 -. 공동 노동 ↳ 가죽쪼가리 붙이기, 텍스토끼 기르기, 수출용 인형 만들기, 한우치기(축산조합), 건축용 판넬 대여, 복음자리 잼 생산 -. 야학, 청년회 조직 -. 마을잔치	-. 지역여성조직화 ↳ 국수모임 등으로 지역 여성들을 조직하면서 지역 문제 해결 → 상수도 문제 해결, 교통시설 확충, 가로등 설치, 공동구매사업 등 -. 야학 ↳ 70년대 말에 야학팀이 지역에 합류. 이들 중 일부가 낙골교회라는 민중교회 조직 -. 공부방, 어린이집 -. 난곡 의료협동회 ↳ 1974년 의대생들의 주말 진료 시작이 계기. 1976년에 난곡희망의료협동조합 창립. 이후 신협을 만들기로 했으나 의료협동조합 형태로는 어렵자 1982년에 난곡의료협동회로 개칭. 현재는 해산 -. 난곡지역협의회 ↳ 난곡희망협동회, 낙골교회, 남부고등공민학교의 세 단체가 함께 조직	-. 지역여성조직화 ↳ 탁아소 어머니회, 공부방 자모회, 어머니학교 -. 지역청년 조직화 ↳ 야학, 마을청년회 -. 탁아소, 공부방 -. 주민잔치, 장날, 어린이 문화교실 -. 의대학생들과 연계한 진료사업 -. 생산 공동체 조직화 ↳ 주부공동부업 ↳ 일꾼두레(건설업종) ↳ 월곡여성생산공동체(화장수 제조) : 가장 오래 지속된 생산공동체 -. 주민자치조직 ↳ 우리마을발전추진회 ↳ 주민단체협의회 -. 지자체 선거 개입 ↳ 주민자치조직 대표가 의회에 진입	-. 활동가들의 조직화 ↳ 이모임 → 금호행당지역활동가협의회 → 금호행당하왕기획단 -. 탁아소, 신문사 지국, 공부방, 직거래 쌀집, 어머니학교 등 조직 -. 마을잔치 -. 세입자대책위원회 조직 ↳ 주거권운동 조직하고 철거 과정에서 가이주단지 획득 : 송학마을 -. 주민공동체 분과 조직 ↳ 4개 분과 -. 신용협동조합 ↳ 1997년 인가 : 논골신협 -. 의류생산협동조합 ↳ 1995년-2000년 -. 구판장을 통한 생협 가능성 모색 ↳ 실패 후 2007년에 성동우리생협으로 부활

자료 : 김정원(2015:186-187)에서 인용.

〈일꾼 두레〉의 기본 방향

○ 건축일감(200평 이하의 건축과 수리 등)을 대량으로 확보한다.
○ 착취체계를 없앤다.(오야지, 업주의 프리미엄을 없앤다.)
○ 기공과 조공의 일당을 높인다.
○ 연 250일 정도를 일한다.
○ 다른 업자보다 싼 건축비로 시공한다.
○ 부의 축적 및 자산 증식을 위한 사업주에게는 비싼 건축비로 시공한다.
○ 장기적 전망에 입각하여 공동체 기금을 저축해 간다.
○ 모든 장비를 공동관리한다.
○ 개인주의나 이기주의적 태도를 배격한다.
○ 평등과 상부상조의 원칙에 따른다.
○ 기공을 훈련한다.
○ 방대한 공동체가 형성될 경우 건축 이외의 산업노동, 협동사업(신협, 소비자조합, 공동구매)도 할 수 있다.
○ 공동체가 확고부동해지면 월급제로 한다.
○ 노동시간을 단축(1일 8시간 노동)한다.
○ 노동공동체는 일정 정도의 유급휴가, 수당도 지급할 수 있다.
○ 노동의 질적 향상을 위해 기술교육을 한다.
○ 인간다운 노동을 위해 교양학습을 한다.
○ 가정과 마을과 사회의 일원으로서 건전하고 올바른 역할을 해내기 위해 학습한다.
○ 엄격한 규율과 책임을 부여한다.
○ 자율과 사명감 및 의무와 의지를 기본으로 한다.
○ 건축노동과 관련된 모든 외래 용어를 우리말로 바꾼다.

김성오·김규태(1993) 인용

생산공동체운동은 가난한 동네의 주민들이 주인이 되는 일터를 꿈꿨다. 그러나 일터 그 자체가 목적은 아니었다. 빈곤 문제의 당사자인 빈민밀집지역의 주민이 주체가 되어서 지역의 문제—그러면서도 자신의 문제—를 풀어가는 조직이 되기를 희망했었다. 그래서 생산공동체운동은 생활운동이기도 했었다. 실제 〈일꾼 두레〉가 표방한 공동체의 기본방향을 보면, 일감 확보를 비롯해 노동 조건에 대한 내용도 담겨져 있지만 교육 이수나 생활 자세와 관련된 부분까지를 포함하고 있다.

생산공동체는 여러 가지 문제로 경제적인 성공을 맛본 사례는 많지 않지만 학계와 정부의 관심을 모으게 되는데, 그 결과물이 1996년에 시작된 자활지원센터 시범사업이다. 시범사업 시기의 자활사업은 생산공동체운동의 연장선상이었다. 빈민밀집지역 운동을 경험하지 않았던 이들이나 사회운동 문화에 익숙하지 않은 이들도 자신들의 활동을 생산공동체를 조직하는 것으로 여겼다. 이런 상황이었던 이유로 지역자활센터의 주요 사업은 협동조합을 기반으로 한 지역공동체운동이며, 이러한 활동은 주민참여와 자치를 통한 삶의 고양이라는 주민조직론의 원리를 실천하는 운동으로 풀뿌리 세력인 주민에 의해 아래로부터 주도되어, 지역의 빈곤 및 제 사회문제를 해결하기 위해 자발적으로 결사하며, 자신들의 현 여건을 있는 그대로 수용하고, 생산–소비–분배–상호부조–연대의 기능이 동시에 수행되는 지역사회복지의 일 전형을 보이는 활동이라는 인식(이문국, 1999)은 어찌 보면 자연스러운 것이기도 했다.

그러나 시범사업이 계속되면서 빈민밀집지역 주민운동을 경험하지 않은 집단의 참여가 확산되고 정부에 의한 일정한 개입이 시작되면서 자활사업을 매개로 지역사회를 조직하는 과정은 생산공동체운동과 달라지는 면모를 보이기 시작한다. 특히 국민기초생활보장법의 제정과 함께 자활사업이 제도화되면서 지역자활센터들의 지역사회실천은 다른 맥락에서 읽히게 된다. 이는 불가피한 일이기도 했다. 자활사업은 주민조직가가 수행하는 것이 아니었고, 자활사업에 참여하는 이들은 동네 주민이 아니었다. 가난한 상태를 벗어나고 싶기는 하지만 자신의 의지보다는 정부가 만들어놓은 제도에 의해 규정되어 참여하는 비자발적 참여가 좀 더 강했다. 자활사업을 수행하는 일선 주체인 지역자활센터 역시 사회복지기관으로서 자신의 정체성을 가졌고, 지역자활센터의 구성원들도 제도화된 형태의 사회복지를 학습한 이들이 주를 이루었다.

그럼에도 불구하고 여전히 현장에서는 '주민 주체'를 고민하고 자활사업 참여 주민들이 현장에서 좀 더 높은 수준의 주도성을 지닐 수 있도록 하기 위한 다양한 시도도 이뤄졌다. 대표적인 것이 지역자활센터의 의사결정 구조에 자활사업 참여자 대표가 참여하도록 하는 것이나, 각 자활사업단별로 반장 제도를 두어서 자치적 역량을 강화하는 것, 그리고 자활사업 참여자들의 자치 조직인 자활공제협동조합의 조직화일 것이다. 그러나 이조차도 전체 지역자활센터들에게서 공통적으로 나타나는 문화는 아니었다. 지역자활센터들이 지역과 자활사업을 매개로 해서 관심을 가졌던 것은 주로 자활사업단의 경제적 성취를 위한 지방정부의 지원이나 지역사회 기관들의 역할이었다.

현장의 이와 같은 변화에도 불구하고 자활사업이 지역사회를 변모시킬 수 있어야 한다는 기대는 계속되었다. 가령, 김홍일(2002)은 자활사업의 기원이 지역공동체운동에 있음을 제시하고 자활사업의 미래는 지역공동체 운동으로서의 발전전망을 확보할 수 있는지 여부에 달려있다고 피력했다. 그는 이를 위해서 지역적 상황과 주체의 조건에 근거해 단계적 전략과 전술을 수립·전개시켜나가야 하며 자활사업 아이템의 발굴과정과 추진과정을 통해 지역사회의 폭넓은 조직화와 마을 공동체 형성에 기여할만한 사업을 우선적으로 추진하는 노력이 선행되어야 함을 제기했다. 이문국(2002)은 임파워먼트 중심 지역사회실천을 제기하고 '주민참여', '상호성과 동반자적 관계 수립', '지역사회행동을 위한 토대로서의 변증법적 문답법의 활용', '행동적 지역사회실천을 위한 원칙'을 제시하고 '자활지원프로그램과 수준별 임파워먼트 과정'을 제시했다. 한상진(2004)은 자활을 자족(self-sufficiency), 자조(self-help), 자주(self-empowerment)로 구분하고 자족을 넘어 자조와 자주의 자활이 이뤄지려면 지역 내 복합주체의 네트워킹에 의한 자활공동체 및 지역사회기업의 활성화와 이를 통한 지역사회의 공동체적 발전이 필요함을 제시하기도 했다.*

이들의 주장이 현장의 실천에 직접적으로 영향을 미쳤다고 보기는 어려워도 지역사회를 조직하고자 한 지역자활센터들에게 일정한 기여를 한 것은 분명했다. 많은 지역자활센터들이 '지역화 실천'이라는 표현을 써가면서 지역과 관계를 맺는 방식에 대한 고민을 했었기 때문이다. 상당수의 지역자활센터들은 이른바 선진적인 지역화 실천 모델을 찾아

---

* 이들은 모두 자활사업에 깊숙하게 개입했던 이들이다. 김홍일은 노원지역자활센터장과 자활정보센터 소장을 역임했고, 이문국은 시범사업 시절에 자활지원센터협회를 만드는데 중추적인 역할을 했으며, 자활정보센터 소장을 역임했다. 한상진도 부산자활정보센터 소장을 역임했다.

〈표 2〉 지역화 실천의 목표, 행위, 결과물

영역	목표	행위	결과물
타겟 집단	자활사업 참여자에서 지역 주체로의 재구성	-. 주체로서의 역할 함양을 위한 다양한 형식과 내용의 교육 -. 주민자치조직 결성 -. 기관 내부에서 자기결정력 강화 도모 -. 자활 외부에서 새로운 관계 형성을 위한 조직화	-. 자치능력 배양과 자율성 확대 -. 동등한 지역 구성원으로 자리매김
	지역과 참여자의 상황을 고려한 탈빈곤 경로 설정	-. 지역의 상황을 반영하고 축적된 지역 활동을 활용한 사업 운영 -. 자활사업 참여자의 욕구와 상태를 반영한 사업 운영	-. 지역 내부의 상황이 탈빈곤에 기여 -. 참여자의 탈빈곤 경로 확대
지역 문제	대안경제로 지역 경제와 자활사업 재구성	-. 지역순환경제시스템에 대한 전망과 커뮤니티비즈니스, 사회적경제네트워크 등 지역의 자율성을 강화하기 위한 사업 운영	-. 지역의 자율성과 지속가능성 확대 -. 자활사업에 적합한 시장 창출
	지역 네트워크로 지역 주체의 재구성	-. 지역에 대한 비전을 갖고 지역의 변화를 위해 다양한 집단과 호혜적인 관계 형성	-. 자활사업의 지지기반 확대 -. 지역 시민사회의 역량 강화
	농촌에서 복지공급의 주체로 역할	-. 지역자활센터의 잠재력과 노하우, 역량을 활용해 농촌 지역에서 적극적인 복지 공급	-. 농촌 지역 문제 해결
기관	지역에서의 신뢰 형성	-. 지역에 기관의 신뢰를 구축할 수 있는 다양한 활동 꾸준히 전개하고 지역으로부터 적극적인 피드백 추구	-. 자활사업의 지지기반 구축
	기관 구성원 간 신뢰 형성	-. 실무자들에게 비전 제시, 목표 공유, 원활한 의사소통, 자율성 확대	-. 기관 운영의 안정성 확보

자료: 김정원 외(2010:120)에서 인용.

타 지역자활센터를 방문하기도 했었으며, 커뮤니티 비즈니스나 지역관리기업 등의 해외 사례를 찾고 공동으로 학습을 하는 경우도 나타났다. 각종 공동체 활동에 대한 탐방도 줄을 이었으며, 지역순환경제시스템에 대한 고민이나 지역 내에서 사회적경제와 관련된 네트워크를 주도하는 모습도 종종 나타나곤 했었다. 아직 사회적경제가 정부와 시민의 관심사가 아니던 시절, 각 지역에서 사회적경제와 관련된 담론을 조직하고 네트워크를 만들어가던 조직은 지역자활센터들이었다. 이러한 모습들을 담아낸 것이 2010년에 발간된 『자활사업과 지역화 실천』(나눔의집)이라는 책이다. 당시 현장의 사례를 이 책에서는 〈표 2〉와 같이 정리한다.

물론 〈표 2〉로 대표되는 사례들이 자활사업의 현장에서 일반적인 경우는 아니다. 더욱이 국민기초생활보장법이라는 제도를 기반으로 하면서 정부의 정책이 된 이후 자활사업은 해를 거듭할수록 규격화되어 가는 면모를 보여줬다. 이는 제도화가 야기하는 피할 수 없는 결과물이다. 그러나 자활사업은 기본적으로 현장 조직가들의 지역사회실천을 기반으로 탄생했다. 자활사업의 현장이 제도화와 함께 상당한 굴곡을 겪었고, 그만큼이나 지역사회실천에 대한 문제의식도 굴곡을 겪으면서 제도가 명시하고 있는 전달체계로서의 규격화된 역할이 정착되고 있지만 여전히 많은 지역에서 지역사회실천이 도모되는 것은 바로 자활사업이 탄생한 역사적 배경이 현장에 뿌리를 내리고 있음을 의미한다. 또한 제도가 명시하지 않았음에도 흥미로운 지역사회실천의 사례들이 곳곳에 존재하고 있는 것은 자활사업을 제도로만 설명할 수 없음을 의미한다. 그것은 자활사업이 결코 제도의 피조물만은 아니며 자활사업을 수행하는 지역자활센터, 그리고 자활사업의 결과물이자 수행 조직인 자활기업이 지역사회의 주체임을 의미하는 것이기도 하다. 그러면 지역자활센터와 자활기업이 지역사회의 주체로서 어떤 모습을 보여주는지 그 실천의 현장을 이제 찾아가보기로 하자.

제II부
현장 들여다보기

Chapter 2

인구과소지역에서 지역관리모델을 제시하다

강원 고성지역자활센터

강원도 고성군에 위치한 고성지역자활센터는 2004년에 지정되어 운영되고 있다. 2004년은 2011년에 추가로 5개소가 지정되기 전 마지막으로 지역자활센터가 지정된 해이니 지역자활센터 중에서는 늦게 사업을 시작한 편이다. 2004년이라고 해도 12월에 지정되었으니 사실상 2005년부터 운영되었다고 할 수 있다. 운영된 기간이 10년 남짓한 셈이다. 운영된 지 10년 남짓한 어떻게 보면 지역자활센터 중에서는 후발주자이지만 고성지역자활센터는 최근 지역사회실천과 관련해서 많은 주목을 받고 있다. 그것은 인구 과소 지역의 취약한 복지 인프라를 확충하고, 지역순환경제시스템을 만들어가면서 지역관리형 자활사업의 모델을 만들어내고 있기 때문이다. 주목을 받고 있지만 고성지역자활센터가 갖고 있는 문제의식은 간단하다. 바로 주민들의 욕구에 기반한 사업의 조직이라는 것이다.

　강원도 동북쪽의 가장 위에 위치한 고성군은 전체 인구가 2013년 기준으로 30,398명에 65세 이상 노인 인구가 6,761명으로 전형적인 인구 과소 지역에 고령인구가 22.2%를 넘는 초고령화 지역이다. 사회복지시설도 노인복지시설 중심으로 편재되어 있으며, 그나마 대부분이 재가노인복지시설이다. 금강산과 인접하고 있어서 남북한 간의 교류가 활성화되던 시기에는 관광산업이 활성화되기도 했으나 북한과의 관계가 악화되면서 지역의 침체가 눈에 두드러지고 있다. 지역발전을 위한 이렇다 할 동력도 존재하지 않기 때문에 남북 간의 관계가 호전되지 않는 한은 지역의 침체가 쉽사리 전기를 마련할 것 같지 않은 형편이다. 이러한 환경은 취·창업과 같은 노동시장 진입에 초점을 두는 통상적인 방식의 자활사업이 지역에서 작동하기가 쉽지 않음을 의미한다. 그러나 다른 각도에서 접근한다면 전혀 다른 그림이 그려질 수 있다. 정부의 재정이 투입되고 노동력을 조직하는 특성을 갖는 자활사업을 매개로 지역에 활력을 제공할 수 있는 사업을 조직한다면 자활사업 참여주민들의 취업이나 창업을 이끌어내지는 못한다 하더라도 얼마든지 지역에 기여할 수 있기 때문이다. 고성지역자활센터는 바로 이 역할을 하고 있다. 노동시장 진입에 초점을 두는 통상적인 방식의 자활사업이 아니라 지역재생에 기여하는 다층적인 역할을 수행하고 있는 것이다. 그것이 어떤 것들이었는지 이제 하나씩 살펴보자.

취약한 복지인프라를 확충한다

자활사업의 제도화 초창기에 정부는 이른바 5대 표준화사업을 제시한다. 5대 표준화사업은 간병, 집수리, 청소, 폐자원재활용, 남은음식물재활용 사업 등을 지칭한다. 정부가 5대 표준화사업을 제시한 가장 큰 이유는 정작 지역자활센터들의 자활사업 경험 부족이었다. 이는 역설적이면서도 합리적인 이유였다. 5대 표준화사업으로 지정된 사업들은 자활사업이 시범사업으로 운영되던 시기 지역자활센터와 외환위기 시절 실업극복운동을 하던 조직들이 주로 수행하던 사업이었다. 그런데 국민기초생활보장법의 시행과 함께 자활사업이 제도화되면서 전국 각지에 급속도로 지역자활센터를 지정했으나 이들은 대부분 사회복지기관이어서 실업자나 빈곤층이 참여해서 일을 하는 조직을 만들어본 경험이 거의 없었다. 이렇게 시작된 5대 표준화사업은 성공적으로 정착을 했지만 지역의 특성에 부합하는 자활사업의 조직화와는 거리가 멀 수밖에 없었다.

후발주자인 고성지역자활센터도 초기에는 5대 표준화사업인 복지간병사업단, 청소사업단, 집수리사업단을 조직해 운영했으며, 이 중 청소와 집수리는 자활기업으로 창업을 해나가기도 했다. 그러나 고성지역자활센터의 사업 중 이 사업들의 비중은 크지 않다. 오히려 사업 초기부터 고성지역자활센터가 관심을 가진 것은 지역의 취약한 복지인프라였다. 그 중 제일 먼저 주목한 것이 아동 문제였다.

고성군은 전형적인 농산어촌 지역이다. 한국의 농산어촌 지역이 갖는 인구 특성 중 하나가 20~40대 연령층의 낮은 구성비이다. 자연스럽게 학령기 청소년들의 인구 구성비도 낮다. 그런데 최근 농산어촌 지역에 학령기 아동의 증가가 나타나고 있다. 젊은 연령대 인구의 유입이 미흡함에도 불구하고 학령기 아동의 증가가 나타난다는 것은 노령 인구가 손자손녀를 돌보는 경향이 늘어나고 있기 때문이다. 이른바 조손가정이다. 그런데 전반적으로 학령기 청소년 인구가 적기 때문에 이들이 이용할 시설을 찾기란 쉽지 않다. 지자체의 정책 영역에서 후순위가 될 수밖에 없다. 그렇다고 해서 학원에 보내는 등의 사교육에 접근하기도 쉽지 않다. 시장성이라는 측면에서 학원이 매력적이지 못한 지역이기 때문이다. 이처럼 청소년들이 이용할 시설이 부족하다는 것은 방임이나 일탈의 가능성을 높이는 요인이 될 수 있다. 이런 문제를 목도한 고성지역자활센터는 공부방을 개소하기 시작했다. 이미 몇몇 지역에서 지역자활센터가 공부방을 개소한 적이 있어 현장에서 보기에 생소한 사업은 아니었으나 자활사업의 대상을 성인으로 생각하던 지자체에서 보기에는 낯설 수밖에 없었다. 당연히 반대가 따랐다.

고성지역자활센터는 지자체를 설득했다. 저소득층 주민들의 자활을 위해서는 경제적인 일자리도 중요하지만 그 분들이 가장 많이 힘들어하는 것이 자녀들의 문제다. 자녀들이 학교가 끝나고 나서 갈 데도 없고 방황하게 되고 그런 것들이 가난의 대물림으로 이어지는 것 아니냐. 그래서 저소득층 주민들의 자녀들도 뭔가 갈 곳이 생기고 또 그 자녀들도 안정을 찾아야 주민들도 자활을 할 수 있는 심리적 안정을 찾지 않겠느냐. 이렇게 지자체를 설득하면서 공부방을 운영하기 시작했다. 고성지역자활센터는 모두 5개의 공부방을 운영했는데, 그 중 4개가 후일 지역아동센

지역아동센터의 기원

지역아동센터는 원래 빈민밀집지역에서 조직되던 공부방을 기원으로 한다. 1960년대 이후 급격한 산업화와 도시화가 진행되면서 특히 수도권에는 대규모 빈민밀집지역이 형성된다. 그리고 1970년대를 전후한 시기에 빈민밀집지역에 1부에서 설명한 주민조직가들이 등장하기 시작한다. 이들의 활동 중 하나가 공부방의 조직화였다. 1970년대만 하더라도 교회 공간에서 함께 책을 읽거나 돌봐주는 수준이었지만, 1980년대 중반부터 본격적인 조직화가 이뤄진다. 공부방이라는 명칭도 이때 등장한다. 이후 1990년대 외환위기 시절에 가족 해체, 위기 가족, 결식 문제 등이 사회 문제로 부각되기 시작했고, 공부방이 본격적인 관심을 모으게 된다. 전국 단위의 공부방연합조직이 만들어지는가 하면 공공근로민간위탁사업이나 실업극복국민운동위원회의 제안사업을 활용해 공부방에 교사를 파견하는 활동이 조직된다. 이런 흐름 속에서 공부방의 명칭과 기능을 지역아동센터로 변경하고 법제화 하고자 하는 노력이 나타나기 시작했고, 그러한 노력은 2004년 1월 29일 개정된 아동복지법에 의해 지역아동센터가 법정 아동복지시설 중의 하나가 되는 결실을 맺게 된다.

터로 인가를 받았다. 이는 지역에 아동복지시설이 증가했다는 이야기가 된다. 복지인프라가 취약한 지역에서 아동복지시설이 증가했으니 지자체에 대한 정부의 평가가 당연히 높게 나올 수밖에 없게 되고 지역자활센터에 대한 지자체의 시선은 좀 더 우호적으로 변화한다.

자활사업을 매개로 한 고성지역자활센터의 복지인프라 확충은 이에만 머무르지 않는다. 자활사업 시작 초기에 노인들에 대한 재가 간병 서비스를 공급하는 복지간병사업단을 조직하기 위해 현장 조사를 하던 고성지역자활센터는 노인들에게 제공되는 급식 상태가 열악함을 발견하게 된다. 당시만 해도 지역 내 단체 등에서 결식이 우려되는 노인들에게 제공되는 도시락은 자원봉사자를 활용하거나 직원이 배달해야 해서 매일 배달하기 어려웠다. 그러다보니 일주일에 1~2회씩 며칠 분을 한꺼번에 받을 수밖에 없었는데 이는 신선도에 문제를 발생시킬 수밖에 없었고 급식의 질에서도 노인들의 불만을 사는 상황이었다. 이를 해결하기 위해 고성지역자활센터는 급식사업단을 자활근로로 조직했다. 이 역시 지자체의 반대에 부딪쳤다. 이미 하고 있는 단체가 있다는 것이었다. 그러나 고성지역자활센터는 지자체를 설득했고 결국 일부 지역에 한해서만 급식을 제공하기로 했다. 이렇게 해서 하루 40개의 도시락을 제작해서 매일 배달을 하기 시작했다. 고성지역자활센터에서 매일 제공하는 급식은 다른 단체 등에서 주 1~2회 제공하는 급식과 그 신선도와 질에서 차별적일 수밖에 없었고 자연스럽게 비교의 대상이 되면서 노인들의 요청이 확대되기 시작했다. 결국 고성지역자활센터는 고성군 전역의 아동, 노인, 장애인 급식을 담당하게 되었고 2010년부터는 아예 지자체가 급식소를 신축해서 고성지역자활센터에 위탁을 했다. 신축건물에는 고성지역자활센터와 급식소가 함께 입주해 있다. 고성지역자활센터는 현재는 하루 600개의 도시락을 공급하고 있다.

    이밖에 고성노인복지센터도 고성지역자활센터가 지역에 확충한 복지인프라이다. 고성지역자활센터는 2006년부터 고성노인복지센터를 개설해 운영하고 있는데, 방문요양, 목욕, 주야간보호 등의 서비스를 제공한다. 게다가 고성군에 위치한 7개의 재가노인복지시설 중 종사자 수와 이용인원 면에서 가장 규모가 큰 시설이기도 하다.

 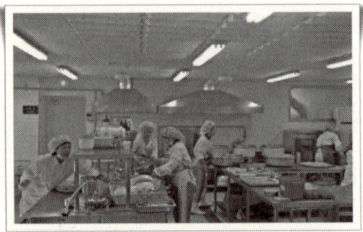

고성지역자활센터에서 운영하는 급식소의 초기 모습(좌)과 신축 이전 급식소 내부(우)

지역순환경제시스템을 구축한다

지역순환경제시스템이란 쉽게 말해서 지역 내에서 돈이 돌도록 하는 것이다. 흔히 지역경제의 활성화를 위한 방법론으로 많은 이들이 지역 내부로 자금이 유입되는 것을 생각한다. 맞는 말이다. 그래서 많은 지자체들이 외부의 자금을 지역 내로 유입시키기 위해 노력한다. 그러나 그 자금이 지역 내에서 순환되지 않고 다시 빠져나가면 자금의 외부 유입 효과는 미흡할 수밖에 없다. 그러나 자금이 지역에서 순환된다면 그 효과는 다르다. 순환된다는 것은 머무르는 것이 아니라 지역 내에서 이동하면서 가치를 더욱 확장하는 것이다. 가령 한 가정의 주부가 지역의 한 옷가게에서 10만원을 소비한다고 가정하자. 옷가게 주인이 이 돈을 지역의 식당이나 시장에서 지출을 하게 되면 처음 10만원은 10만원에서 머무르는 것이 아니라 지역에서 15만원, 20만원의 가치를 창출할 수 있게 된다. 지역순환경제시스템을 만든다는 것은 그래서 지역에서 더 많은 가치를 만들어낼 수 있는 중요한 방법론이 된다.

지역자활센터는 지역 내로 자금을 유입시키는 조직이다. 정부와 지자체가 함께 편성하는 대응예산 방식이기는 하나 지역자활센터 운영보조금과 자활근로사업비는 정부로부터 유입되는 금액이 더 크다.* 이는 지역자활센터가 지역 내에서 외부 자금을 끌어들이는 역할을 함을 뜻한다. 그런데 이렇게 끌어들인 외부 자금을 지역자활센터가 지역 내부에서 자활사업에 필요한 자재를 구입하는 식으로 이 지역 내에서 순환시킬 경우 그것은 순환경제의 구축을 통해 지역의 살림을 좀 더 풍부하게 할 수 있게 된다. 고성지역자활센터는 바로 이것을 실천하고 있다.

고성지역자활센터의 급식사업단이 지출하는 식자재비가 1년에 약 6억원가량이 된다. 고성지역자활센터는 식자재를 지역의 상인들로부터 구입하면서 이 6억원이 고스란히 지역에서 순환할 수 있는 기회를 제공한다. 물론 지역경제 자체에서 차지하는 비중은 큰돈이 아니지만 이런 부분들이 쌓일 때 그것이 지역경제를 활성화시키는 동력이 될 수 있다는 생각이다. 이처럼 지역 내부에서 돈이 돌 수 있어야 한다는 생각은 급식사업단에서만 작동하지 않는다. 고성지역자활센터의 야생화사업단이 2015년부터 진행하고 있는 고성군 내 공원을 관리하는 사업도 이에 해당되는 경우이다. 그 이전에는 고성군 내 공원을 고성군 인근의 시에 위치한 업체에서 담당했었다. 그런데 지금은 고성군에 위치한 대부분의 공원을 야생화사업단이 담당한다. 자연스럽게 지역의 자금이 지역 내부에서 돌게 되는 효과를 낳게 되었다. 여기에 지역 내부에

---

* 서울을 제외하고 지역자활센터 운영보조금은 국가와 지자체가 70:30이며, 자활근로사업비는 80:20이다.

위치한 고성지역자활센터가 지속적인 관리를 담당할 수 있게 되면서 공원관리 상태에 대한 주민들의 만족도도 높아지는 추가 효과까지 이어지고 있다.

지역관리형 모델을 만들어간다

지역관리기업이라는 것이 있다. 1970년대 프랑스 루베시 알마가르 구역에서 철거에 반대하는 주민들과 전문가들이 합류해 '도심민중작업장' 등 대안을 제안한 것이 계기가 되어 철거 방식의 재개발 대신 지역주민이 거리·공원 청소, 집수리, 페인트칠처럼 지역에서 필요한 시설과 서비스를 직접 관리하는 데 합의하면서 시작된 조직이 성장한 것으로 프랑스의 대표적인 노동통합사회적기업의 한 유형으로 꼽힌다. 한국에서도 2000년대 초에 소개되어 자활사업의 한 방안으로서 조명을 받은 바 있다. 고성지역자활센터는 바로 이런 모델을 추구하고 있다.

> 제가 생각이 내년에는 이런 사업들을 묶어서 야생화 사업단, EM 사업단 이렇게 있는데 이걸 다 묶어서 '지역관리사업단'이라고 만들어야겠다, 이런 생각이 들더라구요. 지역관리사업단이라고 만들어서 고성지역의 이런 관리, 기본 관리는 우리가 한다는 인식을 심어주자. 이런 생각이 드는 거예요. 유럽에 가면 이런 사례가 있잖아요. 지역관리형 협동조합 모델이 있잖아요. 구상을 하는 거죠. 그렇게 한번 만들면 어떨까? 그렇게 만들어서 우리가 사회적일자리로 하고 있는 것, 지역재생관련 된 일들을 다 지역관리형사업단으로 묶는 거죠.

묶어서 고성군에 딱 보여주는 거죠. 우리가 지역관리를 이렇게 여러 개를 하고 있다. 더 필요하면 얘기하세요. 해드립니다. 이렇게 할 수 있지 않을까 생각하고 있는 거죠.(2015.8.9. 고성지역자활센터장)

실제로 고성지역자활센터의 사업들 중에는 지역관리형 모델에 부합하는 면들이 많다. 미생물을 활용하는 EM 사업단은 현재 친환경농수산물유통사업단과 통합되었지만 지자체로부터 EM 보급사업을 위탁받았다. 고성지역자활센터는 애초부터 이 사업을 수익을 목적으로 조직한 것이 아니었다. 농민들에게 보급하는 것이 목적이었다. 이런 활동을 하자 지자체가 함께 하자는 제안을 했고 결국 지자체로부터 사업을 위탁받은 것이다. 이제 고성지역자활센터만의 사업이 아니라 지자체의 사업으로 확장된 것이다. 벽화마을 사업단은 각 마을에 벽화를 그려준다. 처음에는 지역자활센터가 마을을 선정해 벽화를 그려주는 방식으로 시작했으나 주민들의 호응이 좋으면서 지자체에서 별도의 예산을 편성하기 시작했다. 이제는 지자체 내 공원관리가 핵심인 야생화사업단도 이러한 경로를 거쳤다. 처음에는 관리가 부실한 공원의 잡초를 정리하고 모양새 좋게 꾸미자는 취지에서 시작한 사업이 호응을 얻고 현재는 25개 정도의 공원을 관리하는 수준으로 확장되었다. 물론 지자체의 예산 편성도 동반되었다. 주말농장 사업단은 군부대가 사용하고 난 방치된 땅을 농장으로 가꾸고 주소지 이전을 조건으로 군인 가족들에게 분양을 하고 있다. 고성지역자활센터의 이와 같은 사업 운영은 자활사업단을 활용해 지역 주민들의 살아가는 환경을 긍정적으로 변모시키는

지역관리기업(Regie de Quartier)이란?

프랑스의 지역관리기업은 자활사업 제도화 초기에 자활사업의 모델로 제시된 적이 있었고 자활사업 현장에서도 여러 차례 탐방을 했던 친숙한 존재이다. 지역관리기업은 1970년대 프랑스 루베(Roubaix)시 알마갸르 지역에서 발생한 지역주민들의 전투적인 철거반대운동에서 기원했다. 철거반대운동을 계기로 모인 지역의 관련 전문가들이 자신들의 지역을 재구조화하기 위한 조직으로 '도심민중작업장(atelier populaire urbain)'을 만들고 지역주민들의 참여와 지역사회의 활성화를 통해 지역을 개선하고 일자리를 창출하는 활동 전개했는데 이 시도가 지역관리기업이라는 형태의 민간단체로 발전한 것이다.

약 150개가량이 존재하는 지역관리기업은 대부분 심각한 문제를 안고 있는 집단주거지역에 존재하며 지역 내 취약계층의 일자리 제공과 사회적 통합, 그리고 부족했던 사회서비스를 지역주민들에게 제공하는 역할을 수행하며, 더 나아가 지역사회의 공동체성 강화를 위한 다양한 역할 수행한다. 1991년에 제정된 '지역관리기업헌장'에 따르면 지역관리기업의 성격은 주민, 각종 공공기관 및 민간단체, 노동자들과 같은 지역의 다양한 주체들의 파트너십의 산물이며, 지역 내에서 이뤄지는 근린경제 활동을 기반으로 지역의 재생 시도하고 있으며 노동통합사회적기업의 하나로 분류된다.

지역관리기업은 전국조직인 지역관리기업전국네트워크로부터 인증을 받아야 명칭을 사용할 수 있으며, 사업 활동에 따른 수익과 정부의 운영보조금을 기반으로 운영이 된다. 운영방식은 거버넌스적인 특징을 지니는데 운영위원회라고 할 수 있는 단위가 사실상 책임을 갖는 의사결정 단위이며, 여기에는 지방의회 의원, 주민, 투자자 등이 참여한다. 지역관리기업은 이윤을 추구하기보다는 지역사회 차원의 집합적 이해를 충족시키기 위해 노력하기 때문에 이용자인 주민들에게 우호적으로 받아들여지고 있다. 수혜자가 되는 지역주민들은 주로 공공임대주택의 입주자들이며 대부분 빈곤층이다. 이들은 지역관리기업을 통해 저렴한 비용으로 필요한 서비스를 제공받을 수 있다. 더 나아가 주민들의 재화와 서비스의 제공자이자 동시에 이용자가 됨에 따라 지역사회에 대한 책임감이 높아져서 주거환경의 보존에 관심을 기울임에 따라 관리비용이 덜 드는 등 경제적 효율성도 높다는 평가이다. 지역관리기업전국네트워크는 지역관리기업의 특징을 크게 세 가지로 설명한다. 첫째, 도시 전체 또는 마을 차원의 환경 개선을 위한 지역 단위 개입으로서 기술적인 측면과 사회적인 측면을 함께 고려한다. 둘째, 경제활동을 통한 취약계층의 사회통합을 추구한다. 셋째, 지역사회의 새로운 사회적 유대를 창출한다. 실제로 2005년 프랑스 도시외곽지역의 위기 당시 지역관리기업이 있는 지역은 덜 폭력적이었는데 이는 지역관리기업이 추구했던 중요한 목표 중 하나가 사회적 유대의 재건이었다는 점과 연관된다는 평가이다.

> 〈주요 사업〉
> ○ 근린서비스사업
> 자율방범순찰대, 공동빨래방과 세탁소운영, 주차장 관리, 중고자전거수리 및 판매, 협동카페 및 식당운영, 구멍가게, 인터넷카페, 숙박시설, 창고 및 운송서비스, 중고물품 재활용서비스
> ○ 주민, 커뮤니티 강화를 목적으로 하는 활동
> 주부 및 아동을 위한 프로그램 진행(각종 수공예, DIY, 재봉 등)
> ○ 일자리 창출
> 고용시장에서 경쟁력이 낮은 노숙자, 장기실업자, 지역주민들을 위한 일자리 창출(근로유지를 통한 취업의욕 고취로 재취업을 지원)
> ○ 지역 생활환경 개선 사업
> 집수리, 도색, 공원관리, 가로수 전지 작업, 거리 및 공공시설 청소용역, 사회주택 개보수 및 유지관리사업
>
> 엄한진 외(2011) 참조

모습을 담고 있다고 평가할 수 있다. 그런 의미에서 고성지역자활센터는 자활사업의 지역관리형 모델에 대한 가능성을 보여주고 있는 셈이다.

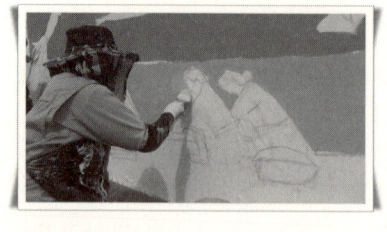 

벽화마을사업단의 작업으로 변화한 고성군 거진읍 빨래골의 한 주택

참여주민의 역량을 강화한다

고성지역자활센터는 자활사업 참여주민의 역량을 강화하기 위한 부분에도 비교적 신경을 쓰고 있는데 그것은 주로 교육으로 나타나고 있다. 특히 초기보다 최근 몇 년간 이에 대한 노력이 더 강화되고 있다. 교육은 소양교육과 직무직능교육으로 구분되는데 소양교육은 정서지원프로그램이나 자활학교, 송년회 등의 행사로 구성된다. 소양교육은 타 지역자활센터와 큰 차이는 없으나 직무직능교육은 2010년에는 20종의 교육이 진행되었으며, 2011년에는 34종, 2012년에는 26종 등 다양하게 진행이 되고 있다. 흥미로운 것은 이와 같은 교육의 양보다도 센터장의 독특한 리더십이 반영되는 교육 또는 참여주민과의 결합이다. 처음 공부방 사업단이 조직될 때 당시 실장이던 현 센터장은 경험도 없고 자신감도 없는 주민들을 조직해 1년 동안 함께 학습지를 풀어가면서 교사 교육을 담당했었다. 또한 급식 사업의 진행 과정에서는 노동 강도에 부담스러워

하는 참여주민들을 직접 설득했을 뿐 아니라 타 지역자활센터의 동종 사업을 함께 견학하고 비교하면서 비전을 제시하기도 했다. 이처럼 고성지역자활센터는 참여주민과 함께 하고 참여주민이 직접 경험하도록 하면서 설득하는 리더십을 보여주고 있다. 그렇다고 해서 지역자활센터가 참여주민에 대한 해결자로서 역할을 하는 것은 아니다. 최근 고성지역자활센터는 유기영농사업단, 급식사업단, 친환경유통사업단의 반장들이 모여 작물선정위원회를 구성했다. 여기서 각 사업단의 협력 시스템이 이뤄지고 보다 계획적인 사업이 조직되고 있다. 애초부터 충분한 역량을 갖춘 자활사업 참여주민은 없다. 그러나 많은 교육, 함께 하는 경험, 그리고 문제를 스스로 해결해나갈 수 있는 조직의 구성은 참여 주민들의 역량을 하나씩 채워나갈 수 있도록 할 것이다.

지역에 필요한 것을 찾아서 해결해나간다

고성지역자활센터가 취약한 복지인프라를 확충하고, 지역순환경제시스템의 구축을 위해 노력하며, 지역관리형 모델을 만들어가는 다층적인 역할을 수행하는 밑바탕에는 지역에 필요한 것을 찾아서 해결해나갈 때 사업의 동력을 확보할 수 있다는 인식이 깔려 있다. 지역의 필요(needs)를 찾아서 해결해나가는 것은 지역사회실천의 핵심적인 구성 요소이다.

공부방사업부터 쭉 이어져 와서 사업들을 하다보니까 제가 중간에 느끼는 게, 그런 경험을 하게 됐어요. 우리가 사업단을 자꾸 무슨 사업을 할까 고민을 하잖아요. 억지로 만들려고 하니까 이게 참 힘든 거예요. 그런데 지역에 욕구가 있고 지역에 필요한 부분을 들어가니까 결합만 잘 되면 굉장한 에너지가 있더라는 거죠. 처음에 시작은 어렵지만 그게 어느 정도 단계에 이르니까 지역에서 인정하고 지역에서 쭉쭉쭉… 지원이 되는 거죠.(2015.8.9. 고성지역자활센터장)

오늘날 한국의 농산어촌 지역은 대부분 인구 과소를 경험하고 있으며, 지역경제의 낙후와 취약한 생활 인프라라는 과제를 안고 있다. 지역자활센터는 적어도 농산어촌 지역에서는 상대적으로 안정된 재정 구조를 갖는 지역사회기관이다. 게다가 자체 고용은 아니지만 자활근로사업이나 사회서비스 사업 등을 포함시키면 농산어촌 지역에서는 손꼽히는 고용 규모를 갖는다. 이런 점들은 농산어촌 지역에서 지역자활센터가 상당히 중요한 역할을 할 수 있는 기관임을 뜻한다. 그리고 고성지역자활센터는 그것을 보여주고 있다. 고성지역자활센터는 사업을 조직할 때 지역에서 필요한 것을 찾고 사업단의 역할을 그것을 해결하는 것으로 부여한다. 모든 사업이 처음부터 호응을 얻은 것은 아니지만 결국 주민과 지자체의 호응을 얻으면서 성장의 동력을 확보하는 경로를 계속 만들고 있다. 그런 의미에서 농산어촌 지역에서 지역자활센터의 역할에 대한 방향성을 제시하고 있다고 평가할 수 있을 것이다.

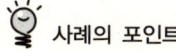 **사례의 포인트**

- 농촌에 위치한 지역자활센터의 역할에 대한 문제의식에서 자활사업의 전략을 구상했음.
- 실적을 중심에 놓고 자활사업을 하는 것이 아니라 지역의 필요를 중심에 놓고 자활사업을 운영하고 있음.
- 지역의 필요를 해결하다보니 지자체와의 관계가 우호적이 되고 그것은 다시 자활사업에 긍정적인 영향을 미치고 있음.
- 지역의 상황에 대한 고민을 하다 보니 지역경제에 대한 방안을 찾게 되었고 지역경제에서 지역자활센터가 기여할 수 있는 방안으로서 지역순환경제를 모색함.

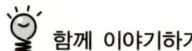 **함께 이야기하기**

- 우리 지역의 주민들이 필요로 하는 것은 어떤 것들이 있을까요?
- 농산어촌 지역을 좀 더 활력 있게 하려면 무엇이 필요할까요?
- 지역순환경제시스템은 왜 중요할까요? 그것을 위해 할 수 있는 실천은 어떤 것들이 있을까요?

Chapter 3

지역살림과 지역자활을 모토로

서울 강북지역자활센터

강북지역자활센터는 국민기초생활보장법 시행 직전인 2000년 8월에 지정되었다. 지역자활센터가 제도화와 함께 확산되던 거의 첫 주자인 셈이다. 지역의 주민운동조직들이 컨소시움을 구성해 지정을 받았던 강북지역자활센터는 그 이후 15년가량의 세월 속에서 자활사업을 통해 지역의 문제에 개입하는 모습을 보여줬다. 이처럼 지역의 문제에 개입하는 사업 방식의 밑바탕에는 자활사업을 지역의 공적 사업으로, 자활사업 참여주민을 지역의 공적 자원으로 설정하면서 자활사업이 지역을 자활시키는 역할을 해야 한다는 자세가 깔려있다. 그래서 강북지역자활센터의 모토는 '지역살림, 지역자활'이다.

　강북지역자활센터가 위치한 서울의 강북구는 전체 인구가 2014년 기준으로 338,410명으로 서울시 전체 구의 평균 정도 인구를 지니고 있다. 전체 인구에서 65세 이상 노인 인구는 50,841명으로 15%가량을 차지하고 있는데, 국내 평균 지수에는 미치지 못하지만 서울시에서는 최상위 수준이다. 1인 가구도 많은 편이며, 기초생활보장수급자 수도 꾸준히 늘어나고 있는 지역이다. 인구 구성상에서 나타나듯이 서울시에서 경제적으로는 취약한 지역이라 할 수 있다. 실제 재정자립도는 노원구, 중랑구 등과 함께 서울에서 최하위권을 기록하고 있다. 강북구는 지역 면적의 반가량이 국립공원으로 지정되어 있을 정도로 자연녹지가 많은 지역이다. 대개 이런 지역이 그렇듯이 주거 환경이 열악하고 지역 이슈에서 재개발에 대한 욕구가 강하게 표출되고 있기도 하다. 이런 특성 탓에 강북구는 서울시의 도시재생사업 예정 지구에 포함되기도 했다. 이와 같은 지역 상황에서 강북지역자활센터는 '지역살림, 지역자활'을 모토로 자활사업에 임하고 있다. 그 모토가 실천에서 어떻게 나타나는지 이제 하나씩 짚어보기로 하자.

지역 내부를 잇는 생활경제를 만든다

강북지역자활센터의 사업을 살펴보면 가장 먼저 눈에 띄는 것이 가게 형식의 사업장이 많다는 것이다. 민들레가게, 행복한반찬가게, 즉석두부점 등이 그런 사례들이다. 민들레가게는 6개가 지역 곳곳에 위치해 있으며, 행복한반찬가게는 2개가, 그리고 즉석두부점은 4개가 운영 중이다. 민들레가게는 재활용 가게이며, 행복한반찬가게는 매장 판매를

골목을 잇는 생활경제를 만드는 강북지역자활센터의 자활가게들

중심으로 배달서비스와 출장뷔페를 제공한다. 즉석두부점은 당일제조 당일판매를 원칙으로 해서 두부를 만들어 판매한다. 이밖에 재활용자전거 전문매장인 그린페달도 가게 형식을 취하고 있다. 물론 강북나눔돌봄센터와 같이 규모가 퍽 큰 돌봄사회서비스 공급 사업장도 있고, 살림나르미나 이음서비스와 같은 배송 사업장도 있기는 하다. 가게 형식의 사업장 또한 지역자활센터에서 흔히 볼 수 있는 사업장 형식이기도 하다. 그러나 강북지역자활센터는 매장의 숫자가 많을 뿐 아니라 그것이 지향하는 지점이 남다르다.

총 6개 사업장인 민들레가게는 자활기업이 3개, 자활근로사업단이 3개이다. 지자체 내 곳곳에 위치해 있으면서 지역 주민들이 기부하는 물품을 재활용해서 판매하고 있다. 강북지역자활센터장은 아름다운가게가 중앙차선을 달리는 버스라면 민들레가게는 마을버스라고 비유를 한다. 처음부터 매장을 늘릴 생각이 있었던 것도 아니다. 타깃을 골목, 즉 생활권으로 잡았을 뿐이고 생활권 안에서 기부문화를 확산시키자는 생각이 있었던 것이다. 의외로 주민들의 기부가 많아지면서 지금처럼 늘어나게 되었다. 그래서 가게 하나하나는 지역에서 거점이 되고 그 거점을 그물로 엮어서 지역 내부를 잇는 작업이 되는 모양새를 취하고 있는 것이 민들레가게이다. 민들레가게뿐 아니라 행복한 반찬가게나 즉석두부점도 골목 주민을 타깃으로 조직되었고, 그것이 지역 곳곳에 산포되어 있으면서 서로를 잇는 형국을 취하고 있다.

이처럼 소규모 매장을 지역 곳곳에 열고 그것을 잇는다는 것은 오늘날 지배적인 패러다임인 시장경제의 중심축이라 할 수 있는 규모의 경제의 대척점이라 할 수 있는 생활경제를 만들어가는 것이라고 할 수 있다. 규모의 경제와 달리 생활경제는 지역의 주민들이 일상을 공유하면서 조직될 때, 다시 말하면 '이음(tie)'이 있을 때 가능하다. 그런데 강북지역자활센터의 매장형 사업들은 바로 지역에서 '이음'을 도모하는 실천을 수행하고 있는 것이다. 한편, 매장은 아니지만 이처럼 서로를 잇는 생활경제를 추구하는 또 하나의 장이 지역장터의 운영이다. 2012년부터 시작된 강북구의 〈더.사.세 마을장터〉는 지자체의 지원을 받아 연 5회 열리는데 강북지역자활센터가 주최하고 있다. 여기에서는 지역자활센터의 생산품을 비롯해 지역 주민들이 쓰지 않는 물품들을 가지고 나와 판매하고 또 어울려 놀기도 한다. 한 마디로 경제 행위를 매개로 공동체가 만들어지는 장이라고 할 수 있는데, 그렇다면 이 또한 생활경제를 만드는 것이라고 할 수 있을 것이다.

환경을 생각한다

강북지역자활센터의 사업 중 눈에 띄는 또 하나는 환경을 고려하는 사업단의 운영이다. 우선, 강북지역자활센터는 재활용을 모토로 하는 사업장이 많은 편이다. 그 중 자활기업인 그린환경은 남은음식물을 수거 및 운반하는 사업을 한다. 이 사업은 실은 외환위기 시절 꽤 주목을 받았던 자활사업 아이템이다. 1990년대 후반은 한국에서 자원재활용과 관련된 담론이 막 활성화되던 시점이었다. 당시 지역자활센터와 실업극복운동 단체들 중에는 이러한 사회적 상황과 결합해서 버려지는 자원을 활용하는 사업들을 조직하는 경우가 상당수 있었다. 그 사업들이 남은음식물재활용사업과 폐자원재활용사업이다. 이들은 5대 표준화사업으로도 선정되는데 이 중 남은음식물재활용사업은 일찍 퇴조한다. 명색이 환경을 살리기 위한 모토를 갖는 재활용사업인데, 제대로 된 환경관련시설을 갖추기 어려웠던 것이다. 결국 처리보다는 수거 및 운반에 초점을 두게 되는데 이 역시 작업 과정이 다른 일들에 비해 힘들어서 쉽지 않았다. 그런데 이처럼 한 때 주목을 받았다가 이제는 대부분이 포기한 사업을 강북지역자활센터는 끈질기게 운영을 하고 있다.

이밖에 환경부 인증 사회적협동조합 인가를 준비 중인 민들레가게는 재활용 가게이며, 그린페달은 폐자전거를 수리해서 판매를 한다. 폐자부활존은 폐현수막이나 헌옷 등 폐자원을 리폼해 가방, 장바구니, 선풍기덮개 등 생활용품을 만들어 판매한다. 폐소형가전수거사업은 강북구, 중랑구, 성북구 등 동북권역 일대의 폐소형가전을 수거해 서울도시금속회수센터에 납품한다. 이밖에 자활기업인 푸른환경도 재활용 및 불용품을 선별 판매하는 사업을 하고 있다. 일견 중복되는 부분도 없지 않아 있지만 이처럼 재활용 분야에 대한 사업의 집중은 강북지역자활센터에서 환경 또는 자원순환이 사업 조직화에서 매우 중요한 부분임을 보여주는데, 이렇게 집중되어 있다는 것은 이에 대한 뚜렷한 철학이 있음을 의미하는 것일 수도 있다. 이러한 철학은 환경을 명시적으로 표방하지 않는 사업에서도 나타난다. 가령, 행복한 반찬가게는 국내산 친환경재료를 사용하고 화학조미료를 첨가하지 않는다. 그런가 하면 자활근로사업단인 도시농업사업단은 친환경적 도시농업의 발전과 확대를 도모하고자 자투리텃밭을 만들고 관리하는 사업을 진행하고 있기도 하다.

지역사회 내 조직 간 연대를 도모한다

강북지역자활센터에는 살림나르미라는 협동조합이 있다. 살림나르미는 국내의 대표적인 생활협동조합인 한살림의 서울 북동지역과 북부지역의 조합원들에게 생활재를 공급하는 사업을 담당한다. 그런데 살림나르미가 만들어지는 과정을 보면 강북지역자활센터와 한살림의 사실상 공동작업이었다고 평가할 수 있다. 그 시작은 2012년에 사회투자지원재단의 연계로 강북지역자활센터와 한살림이 접촉을 하면서부터이다. 당시 한살림은 재정여건의 문제로 물류에 대한 외주 작업을 논의하던 때였고 '사회적경제조직간의 협동'이라는 관점에서 강북지역자활센터와 한살림이 만난 것이다. 물론 처음부터 잘 풀린 것은 아니다. 일단 몇 차례의 논의 끝에 2013년 7월에 시범 운영을 하기 시작했다. 시범 운영은 한살림에서 제공한 차량 1대에 강북지역자활센터의 실무자 1인과 자활사업 참여주민 2인으로 구성되어 진행되었다. 시범 운영은 일종의 훈련이기도 했던 셈이다. 1~2개월 후부터는 자활사업 참여주민으로만 구성해서 배송을 하기 시작했고 여러 우여곡절과 7~8개월에 걸친 강북지역자활센터-한살림의 공동 워크숍이 진행된 끝에 차량 9대의 배송 능력을 갖추면서 2014년에는 협동조합으로 출범을 했다. 아마 이 사례는 사회적경제 조직간 연대의 모범적인 실천으로 기억되지 않을까 한다.

이밖에 도시농업사업단은 지역의 초등학교 및 대학과 협력해서 텃밭을 만들고 관리하고 있기도 하며, 〈더.사.세 마을장터〉는 비록 연 5회로 횟수는 많지 않지만 자연스럽게 지역의 사회적경제 조직들이 함께 하는 마당으로서 역할을 하는 등 강북지역자활센터는 지역사회 내 조직과 함께 하는 기회를 만들려 노력을 하고 있다. 이러한 노력은 사업의 조직화에서만 머무르지 않는다. 다양한 시민참여 활동이나 지역 내 공동 사업의 조직화까지 확장이 이뤄지고 있다. 가령, 지역 조직들과 마을텃밭을 공동으로 운영하는 것이 그것이다.

그런데 이러한 연대 활동의 이면에 있는 놓치지 말아야 할 점이 있다. 강북지역자활센터에서는 자활기업 대표 등 참여주민들도 지역 내 사업단 관련 네트워크, 가령 재활용가게 네트워크나 먹거리 네트워크와 모임 등에 구성원으로서 참여하면서 지역사회 내 조직 간 협력을 도모하고 지역사회에 대한 발언권을 행사하고 있다. 지역의 여러 네트워크에 참여하면서 사업적인 부분만이 아니라 지역의 공적인 문제를 놓고 함께 논의를 하는 경험은 자활사업에 참여하기 전에는 하지 못했던 것들이다. 누구라도 이런 경험이 쌓이면 자연스럽게 성장하기 마련이다. 그런 의미에서 강북지역자활센터의 지역사회 조직간 연대의 도모는 자활사업 참여주민의 성장의 도모이기도 하다.

> 결국 사업을 통해서 이해관계를 확장하고, 또 이해관계를 통해서 주요한 변화, 주민이 성장한다는 거죠. 교육을 통해서 성장도 하지만 저희가 느끼기에는

새로운 계층들과의 만남, 관계를 통해서 성장한다고 생각합니다. 저는 그걸 눈으로 봐요. 우리 반찬가게가 한살림하고 만나서 뭘 할 때, 어느 지역의 생태농업 하는 사람들과 만나서 할 때, 사람들의 눈빛이 하나하나 달라도 가치나 이런 삶의 기준들이 달라지는 거죠. 그래서 저는 이 사업들이 다양한 이해관계에 맞는 사업들을 설계하고 그게 사회적 미션이 되어야 한다고 생각하고 있는데요. 그러기 위해서는 우선 조직적 차원에서 우리가…민관하고 네트워크…제시하고 가르치는 것이 아니라 말 그대로 등장하는 자체가 중요하겠다. … 그 안에서 정말 그 사람들이… 네트워크의 목적은 우리를 발견했으면 좋겠다라는…
(2015.7.29. 강북지역자활센터장)

지역재생을 꿈꾼다

'지역살림, 지역자활'. 강북지역자활센터의 모토이다. 모토에서 드러나듯이 지역재생은 강북지역자활센터의 사업 조직화에 중요한 축으로서 역할을 하고 있다. 생활경제를 만들어 가고 환경을 고려하는 사업의 조직화는 바로 지역재생을 추구하는 강북지역자활센터의 한 단면을 보여주는 지점이다. 이는 자활사업을 통해서만 나타나지 않는다. 양지마을을 중심으로 진행되었던 이 지역의 서울시 주거재생사업 초기에는 사업과 관련해서 지역 네트워크를 담당하는 실무를 지역자활센터의 실무자가 담당하기도 했었다. 이후 일정한 기간이 지나면서 이 역할은 지역의 사회적경제지원단이 맡게 되고 지역자활센터는 컨소시움 참여기관으로 그 역할을 변화시켰으나 지자체의 지역재생사업에 주도적으로 참여할 정도로 적극적인 자세를 여전히 견지하고 있다.

강북지역자활센터가 서울시에 제출한 도시농업제안서 일부

　　자활사업으로는 자투리 공간을 활용하는 도시농업사업단이 '동네 가드닝'이라는 명목을 세워서 지역재생의 관점에서 접근이 이뤄지고 있으며,* 생활경제를 만들어가고자 하는 각종 사업들 역시 지역재생의 관점에서 이뤄지는 것이라 할 수 있다. 그런가 하면 지역의 청년실업 문제에 대응하고자 2015년 6월부터는 청년상회라는 시범사업을 준비하고 있기도 하다. 물론 몇 개의 자투리에 텃밭을 만들고, 소규모 매장을 만들어 운영하며, 청년들 몇몇에게 일을 할 수 있는 기회를 제공하는

---

* 동네 가드닝은 게릴라 가드닝의 변용이다. 게릴라 가드닝은 도시의 빈 터나 방치된 남의 땅에 몰래 꽃나무 등을 심고 가꾸는 활동으로 도시재생의 한 방안으로 평가받는다. 강북지역자활센터는 지역조직들과 함께 동네에서 텃밭을 가꾸는 활동을 동네 가드닝으로 규정하고 있다.

지역살림과 지역자활을 모토로, 서울 강북지역자활센터　61

매장을 열었다고 해서 그것이 곧 지역이 재생하는 지름길이 될 수는 없다. 그러나 이러한 시도 하나 하나가 쌓이면 어느 순간 그것이 지역 주민들이 살아가는 공간은 저만큼 변화했을지도 모른다.

자활사업은 사회혁신을 지향해야 한다

자활사업은 복합적인 정체성을 가지고 있다. 공공부조정책임은 분명하다. 그러나 자활사업의 실행은 재화와 서비스를 생산 및 공급하며, 노동을 조직하며, 사회적 관계를 만든다. 과연 이것을 전통적인 사회복지의 틀로 설명할 수 있을까? 강북지역자활센터장은 그래서 자활사업은 사회보장적 성격과 사회혁신적 성격을 함께 지니고 있다며, 자활사업에 참여해 급여를 지급받는 것이 사회보장적 성격에 해당한다면 자활사업을 통해 조직되는 노동은 사회혁신적 성격을 지니고 있다고 설명한다. 그래서 강북지역자활센터는 자활사업의 공공적 가치를 강조한다. 자활사업의 공공적 가치는 지역의 구성원들이 지역 문제를 해결하는데서 빛을 발할 수 있는 것이며 자활근로는 개인의 자활을 추구하는 것이 아니라 지역의 필요나 변화를 추구해가는 공공일자리여야 한다는 것이다. 이런 관점에서 접근한다면 자활사업 참여주민들은 흔히 말하는 '취약계층'이 아니라 '지역의 자원'이다. 취약계층은 지원을 받아야 할 사람이지만 지역의 자원은 지역에 기여하는 이다. 한 마디로 존재의 전복이 발생하는 것이다. 이러한 인식은 센터장 개인에게서만 맴돌지 않고 지역자활센터의 사업 전반에 걸쳐 배어들고 있다. 가령, 지역자활센터는 게이트웨이 과정에서 참여주민에게 이를 분명히 밝힌다.

> 저희가 얘기하는 건, 그래서 "우리 센터는 선생님의 욕구에 의해서 일하지 않는다."라고 얘기를 합니다. 제가 상담해보면 선생님은 결국엔 자기를 부자로 만들어달라는 얘기냐. 그런 거잖아요. 우리가 그걸 어떻게 하냐. 난 못한다. 또 하나는 이 자활근로나 우리에게 부과된 조건을 어떤 식으로 이해할거냐. 이것이 정말 시혜적 복지를 유지하기 위한 아주 수동적인 의무냐. 강제냐. 강제노역이냐. 난 아니라고 생각한다. 어쨌든 선생님이 가지고 있는 자원이다. 선생님들이 가지고 있는 이 자원을 가지고 우리 센터가 무엇을 할 것이냐. 그러니까 우리가 센터의 사업은 선생님들의 욕구에 기반하지 않는다. 우리는 나름 자활이라는 나름 공공일자리를 통해서 지역사회문제나 우리가 할 수 있는 수준의 문제해결방식을 사업에서 활동으로 하고자 한다. …(2015.7.29. 강북지역자활센터장)

강북지역자활센터의 사업이 갖는 남다른 점들은 바로 이러한 철학의 반영이기도 하다. 그런데 이런 문제의식은 주민과 함께 가야 한다. 그것은 주입으로는 불가능하다. 꾸준한 교육이 있어야 하며, 자활사업 참여주민들이 실제 현장에서 경험을 하면서 몸에 배어야 한다. 강북지역자활센터는 독특하게도 '인권'에 상당한 비중을 두고 교육을 운영한다. 보편적 가치로서 인권은 우리 사회에서 중요한 것이지만, 일반적으로 자활사업 현장에서 교육의 중요한 주제는 아니다. 그러나 강북지역자활센터는 사회구성원으로서 자활사업 참여주민이 사회에 대한 올바른 인식을 갖기 위해서는 인권 의식이 제대로 서야 한다고 보고 이에

> **게이트웨이란?**
>
> 애초에 영국의 노동연계복지정책인 뉴딜(New Deal) 프로그램의 직장 탐색 및 상담 과정인 게이트웨이(Gateway)는 한국에서는 몇 년 전부터 자활사업의 초기 과정으로 설계되었다. 보건복지부에 의하면 '자활사업 참여자의 욕구, 적성, 능력, 여건에 따라 개인별 맞춤형 자립계획 및 경로 제공과 적절한 자활프로그램 연계로 효과적인 자립을 지원하는 경로설정 프로그램'이다. 자활사업에 의뢰되는 신규참여자는 2개월 동안(1개월 연장가능) 개별면접과정을 거쳐 개인별 자립계획(Individual Action Plan : IAP)을 수립하게 된다. 지역자활센터에 소속된 게이트웨이 사례관리자는 참여자가 작성한 개인별 자립경로(IAP)를 토대로 개인별 자활지원계획(Individual Service Plan : ISP)를 수립한다. 개인별 자활지원계획(ISP)은 참여자의 자활지원을 위한 기관의 서비스계획을 담고 있다. 개인별 자활지원계획(ISP)의 실행은 '자활근로 참여', 취업알선 등 '취업지원', '개인창업 지원', '직업훈련 지원' 등 4가지 자활경로를 포함한다. 참여자는 이 4가지 선택지(option)중에서 하나의 자활프로그램에 참여하게 된다. 한편, 일부 지역자활센터에서는 자활참여자의 자활지원계획 이행 및 서비스 전 과정의 체계적인 점검 및 사후평가를 위해 자활사례관리팀을 운영하고 있다.
>
> 보건복지부(2015) 참조

대한 교육에 큰 비중을 둔다. 어느 측면에서 보면 자활사업 참여주민의 자치조직인 자활공제협동조합의 자치 수준이 높고 지역사회 후원 등의 활동이 활발한 것도 이러한 철학에 대한 참여주민의 수용이 어느 정도 이뤄지고 있는 것이 원인일 수 있다. 또한 인권 의식은 곧 능동적인 참여와 연결되기도 한다. 그래서 강북지역자활센터는 자활공제협동조합 구성원들이 사업 아이템을 가지고 제안을 하면 적극 수용하겠다는 의사를 종종 표명하며 참여를 유도한다.

> 공제 역량차원에서 뜻 맞는 사람 5명… 3명이든 모여서 아이템을 제안해봐라. 같이 검토해서 하고, 그걸 공제… 그 사업이 자립했을 때 자활공제협동조합하고 연계해서 같이 하면 되지 않느냐. 이런 제안을 드렸었죠. 그런 부분에 있어서 요구를 했었어요. 활동 활발한 조합원들끼리 사업아이템을 저한테… 떡볶이집이든 중국집을 하더라도, 사업을 제안해서 자활근로도 한번 해보고, 독립시켜서 이것을 공제협동조합과 연대해서 나가면 좋지 않겠느냐. 뭐 이런…(2015.7.29. 강북지역자활센터장)

물론 매사가 그렇듯이 항상 제약은 있으며 한계도 존재한다. 중요한 것은 할 수 있는 범위 내에서의 시도이다. 무엇보다 제도의 제약이 크다. 자활사업에 대한 정부의 태도는 자활사업 참여주민의 시장 진입이다. 노동이 갖는 사회적 의미나 자활사업 참여주민의 사회 구성원으로서의 바람직한 성장, 지역사회 참여 등은 제도의 영역 속에서 발을 디딜 틈이 없다. 그렇기 때문에 이에 대해 지역자활센터가 어떤 구상이 있다 하더라도 그것을 실현할 수 있는 최대치의 범주는 그리 크지 않다. 그러나 불씨가 있어야만 불이 타오를 수 있는 것이다. 그런 의미에서 자활사업이 사회혁신을 지향해야 한다는 강북지역자활센터의 시도는 현재의 시점에서 뚜렷한 제약을 갖고 있음에도 그 자체로 지역 단위에서 자활사업의 조직화에 중요한 시사점을 제공해주는 통찰이며, 중요한 불씨일 것이다.

 **사례의 포인트**

- 지역자활센터가 지역에서 어떤 역할을 해야 하는지에 대한 문제의식에서 자활사업의 전략을 구상했음.
- 자활사업이 지역에서 주민들과 만날 수 있는 지점이 무엇이고 주민들을 이어줄 수 있는 방안이 무엇인지에 대한 고민이 엿보임.
- 자활사업에 대한 뚜렷한 철학을 가지고 있음.
- 자활사업 참여주민의 지역 속에서의 성장을 고민하고 있음.

 **함께 이야기하기**

- 우리 기관의 철학은 무엇입니까?
- 우리는 지역사회 연대 활동을 어떻게 하고 있습니까?
- 우리 기관의 전략은 무엇인가요?

# Chapter 4

지역에서 사회적경제를 이끌어 가다

인천 부평구의 두 지역자활센터

지역자활센터는 대부분의 기초지자체에 하나씩 존재하지만 몇몇 예외적인 경우는 둘 또는 셋이 존재하기도 한다. 이런 경우 서로 협력을 통해 지역 문제에 대응해나가는 모습이 바람직할 것으로 생각되지만 의외로 그런 경우들을 찾기는 쉽지 않다. 사실, 협력 또는 협동이라는 것이 말하기는 쉽지만 현실에서 간단치 않은 일이다. 그런 점에서 볼 때 인천의 부평구에 위치한 두 지역자활센터는 주목할 만한 모습을 보이는 사례이다.

    인천 부평구에는 부평지역자활센터와 부평남부지역자활센터, 모두 2개의 지역자활센터가 위치해 있다. 부평지역자활센터는 2000년 8월에 지정되었으며, 부평남부지역자활센터는 2001년 7월에 지정되었다. 1년의 터울이 있기는 하나 국민기초생활보장법 시행을 앞두면서부터 지역자활센터 지정이 대폭 증가했음을 고려하면 두 지역자활센터 모두 이런 흐름 속에서 사업을 시작했다고 볼 수 있다. 두 기관 모두 외환위기 시절에 전국적으로 일었던 실업극복운동에 참여한 조직들이 지정을 받은 사례이다. 이런 공통의 경험이 작용했을까? 두 지역자활센터는 지난 15년여의 세월 속에서 보조를 맞춰가면서 지역에서 사회적경제의 조직화를 이끌어가고 있다.

부평구는 전체 인구가 2015년 8월 기준으로 557,634명으로 면적은 인천시의 약 3%가량이나 인구는 19.1%를 차지하고 있어 인천시의 각 구 중 남구와 함께 인구밀도 최상위권에 위치해 있다. 과거 수출4공단을 중심으로 해서 제조업이 활성화된 지역이었으나 지가 상승과 함께 1990년대 이후 공장 이전이 증가하기 시작했고, 특히 외환위기 이후 제조업의 침체와 소규모화가 진행되는 추세이다. 지역적으로는 복지수요가 많은 편이다. 2011년 현재 전국의 자치구 69개 중 중 기초생활보장수급자 수는 5위이며, 장애인 수는 2위이다. 반면에 재정자립도는 43위, 1인당 예산액은 50위이다(김원홍 외, 2012). 실제로 지역에 복지시설도 많고, 복지 관련 활동가도 많은 편이어서 복지 관련 네트워크가 비교적 활발하며, 구 예산의 60% 이상이 사회복지 영역에 배정되고 있다. 또한 공단이 활성화된 경험이 있고, 상대적으로 거주 빈민의 수가 많은 탓인지 역사적으로 노동운동이나 빈민운동 등 지역사회운동의 경험이 풍부한 측면도 있다. 이러한 환경들은 사례기관들이 위치한 지역에서 두 지역자활센터가 사회적경제를 키워드로 공동의 대응을 해 나가는데 중요한 기반일 수도 있다. 이제 부평지역자활센터와 부평남부지역자활센터가 지역 문제에 대응해가는 내용을 살펴보기로 하자.

지역의 문제에 공동으로 대응한다

부평지역자활센터와 부평남부지역자활센터가 지역에서 보여주는 모습 중 가장 인상적인 것은 지역의 문제에 공동으로 대응한다는 것이다. 지역자활센터 이전에 두 지역자활센터는 외환위기 시절 전국 각지에서 조직된 실업극복운동을 공유했던 역사가 있다. 두 센터 외에도 인천에 위치한 지역자활센터 중 상당수가 실업극복운동에 참여했던 역사를 지니고 있는데 이 역사는 이후 인천 지역 내에서 각 지역자활센터들 간의 인적·사업적 교류와 지역의 자활사업 문화 형성에 중요한 영향을 미친 것으로 보인다. 두 지역자활센터 역시 빈번한 교류를 하고 있는데, 사업적인 관계를 넘어서 구성원들 간에 인간적 친밀감의 수준도 매우 높은 편이다. 어쩌면 지역에서 두 지역자활센터가 호흡을 맞춰가면서 사업을 전개하는 데는 이러한 요인들도 작용하고 있을 것으로 보인다.

> 저희는 태생이 실업본부 사업을 했던 곳이기도 하고… 지속적으로 옛날에는 같이 운동을 했던 법인들이죠. 선배들도 그렇게 했던 거고… 사업에 대한 방향도 차이가 거의 없었어요. 그러면서 상생적인 경쟁을 했어요. 알게 모르게. 그렇지만 중요한건 계속 논의하면서 사업을 했던 게 컸던 것 같아요. 그러면서 실무자들의 관계도 굉장히 돈독했던 거고…(2015.7.28. 부평지역자활센터장)

그러면, 지역 문제에 함께 대응하는 몇 가지 사례를 살펴보자. 우선, 두 기관은 종종 실무자 교육이나 참여주민의 교육을 공동으로 진행한다. 참여주민의 경우 게이트웨이 과정에서의 교육이나 주민 리더십 교육 등이 여기에 해당한다. 교육을 함께 진행하는 것은 사업의 방향을 구 차원에서 공유하고자 하는 취지가 작동한 것이기도 하다.

기능전환 시범사업도 지역에 대한 공동의 대응으로 평가할 수 있다. 2014년부터 진행된 지역자활센터 기능전환 시업사업은 1개 기초지자체에 2개 이상 복수로 설치된 지역자활센터를 대상으로 센터에서 제공하는 자활지원 프로그램을 차별화하고, 고용·복지 전달체계 개편에 따른 지역자활센터의 역할을 증대하려는 목적으로 시범사업으로 진행되고 있는데 두 기관은 상호 합의에 의해서 시범사업에 참여하기로 하면서 역할을 나눈다. 그래서 부평남부지역자활센터는 시장진입형을 중심으로 해서 공공 일자리의 개발 또는 사회적경제 조직에의 취업에 주력하고, 부평지역자활센터는 주민역량 강화에 초점을 두고 사회서비스형 중심으로 운영하고 있다. 이 과정에서 두 기관의 사업단과 참여주민, 그리고 실무자의 이동이 이뤄지기도 했다.

공동의 대응은 이처럼 자활사업의 영역에만 머무르지 않고 좀 더 폭넓게 전개된다. 가령, 두 기관은 부평구에서 민간 차원의 사회적경제네트워크가 조직되던 초기에 지역의 생협 및 몇몇 사회적기업과 함께 주도적인 역할을 했다. 사회적경제네트워크는 이후 규모가 확대되면서 사회적경제협의회로 이어졌다. 이밖에 지역 활동에도 두 기관의 공동 대응은 두드러진다. 부평구의 빈민밀집지역 중 하나인 산곡동과 청천동

나눔장터 현장

주민들이 참여하는 산곡청천 마을축제에는 지역의 여러 조직들이 함께 하는데 두 기관도 여기에 함께 한다. 또한 몇 년 전부터 지역에서 시행되는 〈나눔장터〉를 함께 운영하고 있으며, 지역에서에서 열리는 자전거대행진에 주최단체로 역할을 하고 있기도 하다.

참여주민의 자치의식을 고양한다

지역자활센터의 운영 속에서 매우 중요한 부분을 차지하는 것이 참여주민의 역량을 강화하는 것이다. 흔히 임파워먼트(empowerment)라고 하는 것이다. 빈곤을 제대로 이해하기 위해서는 단지 물질적인 것에서만이 아니라 사회적, 정치적, 심리적인 측면에서의 역량 결핍을 바라볼 수 있어야 한다(Friedman, 1992, Hur, 2006에서 재인용). 그런 의미에서 빈곤층의 역량을 강화하는 것은 빈곤 문제에 대한 대처에서 중요한 접근이라 할 수 있다. 역량이 강화되었다는 것은 자신을 둘러싼 문제를 풀어나가는 힘이 생겼음을 말하는 것이다. 이를 자활사업의 현장에서는 종종 '자치의식의 고양'으로 표현하기도 하는데 두 기관에서 노력을 기울이는 것 중의 하나가 바로 이 부분이다.

먼저, 참여주민의 자치의식 고양을 위한 접근의 일환으로 두 기관이 가장 큰 비중을 두는 것은 참여주민 자치조직인 자활공제협동조합이다. 자활공제협동조합을 운영하는 지역자활센터들은 참여주민들의 자치적인 힘이 이를 통해서 발현되기를 기대하곤 한다. 그래서 그것이 가능하도록 교육을 진행할 뿐 아니라 내부 소모임의 조직화나 자체적인 사업 기획, 그리고 자율적인 조직 운영이 가능할 수 있도록 지원한다. 두 지역자활센터 역시 예외는 아니다. 대부분 자치적으로 운영하지만 좀 더 활성화되기를 기대하는 취지에서 지역자활센터가 사용할 수 있는 자활사업활성화사업비를 활용해 자조모임을 지원하기도 한다. 심지어 자활공제협동조합은 지자체 내 사회적경제협의회에 참여 단체이기도 하다. 자활공제협동조합을 통해서 단순히 자활사업 참여자라는 지위를 넘어서 지역사회의 활동가로서 역할을 하는 기회가 주어지는 것이다.

자활공제협동조합 이외에 부평지역자활센터는 별도의 봉사단을 만들어 자활사업 참여주민들이 공제협동조합과는 다른 방식으로 지역사회에 참여할 수 있는 기회를 제공하고 있기도 하다. 물론 참여주민의 자치조직이 운영된다 하더라도 모든 참여주민이 적극적인 것은 아니다. 그러나 그것을 통해서 자치의식이 고양되고 지역사회 내 위치의 변화가 이뤄지고 있음도 분명하다.

> **자활공제협동조합이란?**
>
> 자활공제협동조합은 2013년 현재 37개가 조직되어 있는 자활사업 참여주민 자치조직이다. 신용사업, 공동구매사업, 교육사업이 주요 사업이며, 자활사업 참여자들이 주로 이사장을 맡는다. 2009년에는 자활공제협동조합연합회를 발족하기도 했다.
> 자활공제협동조합의 뿌리는 과거 도시빈민밀집지역의 주민운동에서 시도하던 빈민들의 자조조직을 만들기 위한 활동이다. 당시 주민조직가들은 자조에 기반한 조직화가 이뤄져야만이 빈민들이 가난을 이겨낼 수 있는 힘을 가질 수 있다고 봤는데, 이런 의식적인 노력 속에서 몇몇 지역에서는 신용협동조합을 조직하기도 했었다. 이런 경험은 자활사업 현장으로도 이어졌고 초기에는 상조회, 그리고 주민금고라는 명칭의 자조조직으로 이어졌다. 이런 움직임을 바탕으로 2009년에 이르러 자활공제협동조합으로 정착된다.

자치조직의 운영 이외에는 주민회의도 자치의식 고양에 중요한 역할을 하는 단위이다. 두 기관은 주민대표자회의를 월 1회 진행하면서 참여주민의 의견을 반영하려 노력한다. 또한 참여주민들의 리더십을 향상시키기 위한 교육에도 상당한 비중을 둔다. 부평지역자활센터는 자활사업단의 반장이나 리더들을 대상으로 하는 리더십 교육을 연간 6~8회 진행하며, 부평남부지역자활센터도 연 2회 이와 같은 교육을 진행한다. 부평지역자활센터는 이와 같은 리더십 교육을 대체로 1박 2일 수련회를 통해서 함께 평가하면서 마무리를 한다. 회의나 교육은 말문을 여는 장이기도 하다. 그래서 배움이나 의견 교환, 또는 사업 점검만 있는 것이 아니라 불만 해소와 동기 유발의 장이 되기도 하며, 새로운 경험을 하거나 그 자체로 참여의 장이 되기도 한다.

이번에는 다른 쪽으로 하자는 의견이 나왔나 봐요. 그래서 먹고 즐기는 것보다 콘서트 같은 분위기 어떠냐 이번에 물어봐주시더라고요. 저희는 그게 좋죠. 콘서트 가서 우리가 접하지 못한 그런 문화들도 접해보면서 더 좋은 것 같아요. 그런 게 더 좋아진 것 같고.(2015.7.28. 부평지역 참여주민 간담회)

이렇게 해서 고양된 자치의식은 지역과 자신의 일에 대한 태도에도 긍정적인 영향을 미친다. 가령, 부평남부지역자활센터에서 창업을 한 자활기업으로 사회적협동조합인 카페 〈커피위드인〉은 600만원의 기부를 하기도 했을 정도이다. 사실 600만원은 가난한 자활사업 참여주민 입장에서는 적지 않은 금액이다. 만약 일반협동조합으로 조직되었다면 배당을 해도 무방한 금액이다. 그럼에도 불구하고 비영리인 사회적협동조합으로 조직을 한 것은 당장의 경제적 이득보다는 지역에 무엇인가 기여하는 일을 할 수 있는 기회를 만들겠다는 의지가 결합된 것이라고 할 수 있다. 이는 일에 대한 관점의 전환이 있어야만 가능한 것이다. 자활사업은 공공재원을 기반으로 조직되는 것이다. 따라서 사적인 성취로 그것이 국한되는 것이 과연 적절한 것인지에 대한 의문을 가질 필요가 있다. 오히려 가난한 사람들이 그 일을 통해 긍지를 가지고 사회적 필요에 기여할 수 있다면 그것은 사적인 성취를 넘는 공적인 성취라 할 수 있을 것이다. 사회적협동조합 〈카페위드인〉은 어쩌면 이런 의미를 보여준 것일 수도 있다.

제도적 울타리를 넘어
사회적경제와 공동체를 만들어 간다

두 지역자활센터의 사업 특성 중 하나가 자활사업의 제도적 울타리를 넘어서는 활동이다. 그러나 그것은 제도적 울타리의 밖에 위치해있을 뿐 지역사회에 기반한 조직이라는 지역자활센터의 중요한 특성을 넘어서는 것은 아니다. 가령, 빈민밀집지역인 청천동과 산곡동 일대에서는 오래 전부터 마을 축제가 개최되고 있다. 지역의 활동가들이 결합해 탄생한 축제인데 법인화까지 되어서 지역운동으로까지 확장된 수준인데, 부평남부지역자활센터는 10년 전부터 이를 주최하는 축제위원으로 참여를 하고 있다. 부평지역자활센터는 참가단체 수준에서 결합해왔으며, 2016년부터 축제위원으로 참여할 계획이다. 지역 공동체의 구축은 지역사회에 기반한 조직의 중요한 역할이기도 하다.

 지역에서 열리는 나눔장터도 기초지자체 차원의 사업이지 자활사업은 아니다. 그러나 부평지역자활센터는 초기부터 지자체의 제안을 받고 이를 주최해왔다. 이 과정에서 지역자활센터의 인지도가 상승하고 행사 운영으로 인한 참여주민들의 자치력이 향상되고, 생산품 판매가 이뤄지는 효과를 봤다. 물론 나눔장터의 사업이 지역자활센터에게만 긍정적 영향을 미치는 것은 아니었다. 장이 서면 지역자활센터 이외에 마을기업이나 사회적기업 등 사회적경제 조직들의 참여가 이뤄지고 자연스럽게 장터는 사회적경제 조직을 이어주는 결절점(node)으로서의 역할을 겸하고 있다. 2015년부터는 사회적경제협의회가 주최를 하고 있다. 그리고 이렇게 이뤄진 인지도 향상은 사업의 파생을 낳기도 한다. 가령, 구에서 어떤 사업을 구상할 때 그것을 할 수 있는 단위로 지역자활센터를 떠올리게 되는 것이다.

그런가 하면 자활사업에서 조직된 생산품(식품류, 생활용품, 각종 기획상품)을 유통하는 사회적 프랜차이즈 기업인 〈서로좋은가게〉의 부평점을 운영하면서 부평남부지역자활센터는 아이들의 건강한 먹거리 제공을 위해 매점을 협동조합으로 함께 운영할 것을 제안해놓은 상태이다. 먹거리-청소년 건강-협동조합으로 이뤄지는 지역의 사회적경제 조직화를 구상하는 것이다.

두 지역자활센터의 이런 면모들은 사회적경제가 중요한 활동 포인트임을 보여준다. 실제로 앞서 설명한 것처럼 두 센터는 지역에서 사회적경제네트워크의 조직화를 선도했다. 그뿐만 아니라 자활사업에 대한 대응에서도 사회적경제를 내세운다. 가령, 공공시설에 카페사업단이 입주하는 것에 대한 일부 구의원 등의 반대 움직임에 사회적기업을 만들겠다고 대응하는 것들이 그런 사례이다. 실무자들에 대한 교육에서도 이를 중요하게 여겨 협동사회경제전문과 과정을 운영하거나 지역자활센터가 사회적경제의 최전방에서 역할을 해주어야 한다고 하는 생각(부평남부지역자활센터)이나 사회적경제의 공동체를 만드는데 기여한다는 생각(부평지역자활센터) 등 센터 운영의 방침에도 사회적경제는 강조되고 있다.

지역과의 긴밀한 관계, 자활을 활성화시킨다

지역 내에서 공동으로 대응하는 면모가 두드러진다고 해서 그것이 반드시 두 지역자활센터만의 관계가 긴밀하다는 것을 말하는 것은 아니다. 전체적으로 두 센터의 활동이 지역과 긴밀한 관계에 기반을 두고 있으며, 그것이 자활사업의 운영에도 긍정적인 영향을 미친다는 것이다. 그리고 그것은 다시 파생 효과를 창출한다. 가령, 최근에 부평구에 거주하는 지역자활센터 실무자 또는 실무자 출신의 지역 활동가들이 협동조합을 조직하기도 했다. 이들은 그간 모임을 결성해 꾸준히 학습을 진행해왔는데, 그 결과물로서 사회적경제 조직에 대한 컨설팅을 주 사업으로 하는 협동조합을 조직한 것이다. 지역 내에서만 활동을 할 계획을 지니고 있는 것은 아니지만 이 협동조합이 자활사업을 비롯한 지역 내 사회적경제의 활성화에 긍정적인 영향을 미칠 가능성은 크다. 또한 최근에 지자체는 사회적경제지원센터를 설치했는데, 실무를 맡는 담당 공무원으로 지역자활센터 실무자 출신을 채용했다. 이런 일들 이외에도 사회적경제의 초기 조직화에서 지역자활센터의 역할이 적극적이다 보니 사회적경제 조직들 내부에서 지역자활센터를 인정하고 챙겨주는 분위기가 익숙하다. 지역자활센터가 지역에 꼭 필요한 존재임을 지역에서 인정받고 있는 셈이다.

　지역과의 긴밀한 관계는 실무자 충원 과정 및 이들에 대한 역할 주문에서도 확인된다. 부평지역자활센터는 지역 활동가의 채용을 선호한다. 이들은 사업에 이해가 빠를 뿐 아니라 자체적인 네트워크를 가지고 있기도 해 지역과의 연계를 도모하는 지역자활센터의 사업 운영에 긍정적인 영향을 미치고 있다. 실무자 구성에서 다소 차이가 있기는 해도 부평남부지역자활센터 역시 지역 활동가의 채용을 긍정적으로 평가하고 있다. 이런 점들은 지역사회에서 지역자활센터 실무자들이 적극적인 역할을 해야 한다는 인식을 깔고 있다고 할 수 있다. 실제로 두 지역자활센터는 지역에서 조직되는 각종 네트워크에 실무자들의 참여를 적극 권장하고 있다. 이런 네트워크는 사회적경제나 자활로만 국한하지 않는다. 도시농업네트워크나 복지관과 함께 하는 사례관리 네트워크, 아동 관련 네트워크 등 다양한 분야에서 참여를 한다. 그리고 이는 센터의 자활사업에도 좋은 기회를 가져다주고 있다.

그런데 이러한 두 센터의 지역과의 긴밀한 관계를 설명할 때 빼놓아서는 안될 것이 지자체장의 역할이다. 현 지자체장은 이 지역에서 구의원, 시의원, 국회의원을 역임한 재선 구청장인데 과거 이 지역에서 오랜 기간 동안 빈민운동을 했었다. 이런 경험으로 자활사업을 비롯한 복지 분야에 대한 이해가 높고 관심도 많을 뿐 아니라 실제 구정의 운영에서 복지 분야의 사업 비중을 크게 확대시키고 있다. 사회적경제 활성화도 구청장의 중요한 공약 중 하나이다. 구청장의 이러한 특성은 자활사업에도 긍정적인 영향을 미치고 있다. 지역자활센터에 대한 지자체의 태도 자체가 우호적이고, 실제로 지역자활센터의 사무실 마련이나 카페 자활사업단의 공공시설 입주와 같이 실질적인 협력이 이뤄지기도 했다. 지자체의 긍정적 태도가 지역자활센터의 사업 운영에 매우 중요함을 부평구는 직접 보여주고 있는 셈이다.

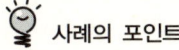 **사례의 포인트**

- 한 지역의 두 지역자활센터가 협력과 분담을 통해 자활사업을 조직하고 있어 한 지역에 위치한 여러 지역자활센터의 역할 모델이라고 할 수 있음.
- 사회적경제에 기반한 지역 조직화를 도모하고 있음.
- 자활사업 참여주민의 자치 역량을 강화하는데 노력을 기울임.
- 지역자활센터에 대한 지자체의 협력적 태도가 자활사업의 성공적 운영에 큰 영향을 미침을 보여줌.

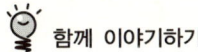 **함께 이야기하기**

- 우리 기관이 지역의 조직들과 맺고 있는 관계의 내용과 수준은 어떤가요?
- 우리 기관에서 자활사업 참여주민이 수행하는 역할은 어떤 것들이 있나요?
- 지역의 사회적경제 조직화에서 우리 기관의 역할은 무엇인가요?

Chapter 5

고용과 복지를 테마로 지역에 대처한다

경기 남양주지역자활센터

남양주지역자활센터는 2001년에 지정을 받았다. 국민기초생활보장법 제정과 함께 급속도로 지역자활센터가 확장되던 시기에 사업을 시작한 것이다. 그 후 15년 남짓한 시간 속에서 남양주지역자활센터는 고용과 복지를 주요 테마로 해서 지역에서 활동을 전개하고 있으며, 저소득 주민의 근로 여건 조성과 근로역량 강화를 통해 경제활동을 촉진하고 지역사회 협동경제영역을 확대한다는 미션을 바탕으로 활동을 하고 있다. 이 과정에서 서비스 업종을 중심으로 하며 규모화를 지향하면서 지역사회의 주목을 이끌어내는 시도로 자활사업의 독특한 사례를 만들어내었을 뿐 아니라 주민 주도성의 실현에서도 시사점을 제공해주고 있다.

남양주지역자활센터가 위치한 남양주시는 도농복합형의 외형을 띠고 있으나 인구 규모면에서는 어지간한 시 지역보다도 훨씬 많은 독특한 면모를 지닌 지역이다. 시의 인구는 2013년 기준으로 623,743명이며, 통계연보를 보면 지속적으로 인구가 증가하고 있는데, 인구증가율이 전국적으로 가장 높은 지역 중 하나이다. 그러나 지역 내부의 생산기반 시설은 취약한데, 그럼에도 인구가 가파르게 증가하는 이유는 서울의 베드타운으로서의 성격을 갖고 있기 때문이다. 지역으로 유입되는 인구는 비교적 젊은 고학력자가 많은 편이고, 그런 이유로 복지 및 문화 욕구가 높아 재정수요는 확장되고 있으나 생산기반이 취약한 베드타운인 탓에 인구 증가가 세입에 긍정적인 영향을 미치지 못해 경기도 내 시 지역 중 재정자립도는 하위권에 속한다. 인구 증가가 유입 인구에 의존하고 있고 특히 젊은 고학력자의 유입인구 비중이 크기 때문에 지역에서 수급자의 비율은 그리 크지 않은 편이다. 또한 시민사회의 조직적 역량도 도시 규모에 비해서는 크지 않은 편이다. 이러한 환경은 지역자활센터가 지역에서 비교적 비중 있는 인프라로서 역할을 할 수 있는 분위기를 낳았고, 복지나 고용을 테마로 설정할 경우 주목을 받을 가능성을 높게 하고 있는 요인으로 작용한다고 볼 수 있다.

복지와 고용을 테마로 지역에 위치한다

남양주시는 인구 규모에 비해 복지 인프라와 생산기반이 취약한 특성을 지니고 있다. 이는 복지 서비스와 고용 창출이 지역에서 중요한 문제임을 뜻한다. 남양주지역자활센터는 바로 이 지점을 지역사회 활동의 공략처로 설정하고 있다. 사회복지시설이면서도 취·창업을 도모하는 활동이 주요 역할이므로 지역자활센터는 복지와 고용을 두루 아우를 수 있는 특성을 지닌 조직이다. 그러나 많은 지역자활센터들은 이와 관련해서 지역에서 문제를 제기하는 방식보다는 제도적으로 규정된 자활사업을 충실히 하는 것에 중점을 두는 경향이 일반적이다. 이러한 일반적인 경향과는 달리 남양주지역자활센터는 자활사업을 수행하는 것에만 머무르지 않고 지역에 문제를 제기하는 방식을 병행한다.

> 이슈에 대해서 개입해 들어가는 것은 적어도 고용과 관련되어서는 개입해 들어가는 것. 복지와 관련돼서 복지 분야에 대해 개입해 들어가는 것. 그 정도를 뭐 어떻게 수치화해서 얘기할 수는 없지만 특히 지금 요새 화두가 되어지는 것은 일반… 대부분의 복지는 뭐냐 그러면 시혜적 복지가 아직까지 대세잖아요. 그런데 우리가 하는 게 사회복지사업이고 사회보장으로서의 복지와 관련되어 진보적이라고 하는 부분들을 화두로 삼아서 복지에서 이런 부분들이 강화되어 갈 수 있도록 하는 것들. 특히 이런 부분과 관련되어 가지고는 복지 관련된 영역에서는 역할을 분명히 하고 있다라고 생각을 해요. 누구도 그 얘기를 지역에서 하는 복지시설단체들이 없거든요. 그런 문제에 대해서 끊임없이 관계하면서 그런 관점이나 생각 이런 부분들을 확장될 수 있도록 하는 역할 꾸준히 하고 있고…(2015.7.30. 남양주지역자활센터장)

이를 위해 지역에서 조직되는 복지 관련 네트워크에는 대부분 관여하고 있으며, 사업적인 측면에서 자활사업단과 관련된 업종에 구성되어 있는 네트워크에는 거의 참가하고 있다. 아래에서 언급하지만 자활기업의 규모화를 추구한 것도 이처럼 지역에서 고용의 문제가 중요하므로 고용 문제에 일익을 담당하는 조직으로서 지역에 발언권을 행사할 수 있는 기회를 갖기 위해서이다. 물론 그렇다고 해서 복지와 고용 분야의 문제 제기를 선도하는 것은 아니다. 분위기를 조성하고 특히 지원 조직으로서의 역할을 충실히 하는 것에 더욱 중점을 두고 있다.

규모화로 지역에 영향을 미친다

어느 측면에서 보면 규모화는 남양주지역자활센터를 대표하는 상징이다. 그것은 자활기업인 ㈜일과 나눔을 통해서 나타난다. 2013년에 보건복지부로부터 Best 자활기업으로 선정되기도 한 ㈜일과 나눔은 남양주지역자활센터가 배출해낸 자활기업 4개가 통합을 해 2009년에 주식회사를 설립하면서 오늘에 이르고 있으며, 지자체 내에서 다섯째 이내에 드는 고용 규모를 가지고 있는 기업이다. 이와 같은 규모로 지역에서 ㈜일과 나눔은 주목의 대상이었을 뿐 아니라 지역의 사회적경제 영역에 미치는 영향력도 매우 큰 편이다. 실제로 고용창출과 사회적경제를 연결하는 대표적인 사례로 지역에서 평가를 받고 있기도 하며, ㈜일과 나눔의 대표는 무려 9개의 직책을 맡고 있을 정도로 지역의 사회적경제 영역에서 상징적인 존재가 되어 있기도 하다.

㈜일과 나눔은 청소 업종의 '함께일하는세상 남양주지점', 집수리 업종의 '길건축', 돌봄서비스 업종의 '남양주 도우누리', 그리고 농업 분야의 '반디농장'이 통합해 출범했다. 출범 후 2010년에는 사회적기업

㈜ 일과 나눔의 전진대회

으로 인증을 받았으며, 각각의 업종은 독립채산제로 운영되면서 ㈜일과 나눔의 지점 형식을 취하고 있다. 2014년 말 현재 고용규모 139명, 매출액 약 30억원 ㈜일과 나눔은 형식상으로는 주식회사이지만 협동조합적인 방식으로 운영되고 있다. 그래서 주주에게는 이윤을 배당하지 않으며, 조합원들에게 기여도에 따라 일정비율의 노동배당이 이루어지고, 사내유보, 복지 적립 및 지역사회 환원에 우선순위를 정하여 이윤을 사용한다.

서로 다른 업종임에도 불구하고 이렇듯 통합 법인을 출범시킨 것은 영세 자영업 수준의 자활기업을 넘어서야 한다는 문제의식이 자리잡고 있다. 좋은 의지를 표명한다 하더라도 가난한 사람들이 조직한 영세 사업장에 관심을 두는 지역 주민을 찾는 것은 쉽지 않다. 결국 자활기업이 관심을 불러일으켜야 하고 더 나아가 지역경제와 지역사회에 대한 영향력을 행사할 수 있어야 한다고 남양주지역자활센터는 생각했다. 그 방안이 자활기업의 규모화였다. 게다가 사업적인 측면을 넘어서 공적인 가치를 실현하기 위한 일환으로 조직되었던 자활사업의 역사성을 살리려면 사적인 지위를 갖는 개인사업자 형식이 아닌 공적 지위를 획득해야 한다고 봤다. 그래서 택한 것이 법인화였다. 아마 통합법인으로서 ㈜일과나눔을 출범시킬 당시 협동조합과 관련한 법이 있었으면 협동조합이라는 법인격을 갖췄을 것이나 협동조합기본법이 제정된 것은 그 후인 2012년이었다. 그래서 불가피하게 주식회사 방식을 택할 수밖에 없었지만 협동조합적인 운영을 하고 있다. 어쨌든 아직까지 지역에서 ㈜일과나눔을 통해서 나타나는 규모화 전략은 지역에 대한 영향력의 발휘라는 점에서 효과적인 것으로 보이며 그런 점에서 자활기업의 조직화 방안으로서 중요한 시사점을 제공해준다고 할 수 있다.

지역에서 차지하는 위치는 뭐… 일단 정승화 대표님이 지역의 사회적기업협의회 대표이기도 하고 사회적경제네트워크 상임대표이고, 경기자활기업협회장 이런 직함들을 맡고 계시기 때문에 청소와 관련되어진 지역의 인지도는 뭐 그런 건 지금은 뭐 특히 공공 이런 데는 아마 거의 모르시는 분들이 아마 없을 거예요. 여러 분야하고 관계를 하고 있기 때문에 청소업종 부터 해 가지고 그 다음에 뭐 시… 도의회에서도 저희가 기업 소개 이런 것들을 공무원들… 시청 공무원이 전체 모인자리에서 기업 소개도 했고, 사회적 기업 막 만들어질 때 5급 이상 공무원들, 시장 포함해서 다 있는 자리에서 제가 브리핑도 하고 했었고 그다음에 우리가 전환은 못했는데 전환행사는 빵빵하게 해요.(중략) 창립식 할 때도 그랬고 사회적 기업 아니 사회적협동조합으로 전환하는 전환 행사도 지역에서 한 400여명 지역 관계자들 다 불러가지고…(2015.7.30. 남양주지역자활센터장)

서비스를 중심으로 자활사업을 특화한다

지역자활센터들 중 상당수는 여러 종류의 자활사업을 조직하곤 한다. 어느 측면에서 보면 타당한 선택이기도 하다. 자활사업 참여자의 욕구가 다양할 수 있고, 시장으로 진출하기 위해서 다양한 사업 영역을 타진해보는 것도 의미 있는 시도가 될 수 있기 때문이다. 이와 달리 남양주지역자활센터는 사업을 특화한다. 일단 청소, 집수리, 돌봄 등 전통적으로 지역자활센터들이 주로 해왔던 영역을 중심으로 조직화를 시도했고, 그 이후에는 역시 대부분의 지역자활센터들이 진행하는 양곡배송사업을 하고 있다. 이 외에 자활사업을 중심으로 조직된 유통 매장 사회적 프랜차이즈 기업인 〈서로좋은가게〉의 남양주점이 있으며, 대규모 아파트 단지를 중심으로 거점을 마련해서 진행하는 일반택배사업이 있다. 어느 측면에서 보면 별 색다른 점이 보이지 않는다. 그러나 색다른 점이 보이지 않는 부분에 남양주지역자활센터의 특색이 존재한다. 모두 서비스업이라는 것이라는 것이다.

> **양곡배송사업이란?**
>
> 양곡배송사업은 수급자와 차상위자들의 생활지원을 위해 나라미(과거에는 정부미라고 했다)를 싼 값에 지원해 줄 때 배달해주는 사업이다. 나라미의 이용을 신청한 지역의 수급자와 차상위자들에게 매월 일정기간에 가가호호 쌀을 배달한다. 쌀 한포는 20kg로 한 달에 많게는 5000포 적게는 300포로 지역마다 배달수량의 편차가 있다. 20kg의 쌀을 탑차에 옮겨 실어 배달하는 일은 어깨와 허리에 무리를 주게 된다. 자활사업으로는 2009년에 13개 지역자활센터가 차상위자를 대상으로 한 양곡배송사업에 참여하면서 시작되었다. 이후 일반택배업체의 참여가 줄어들고 지역자활센터의 참여가 늘어나면서 2014년 현재 전국에는 양곡사업을 하는 140개의 자활근로사업에서 813명의 참여자가 일하고 있다. 2012년에는 전국의 양곡배송 자활사업단이 참여하는 전국자활기업이 창립을 하기도 했다.
>
> 김정원 외(2014) 인용

서비스 업종은 자본이 많이 들지 않고 고용창출에 용이한 특성을 지니고 있다. 게다가 남양주지역자활센터가 조직한 사업들은 높은 수준의 기술력을 요하지 않아 참여주민들이 어렵지 않게 익힐 수 있는 장점이 있는데다 청소업종의 '깨끗한 학교 만들기', 집수리의 '주거현물급여', 돌봄의 '사회서비스전자바우처사업'과 '노인장기요양보험', 양곡배송의 '정부양곡 배송사업'처럼 정부의 재정이 투입되어 만들어진 이른바 '공공 시장'이 존재하는 업종이다. 이는 남양주지역자활센터가 참여주민들의 특성에 부합하고 취약계층의 고용창출에 좀 더 기여할 수 있는 사업을 주로 조직함을 보여준다. 화려하지 않지만 지역에서 지역자활센터의 역할을 보다 뚜렷이 할 수 있는 그런 모습을 보여주고 있는 셈이다.

사업단 간 협력적인 조직 시스템을 갖춘다

업종의 차이를 넘는 통합법인의 자활기업을 출범시켰고 그것이 목표로 했던 규모화는 이뤄냈지만, 기업으로서 안정적으로 정착하기 위해서는 시스템의 효율성을 필요로 한다. 그래서 운영구조의 합리화나 효율적인 경영지원 시스템의 구축은 중요한 과제였다. 이것을 위해 남양주지역자활센터는 경영 실무를 담당할 이사인 사업본부장을 두었다. 사업본부 운영에 필요한 재정 조달은 각 지점의 운영 상태를 참조해 일정 비율을 분담시키는 등의 제도를 마련했는데, 이 과정에서 사업본부의 운영비를 지출이 아니라 투자의 관점으로 설득을 해냈다. 이밖에 각 지점별로 독립채산제로 운영하면서도 회계상의 재무재표는 단일화하는 등 효율적 시스템 구축에 많은 노력을 기울였다.

효율적 시스템으로 표현하지만 기실 그 내용은 사업단 간 협력적인 조직 시스템이라 할 수 있다. 남양주지역자활센터는 자활사업의 기본적인 과제는 취약계층의 일자리 및 근로기회 확대로 규정하고 있으며, 규모화는 바로 이를 좀 더 용이하게 하는 것이라 생각한다. 이는 규모화가 안정적으로 정착되면 취약계층의 일자리 및 근로기회가 확대될 수 있다는 논리이다. 실제로 일정하게 규모화를 이룬 ㈜일과 나눔은 효율적 시스템을 통해서 안정성을 갖추었을 뿐 아니라 내부의 협력 관계를 도출해내고 있기도 하다. 가령, 과거 반디농장의 경우 재정적으로 어려움을 겪고 있을 때 ㈜일과 나눔 내부의 다른 지점들이 자금을 모아 재정적인 지원을 한 적도 있었다. 이런 동력을 끌어내기가 쉽지 않음에도 불구하고 가능했던 것은 이사회를 매월 진행하고, 분기별로는 각 지점과 사업본부, 그리고 지역자활센터가 참여하는 확대운영위원회를 여는데다 자활공제 협동조합 내부에서 구성원들 간의 교류가 있는 등 일상적인 사업 공유가 이뤄지는 것과 함께 자활기업은 공공적인 성격을 갖는 기업이라는 남양주지역자활센터의 방침이 구성원들에게 관철되면서 일종의 공적인 동료 의식이 강하게 형성되었기 때문이다.

사업단 간 협력적인 조직 시스템에서 또한 주목할 것이 있으니 그것은 자활근로사업단과 자활기업의 협력 관계이다. 자활기업이 창업해 나가면 이후 결원이나 인력 확충에 대한 필요로 신규 채용이 있을 때 대개 자활사업 외부에서 충원을 하는 것이 일반적인 경향이다. 그런데 남양주지역자활센터는 다르다. 자활근로사업단의 구성원들이 자활기업에 취업을 하는 형식을 취한다. ㈜일과 나눔의 구성원 중 약 70% 가량이 자활근로사업 출신이다. 아마도 전통적으로 지역자활센터들이 주로 해왔던 사업을 중심으로 자활사업이 조직되고 있는 것은 이런 시스템과도 관련이 있을 것으로 보인다. 이는 자활기업과 자활근로사업단, 그리고 지역자활센터 모두에게 상당히 긍정적인 영향을 끼칠 수 있다. 그럴 수밖에 없는 것이 가령 ㈜일과 나눔이 청소와 관련된 사업을 수주 받았을 때 청소 자활근로사업단 구성원들과 함께 작업을 하기 때문에 지역자활센터 실무자들이 자활근로사업단을 관리하면서 발생하는 업무 하중을 줄일 수 있게 되고, 자활기업은 부족한 인력을 충원할 수 있을 뿐 아니라 후일 채용할 수 있는 인력에 대한 탐색을 할 수 있게 되기 때문이다. 그리고 자활근로사업단의 구성원들은 좀 더 숙련된 노동력과 함께 하면서 본인의 노동능력을 향상시킬 수 있는 기회를 가질 수 있을 뿐 아니라 후일 취업을 하게 될 수도 있는 직장에 대한 경험을 쌓는 기회를 갖게 되는 이점도 있다.

참여주민의 주체성과 지도력을 강화한다

남양주지역자활센터가 위와 같은 사업을 조직할 수 있었던 것은 결국 참여주민의 주체성을 형성하고 지도력을 강화하는 작업이 일정하게 성과를 거두었기 때문이다. ㈜일과 나눔은 지역자활센터의 일방적인 주도로 이뤄지지 않았다. 남양주지역자활센터는 초기부터 자치운영위원회를 구성해서 운영했다. 자치운영위원회는 사업장의 대표 및 리더, 그리고 지역자활센터의 실무자들로 구성되었으며, 주 1회 정례적으로 회의를 진행했으며, 연 2회 1박2일의 연수를 진행했다. 자치운영위원회는 주민 참여를 바탕으로 한 민주적 조직운영과 이를 통한 지도력 양성을 주요 과제이자 목표로 설정했는데, ㈜일과 나눔의 탄생에는 자치운영위원회의 꾸준한 운영이 밑거름이 되었다는 자체 평가이다. 오랫동안 운영되면서 일정하게 지도력이 형성되었으니 지역자활센터와 참여주민 간의 호흡이 잘 맞을 수밖에 없었을 것이다. 남양주지역자활센터는 기관의 미션을 설정하는데도 자활기업과 공동으로 작업을 한다.

주민자치운영회를 대표님이 지금도 하고 있고요. 여기 지금 하고 있고, 저와 같이 지금 공동체로 나간 사람들도 다 자활에서 나간 사람들도 다 참여하고 있어요. 주민자치위원회랑 다 하고 있고, 지금 말씀하신 것처럼 사업단에서는 반장이 나오고 저처럼 이미 공동체로 나가 있는 경우는 저처럼 일단 이사장을 맡고 있는 이사장이 와요. 그래서 요즘 같은 경우에는 세 번째 목요일이라던가 이걸 기본으로 딱 정해져 그쪽에 담당실무자가 참석을 하고, 그 쪽에 담당 이사장이 됐던, 반장이 됐던 와서 한 달에 기본적인 사업단이면 사업단. 그다음에 공동체면 공동체에서 기본적으로 일어난 일. 그다음에 그러니까 기본적인 사업단으로 말하면 사업단의 현황. 그다음 매출이 발생하면 매출. 그다음에 또 뭐 누가 퇴사를 했는지 누가 새로 들어 왔는지 누가 실습을 하는지 또 문제점은 뭔지 그런 걸 기본적으로 다 묶어서 이렇게 한 달에 한 번이니까 다 공유할 수 있도록 잘해서 자료를 나눠주고요. 그걸 읽는 사람도 있거니와 저 같은 경우에 그건 참조하세요. 그런다던가…(2015.7.30. 남양주지역자활센터 참여주민 간담회)

남양주지역자활센터의 주민 지도력 수준은 내부의 호흡에만 머무르지 않는다. 참여주민 리더들은 지역에서 구성된 관련 사업단의 업종에 해당하는 네트워크에 직접 참여한다. 많은 경우 이런 지역의 네트워크에는 지역자활센터 실무자들이 참가하기 마련인데 남양주지역자활센터는 사업단 대표들이 참여해야 한다고 생각하고 있다. 특히 사회적경제 분야에서의 각종 네트워크는 지역자활센터보다 자활기업이 더욱 주도적인 역할을 하고 있기도 하다. 이런 점들은 지역자활센터가 조직한 자활사업이 '일'에서만 그 의미를 구성하는 것이 아니라 지역사회에의 참여가 쉽지 않은 가난한 사람들에게 '지역사회 참여'라는 기회를 제공하는 의미를 지닐 수 있음을 보여준다고 할 수 있다.

　자치운영위원회 이외에 참여주민의 주체성과 지도력을 강화하는 중요한 매개체가 자활공제협동조합이다. 남양주지역자활센터는 자활공제협동조합을 참여주민에 대한 교육과 훈련의 장으로 설정하고 있는데, 지역자활센터는 통장을 관리하는 수준에서 역할을 하며, 실제 운영은 참여주민들로 구성된 조합원들이 직접 하고 있다. 자활공제협동조합은 출자금 모집과 대출 활동 이외에 소식지 발간, 영화 관람이나 야유회 등의 문화 활동을 기획 및 운영하며, 월 1회 이사회를 개최하고 내부 소위원회 운영을 통해 비교적 높은 수준의 자치력을 보여주고 있기도 하다. 물론 많은 이들이 참여하는 것은 아니고 일부 리더들이 중심이 되어 이끌어가는 수준이지만 자활공제협동조합이 참여주민의 주체성과 지도력 강화에 일조하는 것은 분명하다. 이렇듯 자치운영위원회나 자활공제협동조합과 같은 활동 속에서 형성된 참여주민의 주체성과 지도력은 남양주지역자활센터가 지난 15년가량의 운영 속에서 도출해낸 가장 중요한 성과 중의 하나일지도 모른다.

남양주지역자활센터 사업 참여주민들의 각종 회의와 교육 현장

사례의 포인트

- 자활사업에서 실현가능한 규모화의 사례를 보여주고 있으며, 규모화를 통해 지역에서의 위상을 제고하고 있음.
- 자활근로사업단이 자활기업의 화수분으로서의 역할을 하고 있음.
- 지역자활센터와 자활기업의 관계가 우호적이며, 역할 분담을 통해 지역에 대응하고 있음.

 함께 이야기하기

- 우리 기관이 가지고 있는 자활기업 전략은 무엇인가요?
- 우리 지역에서 자활사업 참여주민이 하는 역할은 어떤 것들이 있나요?
- 우리 기관에서 지역자활센터와 자활근로사업단은 어떤 관계를 맺고 있나요?

Chapter 6

지역자활센터, 지역을 구상하다

서울 노원지역자활센터

노원지역자활센터는 1996년에 지역자활센터가 시범사업으로 시작하던 해부터 활동을 하고 있다. 어느 면에서는 지역자활센터의 맏이라고 할 수 있을 노원지역자활센터는 빈민밀집지역 주민운동의 경험을 기반으로 시범사업에 참여했으며, 그런 경험을 가지고 있는 지역자활센터답게 탄탄한 지역사회 기반을 지니고 있기도 하다. 물론 기반이라는 것은 언제든지 무너질 수 있는 것이다. 그것이 무너지지 않고 여전히 탄탄하게 유지된다는 것은 지역자활센터가 지역에 대한 비전을 가지고 지속적으로 지역 내에서 역할을 해왔음을 의미한다. 노원지역자활센터는 전반적으로 적극적인 지역사회 참여를 도모하고 있고, 또 그것이 좀 더 성공적일 수 있도록 실무자 및 참여주민의 역량을 강화하기 위한 노력을 전개하고 있는 모습을 보여준다.

노원지역자활센터가 위치한 서울시 노원구는 최근 인구가 감소하는 경향을 보이고 있으나 여전히 송파구에 이어 서울시에서 두 번째로 많은 인구가 분포하는 지역이다. 2013년 현재 인구는 594,027명이다. 인구도 많지만 기초생활보장수급자 규모도 크다. 2014년 현재 기초생활보장수급자는 21,472명으로 서울시에서 가장 많다. 인구가 감소하는 경향을 보이는 커다란 요인은 인근의 구리, 남양주 등으로 인구가 유출되기 때문이다. 인구가 감소하는 경향을 보이고 있음에도 기초생활보장수급자 수는 증가하는 경향을 보이고 있다. 여기에는 임대아파트가 밀집되어 있는 특성이 영향을 미쳤을 가능성이 크다.

기초생활보장수급자와 같은 취약계층이 많이 거주한다는 것은 사회복지 수요가 많다는 의미이다. 실제로 노원구에는 사회복지 관련 시설이 많으며, 지자체 전체 예산 중 62%가량이 사회복지 관련 예산일 정도이다. 지역자활센터도 3개소가 운영되고 있다. 주거 환경적인 측면에서는 오래된 임대주택이 많은 가운데 신축되거나 지은 지 얼마 되지 않은 아파트들도 꽤 많은 아파트 밀집지역이나 인구 규모가 큰 만큼 상업지구도 매우 활성화된 지역이다.

전통적으로 타 지역에 비해 빈곤층 규모가 큰 편이었던 이유로 빈민들을 조직하는 주민운동이 활발하게 전개되었으며, 마을주민회를 비롯해서 지역을 기반으로 하는 시민단체들의 활동도 활발한 편이었다. 몇 년 전부터는 사회적경제를 모토로 하는 지역 조직화가 활발하다. 이와 같은 지역사회운동의 조직화 과정의 시작은 1980년대 후반부터 이 지역에서 활발하게 주민조직화 사업을 진행했던 노원 나눔의집에서부터 찾을 수 있다. 바로 노원지역자활센터의 모법인이다. 모법인의 이런 경험은 노원지역자활센터의 작동 방식에 큰 영향을 미쳤다고 할 수 있다.

지역자활센터 지역을 구상하다

사전을 찾아보면 '주체'란 어떤 일에 적극적으로 나서서 그 일을 주도해 나가는 세력을 뜻한다. 자활사업에서 '주민 주체'라는 표현은 그래서 중요하다. 가난한 사람들의 대부분은 사회 속에서 주체로서의 역할을 해본 경험이 많지 않기 때문이다. 그런 의미에서 지역자활센터 역시 지역사회의 주체가 되어야 하는 것은 중요하다. 지역자활센터가 지역사회의 주체가 된다는 것은 가난한 사람들이 지역사회의 주체가 될 수 있는 가능성이 그만큼 많아지기 때문이다. 지역자활센터가 지역에서 하나의 주체로서 자리매김을 하려면 가장 필요한 것이 지역에 대한 구상을 갖는 것이다. 이 구상이 있어야만 각각의 사업과 교육, 그리고 프로그램 등 지역자활센터의 활동이 일관성을 가질 수 있다.

    노원지역자활센터가 상대적으로 오랜 역사를 지니고 있다고 하지만 그 기간 동안 부침이 전혀 없었던 것은 아니다. 그런 가운데 최근에는 비교적 활발하게 지역 문제에 개입하는 면모를 보여주고 있는데, 이의 배경에는 지역에 대한 지역자활센터의 구상이 자리 잡고 있다. 그 구상은 지역자활센터가 지역에서 어떤 역할을 해야 하는지에 대한 정립에서부터

나온다.

노원지역자활센터는 지역의 필요를 발굴해 이를 해결할 수 있는 일을 만들고 그 일 속에서 참여주민들이 사회적 주체로 성장해가도록 지원하는 것이 지역자활센터의 역할이라고 설정하고 있다. 그리고 이를 실현하는 과정에서 지역자활센터는 지역의 자원을 활용해서 그것을 사회적경제에 부합하는 방식으로 풀어나가고 이러한 경로가 지역자활센터 내부와 지역자활센터가 관계하고 있는 지역 내부의 네트워크에서 시스템화되어야 한다고 생각하고 있다. 이 때 지역자활센터 내부에서 시스템화되는 것은 자활근로사단이 자활기업과 보조를 맞추면서 조직되는 것과 지역의 필요에 부합하는 서비스를 공급할 수 있도록 조직되는 것을 말한다. 그리고 지역 내부에서 시스템화되는 것은 이 과정이 지역의 네트워크에서 작동될 수 있어야 하며, 그것이 기존의 네트워크에만 머무르는 것이 아니라 새로운 네트워크를 파생시키는 것을 말한다. 이처럼 네트워크를 통해서 새로운 네트워크를 파생시킨다는 것은 네트워크가 확대재생산된다는 것을 말한다. 참여의 범주, 관계의 범주가 확산되는 것이다. 그리고 그것이 일상적으로 자리매김되어진다면 지역은 그 이전과 달라질 것이다. 어느 측면에서 볼 때 이는 지역을 새롭게 만들어가는 의미를 갖기도 한다. 이를 다른 말로 표현하자면 지역 혁신이라고 할 수 있을 것이다. 어떤 의미에서 노원지역자활센터가 갖고 있는 지역에 대한 구상은 지역을 혁신하는데 지역자활센터가 일정하게 역할을 할 수 있음을 타진하는 것일지도 모른다.

지역 활동은 네트워크의 조직화 속에서 확장된다

노원지역자활센터의 구상은 결국 지역자활센터의 지역 활동은 네트워크의 조직화 속에서 확장된다는 것이기도 하다. 그리고 네트워크의 조직화는 지역자활센터 사업의 확장을 부산물로 가져온다. 그것을 살펴보자.

    노원지역자활센터는 지역 내부의 네트워크 조직화에 적극적으로 뛰어든다. 일종의 민-관 거버넌스인 노원사회적경제활성화추진단에 운영위원으로 참여해 적극적인 결합을 하고 있으며, 민간 차원의 조직인 노원사회적경제협의회에도 참여하고 있다. 특히 노원지역자활센터에서 배출한 자활기업인 〈사랑의 손맛〉의 대표가 노원사회적경제협의회 대표이기도 하다. 그런가 하면 2014년에 출범한 노원협동조합협의회에는 노원지역자활센터의 자활공제협동조합이 참여하고 있기도 한데, 노원지역자활센터는 맹아 단계에서 지역의 의료복지사회적협동조합 등과 함께 월례 모임 등을 가지며 노원협동조합협의회가 결성될 수 있도록 하는 일종의 초동 주체이기도 했다. 이밖에 노원마을공동체네트워크에서도 노원지역자활센터장이 대표를 맡고 있기도 하다.

    그런데 이러한 네트워크의 조직화와 참여는 사업상의 성과라는 부산물을 낳기도 한다. 가령, 이 지역에서 구성된 자원순환네트워크에서 맺게 된 지역의 〈아름다운가게〉와의 관계는 〈아름다운가게〉에 노원지역자활센터의 자전거사업단이 자전거를 납품하는 기회를 갖게 되었는데, 그것은 노원에서만 머무르지 않고 〈아름다운가게〉와 서울광역자활센터의 협약을 통해서 서울에 위치한 지역자활센터의 자전거사업단들이 아름다운가게에 자전거를 납품할 수 있는 기회를 만들었다. 그런가 하면 지역 내 시민단체들이 만든 재활용가게인 ㈜리포미처를 노원지역자활센터가 2014년에 주관하면서 지역자활센터 담당 팀장이 비상근 사무국장을 했는데, ㈜리포미처를 통해서 재생자전거를 직원용으로 판매하는 기회를 갖기도 했다. 봉제사업단의 생산품은 여성민우회 생협에서 주문판매방식으로 조합원에게 판매되기도 했는데, 이런 경험 역시 네트워크를 통한 판매로 볼 수 있다.

그러나 노원지역자활센터의 네트워크 참여는 지역 네트워크 참여나 이를 바탕으로 한 부산물로서의 사업상의 성과를 넘어 지역사회 복지 공급의 확대라는 영역으로까지 확대된다. 최근의 가장 대표적인 사례는 임대지역 주민주도형 경제모델 지원사업*인 꿈누리 밥상이다. 이 사업은 급식바우처인 꿈나무 카드가 실행되는 과정에서 나타나는 문제점을 해결하기 위해 기획되었다. 꿈나무 카드는 그 이전의 종이 쿠폰이 사용하는 아동들에게 수치심을 안겨준다는 이유로 대체된 제도이다. 그러나 1일 한도액이 3,500원이어서 아동들이 일반 식당을 이용하기가 쉽지 않았다. 아동들은 자연스럽게 편의점이나 분식집을 이용하게 되는 등 영양결핍을 초래할 가능성이 컸고 게다가 혼자서 사용해야 하기 때문에 가족들과 가지 않으면 아동들로서는 사용하기에 불편한 제도였다. 노원지역자활센터는 이러한 문제를 바라보면서 아동들이 이용하기 쉬운 지역사회 식당을 구상했다. 그렇게 해서 모법인인 노원나눔의집과 급식

---

* 임대지역 주민주도형 경제모델 지원사업은 서울시복지재단이 임대지역 주민들의 공동체성 강화와 주민주도의 경제활동을 지원하여 복지공동체 실현에 기여하기 위해 진행하는 공모사업이다.

〈표 3〉 2013~2015 노원지역자활센터의 외부 연계 사업

년도	수행기간	사업명	지원주체
13	10.08-11.13	사회적경제 조직 발전을 위한 조직관리 및 조직진단 컨설팅	노원사회적경제활성화추진단
14	04.24-12.31	임대지역 주민주도형 경제모델 지원사업 행복한 마을밥상(꿈누리 카페)	서울시복지재단
	07.01-11.14	2014 지식나눔 희망교실(공동주최) - 사회적 경제 아카데미(참여자·종사자)	노원구 사회보장과
	04.08-12.03	청소년자활근로사업 - 청년 사회 진출 프로그램	노원희망자랍사업단 노원노동복지센터
	2014.07 - 2015.04	희망의 인문학	(사)서울지역자활센터협회 (사)서울사회복지공동모금회
	10.15-12.31	북한이탈주민 자활근로 시범사업 공간이음(복합커뮤니티 공간)	남북하나재단
	4월, 7월	교복지원사업(동복·하복)	청자협의회/공동모금회
15	02.06-12.31	임대지역 주민주도형 경제모델 지원사업 꿈누리 카페(복합커뮤니티 공간)	노원구주민참여예산
	04.07-12.31	임대지역 주민주도형 경제모델 지원사업 꿈누리 카페(복합커뮤니티 공간)	서울시 복지재단
	06.00-10.31	2014 지식나눔 희망교실(공동주관) 자활기업 인큐베이팅-사회적 경제 기초	노원구 사회보장과
	09.17-10.29	2014 지식나눔 희망교실(공동주관) happy life school	노원구 사회보장과
	03. -12.	창창한 작업장 학교(공동주관) - 제과제빵, 바리스타, 예술, 예비창업	노동복지센터/노원구
	4월, 7월	교복지원사업(동복·하복)	청소년자활지원관의회/공동모금회

을 공급하는 자활기업인 사랑의 손맛과 함께 컨소시움을 구성해 서울시 복지재단의 지원을 받아 임대아파트 주민과 아동·청소년이 급식 바우처로 손쉽게 이용할 수 있도록 분식집 기능을 갖춘 복합커뮤니티공간을

조직했다. 그리고 여기에 SH공사와 여성환경연대 등이 결합하면서 프로그램을 좀 더 풍부하게 조직하고 있다. 이러한 사례들이 노원지역자활센터에서는 다수 발견된다. 가령 노원노동복지센터 및 노원희망자람 사업단과 결합해서 진행하는 청소년자활근로사업이 있고, 남북하나재단과 결합해서 진행하는 북한이탈주민 자활근로시범사업 등이 그것이다.

이처럼 활발한 네트워크는 자연스럽게 참여주민들에게도 영향을 미치고 있다. 네트워크를 통해 사업이 확장되는 것을 체험하고 있기 때문에 주민들도 지역의 시민단체 등에 대한 가입을 생각하는 사례가 나타나고 있는 것이다. 그리고 네트워크는 다양한 변주를 보이기도 한다. 그 중 하나가 동 차원으로까지 조직화의 장을 넓혀가는 것이다. 동에서 주관하는 행사를 공동으로 기획해 운영을 함께 하거나 동에서 취약계층 지원사업으로 진행하는 사업에 지역자활센터의 자활근로사업단이 결합할 수 있는 부분이 있다면 함께 하는 식이다. 심지어 지역자활센터의 실무자들이 동 단위에서 운영되는 사회보장협의체에서 위원장을 하는 경우도 있을 정도이다.*

> 여기가 행정구역이 되게 많잖아. 그런데 그 역할에 맞게 맞춘 거고. 이를테면 나 같은 경우는 지역자활센터가 상계2동에 있단 말이야. 그니까 상계2동쪽으로 들어가는 게 좋겠다. 그래서 상계2동으로 들어가서 활동하고 상계3, 4동 지역도 실제로는 우리가 주민조직사업에 9단지가 그쪽에 있거든. 그니까 거기도 필요하

---

* 2015년부터 사각지대 발굴 및 지원확대 등 지역사회 복지문제 해결을 위해 기존의 시군구 단위 지역사회보장협의체의 읍면동 단위 조직이 만들어지기 시작했다. 이것이 읍면동 단위 사회보장협의체인데, 10~40명의 지역주민·공무원으로 구성된 네트워크 조직으로 운영된다.

니까 그쪽으로 들어가고 중계본동에다 여기다 돌봄케어가 많이 들어가는 지역, 이런 식으로 해서 다 역할을 정한거야. 우리는 팀장 중에 지역사회복지협의체 위원장 하는 팀장이 있기도 하고.(2015.8.13. 노원지역자활센터 실장)

다양한 변주의 다른 사례로는 전문가들과의 네트워크를 통해 새로운 조직화를 낳은 것을 들 수 있다. 대표적인 것이 미술임상심리학자들과의 교류였다. 노원지역자활센터는 게이트웨이 과정에서 좀 더 프로그램을 수준 높은 상담을 진행하고자 상담 관련 전문가들을 찾아 나섰고 그 과정에서 미술임상심리학 연구자들과 결합이 되어 이들과 함께 프로그램을 운영했다. 연구자들에게는 클라이언트를 제공한 셈이고 지역자활센터 입장에서는 좀 더 수준 높은 상담프로그램을 운영한 셈이었다. 이들은 게이트웨이에 참여하는 자활사업 참여주민만이 그 가족까지도 참여하는 프로그램을 운영했고, 이런 경험을 바탕으로 미술임상심리학회를 노원구에 만들기로 했다. 이 프로그램은 포항나눔지역자활센터를 벤치마킹한 것인데, 지역자활센터의 프로그램이 지역사회에 전문가 인프라를 구축할 수도 있음을 보여준 것이라 할 수 있겠다.

교육에 투자해야 역할을 할 수 있다

노원지역자활센터가 내부적으로 가장 주력을 하는 것은 교육이다. 지역에서의 활동 자체가 시스템화되어야 한다고 생각하는 노원지역자활센터는 그것을 가능하게 하는 중요한 부분이 교육이라고 생각하고 있다.

그래서 교육에 대한 비중을 매우 크게 두고 있다. 사실, 지역에서 지역자활센터가 어떤 역할을 할 수 있을 것이냐는 구성원들의 역량과도 깊은 관계가 있다. 그런 의미에서 교육을 강조하는 노원지역자활센터의 방향은 참고가 될 만하다.

우선 실무자들은 매우 다층적으로 교육에 참여한다. 노원지역자활센터가 자체적으로 운영하고 있는 교육 프로그램에의 참여는 기본이며, 모법인인 노원나눔의집에서 진행되는 교육과 그 상급 조직인 서울지역 나눔의집 협의회의 교육, 그리고 서울지역자활센터협회 차원의 교육을 모두 참여한다. 또한 지자체나 서울시에서 진행하는 교육에도 모두 참여한다. 주목할 것은 교육에 참여하는 것에 그치지 않고, 지역자활센터로 복귀해서는 반드시 피드백을 받는다는 것이다. 교육을 단순 참여 정도로 생각하는 것이 아니라 실무자의 성장과 결부시켜 생각하는 것이다.

실무자 교육뿐 아니라 주민교육에도 많은 비중을 두고 있다. 주민교육에 들어가는 비용은 자활사업 활성화사업비를 활용하기도 한다. 자체적으로는 자활사업단과 자활공제협동조합의 주민지도력을 개발하는 과정에 큰 비중을 둔다. 자체 교육뿐 아니라 외부의 교육에도 적극 참여시킨다. 가령, 서울지역자활센터협회가 주관한 인문학 강좌에 참여시키거나 지역에서 조직된 네트워크에서 진행하는 교육에 참여시키는 등이 그것이다. 교육은 강의식이 아니라 견학이나 숙박교육도 진행한다. 직접 보고 현장에서 피드백을 받을 수 있으며, 숙박은 참여주민들 간의 친밀감 형성에도 강점이 있어 이러한 방식이 효과가 크다는 자체 분석이다.

참여주민의 역량을 개발하고 강화한다

지역자활센터가 지역에서 수행하는 1차적인 역할은 정부가 설정한 제도적인 측면의 자활사업 수행이다. 노원지역자활센터 역시 이에 동의한다. 그러나 노원지역자활센터는 전달체계로서 이와 같은 주어진 역할 이외에 지역에서의 역할이 있다고 생각한다. 그것의 하나가 자활사업 참여주민의 역량을 개발하고 강화하는 것이다. 한 마디로 지역자활센터의 주요 역할은 자활사업 참여주민의 임파워먼트라는 것이다.

참여주민의 역량 개발 및 강화는 두 측면에서 접근이 이뤄진다. 하나는 자격증 취득과 같은 기술적인 측면의 접근이다. 참여주민 중에는 지역자활센터의 지원 속에서 전문자격증이나 민간자격증을 취득하는 경우가 종종 있다. 자격증의 취득은 참여주민의 노동 역량 수준을 향상시킨다는 의미가 있다.

두 번째는 주민 자치 역량의 확대라는 측면에서의 접근이다. 이는 사회 참여의 기회와 수준을 향상시킨다는 의미가 있다. 노원지역자활센터에서는 이를 크게 두 부분으로 설계해서 시도한다. 첫 번째로는 기관 및 사업 운영의 측면이다. 노원지역자활센터는 사회복지시설로서 설치하도록 되어 있는 기관의 운영위원회에 주민 대표가 참여한다. 그리고 자활사업단의 운영 현황을 평가할 때 해당 사업단 구성원들의 평가를 기초자료로 해서 기관 차원의 평가를 진행한다. 두 번째로는 자활공제협동조합의 운영을 통해 이 부분이 이뤄진다. 자활공제협동조합은 노원협동조합협의회에 참여하거나 장터의 운영을 통해 발생하는 수익으로

〈표 4〉 2014년 노원지역자활센터 참여주민 자격증 취득 현황

	순	이름	수급유형	자격증명
전문자격증	1	남경*	차상위	일식조리기능사
	2	서지*	조건부수급자	자동차운전면허
	3	이진*	일반수급자	화물운송종사자
	4	이양*	차상위	자동차운전면허
	5	인향*	차상위	자동차운전면허
	6	김영*	조건부수급자	화물운송종사자
	7	박철*	일반수급자	화물운송종사자
	8	김수*	조건부수급자	자동차운전면허
	9	문은*	차상위	화물운송종사자
민간자격증	1	김연*	조건부수급자	퀼트 2급
	2	권혜*	시설수급자	토탈공예지도사 3급
	3	김초*	시설수급자	토탈공예지도사 3급
	4	박소*	일반수급자	토탈공예지도사 3급
	5	이가*	일반수급자	토탈공예지도사 3급
	6	강도*	조건부수급자	자전거정비사
	7	조혜*	조건부수급자	토탈공예지도사 3급
	8	윤수*	조건부수급자	아동미술지도사 2급
	9	윤수*	조건부수급자	색종이접기지도사 2급
	10~11	○○*		장애인활동보조원
	12~20	○○*		장애인활동보조원

장학금을 지급하는 등의 지역사회 활동에 나서기도 하는데, 이런 활동은 참여주민들의 자존감을 형성시키는데도 기여를 한다.

> 그냥 친하지도 않고 그랬거든요. 주민들끼리… 그런데 지금은 이제 굉장히 주민들끼리도 친하고 서로 공유하는 것도 많고, 또 지역에 연대하는 부분도

많아요. 협동조합끼리 연대하면서 좋은 정보나 어떤 기회, 자활사업에 필요한 무슨 어떤 거래처 같은 것도 소개도 해주고, 각기 각층에서 모은 협동조합끼리 모여 있거든요. 노원쿱이라고. 그럼 소개도 해주고 저희가 잘되게 하기 위해서 청소를 만약에 맡긴다. 그럼 우리 협동조합 내에 있는 어떤 사업단에 맡기기도 하고 도움이 많이 되고 있고요. 또 전국적인 활동을 하면서 저희들이 조금 자존감? 자존감 같은 게 생긴 것 같아요. 없었던… '아 여기 자활센터에 있는다고 해서 부끄러운 일이 아니구나…' 뭐 이런 마음들도 생기고 조금은 발전하려고 교육 같은 것도 필요하면 '이런 교육 해주세요.' 이러면서 교육에도 많이 참여하고 계시거든요. (중략)그리고 어려운 사람도 돕고 또 혹시 운영자금이나 이런 거 만들 때 협동하는 모습을 보여줘요. 토요일이나 일요일 때 장사를 하러 오라고 그러면 다른 때 같아봐요. 그거 뭐 돈 안 되는데 내가 그 아까운 시간을 어쩌고 하잖아요. 자활 참여자들이 대부분 그래요. 저도 그랬고. 그런데 지금은 시간이 없어서 그렇지 있기만 하면 나와서 그 돈을 벌기위해서 애를 써주고 또 기쁘게 생각하고 아까워하지 않는다는 것.(중략)장터에 가서 감자구이를 한다거나 버터 소세지구이, 식혜 이런 걸 떼어다가 파는 거예요. 그래서 그 수익금으로 공제조합의 운영비 및 장학금 사업 같은 데 쓸 돈을 우리 스스로 모으고 있는 거죠.(2015.8.13. 노원지역자활센터 참여주민 간담회)

자활기업, 지역사회에 참여하다

노원지역자활센터의 특성 중 하나는 자활기업의 운영 자율성이 매우 높은 수준이라는 것이다. 자활기업들은 지역자활센터 내 자활기업지원팀이 담당하는데, 격월로 회의를 진행하면서 사업을 공유하고 있다. 자활기업들은 종종 노원지역자활센터가 조직한 사업에 함께 참여하거나 또는 자체적으로 지역사회와 함께 하는 사업들을 전개하기도 한다. 가령, 노원지역자활센터가 기획한 꿈누리 밥상에 자활기업 〈사랑의 손맛〉이 함께 하는 것이나 자활기업 〈식물은행〉이 노원지역자활센터의 청소년자활지원관이 참여하는 프로그램을 운영하는 것 등은 전자의 사례이다. 후자의 사례로는 〈사랑의 손맛〉이 대표적이다. SK의 지원을 받아 조직된 〈행복을 나누는 도시락〉의 노원점인 〈사랑의 손맛〉은 노원 지역을 대표하는 사회적기업으로서의 위상을 가지고 있다. 대표가 노원사회적경제협의회의 대표를 맡고 있으며, 노원사회적경제활성화추진단의 운영위원으로 참여하고 있기도 하다. 또한 자체적으로 지역사회 취약계층에게 도시락을 지원하는 등의 사회공헌 활동에도 적극적이다. 이밖에 노원지역자활센터의 자활기업들은 현재 준비되고 있는 서울지역 자활기업협의회 조직을 위한 논의에 참여할 준비를 하고 있기도 하다. 노원지역자활센터는 자활기업의 숫자가 타 지역자활센터에 비해 많은 편은 아니다. 그러나 지역사회에 대한 참여 의지가 비교적 높은 편이고 일부는 실제 지역 네트워크에도 참여하고 있다. 이런 움직임이 설사 두드러진 것이라 평가하기 어렵다 해도 지역사회와 함께 하는 자활기업으로서의 모색이라는 점에서 추이를 지켜볼 필요는 있다.

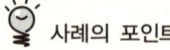 **사례의 포인트**

- 지역자활센터가 지역에서 어떤 역할을 해야 하는지에 대한 상을 가지고 있음.
- 지역의 다양한 자원을 발굴하고 연계하면서 자활사업을 매개로 한 지역 구성원들의 참여와 연계를 풍부하게 하고 있음.
- 교육에 매우 큰 비중을 두고 있고 그것이 조직 내부에서 시스템화되어야 한다고 생각함.

 함께 이야기하기

- 우리 지역에 대한 지역자활센터의 전략이 있는지요? 있다면 무엇입니까?
- 우리 지역에서 자활사업에 도움이 될 만한 자원들로 어떤 것들이 있는지요?
- 우리 지역에서 조직되어 있는 네트워크들은 어떤 것들이 있는지요? 지역자활센터가 참여하고 있는 것은 그 중 어떤 것들입니까?

Chapter 7

지역과 함께 가다

충북 청원지역자활센터

청원지역자활센터는 2001년 7월에 지금은 청주시와 통합되어 지명이 사라진 청원군에서 사업을 시작했다. 당시 모법인은 외환위기시절 실업문제에 대처하기 위해 지역 시민단체들의 연대체로 활동했던 충북실업극복단체협의회였다. 이런 이유로 초기에 청원지역자활센터에는 지역사회운동의 경험을 가진 이들이 많이 참여했다. 이후 청원지역자활센터의 모법인은 이 지역을 중심으로 공동체 복원, 일자리 창출, 자원순환 등을 매개로 활발한 활동을 하고 있고 모법인의 이러한 활동은 지역자활센터가 방향성을 설정하고 나아가는데 중요하게 작동하고 있기도 하다. 그런가 하면 초기에 조직된 자활기업들은 이미 지역사회에 뿌리를 내리고 지역자활센터 및 모법인과 동등한 위치에서 지역에 함께 개입하고 있기도 하다. 그런 면에서 청원지역자활센터는 모법인-지역자활센터-

자활기업이 지역사회에 공동으로 대응하는 전형을 보여주는 사례라 할 수 있다.

과거 청원군과 청주시의 관계는 지형적인 측면에서 달걀 프라이와 같은 모양을 가졌었다. 마치 노른자와 흰자처럼 청원군이 청주시를 둘러싸고 있었는데, 이런 지형학적 특성 때문에 두 지자체는 오랫동안 동일생활권이었다. 다만 청주시가 전형적인 중소도시였다면 청원군은 근교 농촌으로서의 성격을 지닌 데다 오창산단이나 오송산단 같은 산업단지까지 개발되면서 도시적인 특징이 확산되어가는 상황이었다. 실제로 경제활동인구 중 2차 산업 및 3차 산업 종사자가 1차 산업 종사자보다 많았고 산업단지의 영향으로 인구가 유입되면서 청원군의 인구는 청주시와 통합 전인 2014년 1월에는 154,865명에 이를 정도였다. 그러나 농촌이라는 특성 탓에 전체 예산 대비 사회복지 예산의 비율은 큰 편이 아니었고, 종합사회복지관도 1개소에 불과할 정도로 사회복지시설은 취약한 편이었다. 이런 환경 속에서 운영되던 청원지역자활센터는 두 지자체가 통합하면서 새로운 사업 지형을 맞이한다. 우선, 사업 지역이 바뀌었다. 기존의 농촌 지역에서 새롭게 통합된 시의 4개 구를 기존 시 지역에 위치한 지역자활센터와 나눠서 각각 2개 구씩을 담당하게 된 것이다. 지역의 변화는 참여주민들의 구성을 변모시켰다. 도시 지역민들이 참여하게 된 것이다. 이런 변화는 사업 아이템의 변화를 가져올 가능성이 크다. 그럼, 이제 청원지역자활센터는 전통적으로 지역에 어떻게 대응해나갔으며 변화한 지형 속에서는 무엇을 준비하는지를 살펴보기로 하자.

지역의 특성을 고려한 자활사업 아이템을 구상한다

많은 지역자활센터들이 그렇듯이 청원지역자활센터의 초기 사업 조직화도 5대 표준화사업이 중심이었다. 그러나 청원지역자활센터가 남달랐던 점이 있다. 그것은 초기에 조직되었던 5대 표준화사업이 대부분 성공적으로 정착했다는 것이다. 집수리 분야의 〈미가건축〉, 간병 분야의 〈휴먼케어〉, 폐자원재활용 분야의 〈미래 ENT〉, 청소 분야의 〈월화수크린〉은 모두 자활기업이자 사회적기업이다. 게다가 청원지역자활센터에서 직접 조직한 것은 아니지만 모법인이 조직을 주도한 〈삶과 환경〉도 충북지역을 대표하는 사회적기업인데, 업종이 자활사업의 5대표준화사업 중 하나인 남은음식물재활용사업이다.

주목할 것은 이렇게 5대 표준화 사업을 중심으로 자활기업을 창업한 이후에는 관련 업종의 공공 시장을 자활기업들이 담당하며 지역자활센터는 다른 사업들에 주력을 했다는 것이다. 특히 농촌이라는 지역적 특성에 부합하는 업종을 중심으로 자활사업단을 조직 및 운영한다. 그리고 이 사업들 역시 착실하게 자활기업으로 조직되기 시작한다. 식충식물 재배 및 농촌체험학습장으로서 역할을 하는 〈거북이 농장〉, 표고버섯을 생산 및 판매하는 〈쌀안농장협동조합〉, 애호박을 생산 및 판매하는 〈흙사랑협동조합〉 등이 그것이다. 이밖에도 조경이나 인력 파견과 같은 농촌 지역 특성에 맞는 자활사업단을 조직하고 운영해왔다. 한편, 초기에 조직된 것이지만 자활사업 참여주민의 자녀문제에 주목하고 공부방을 자활사업으로 조직한 것도 지역특성과 관련해서 중요한 부분이다. 무려

4개 공부방이 후일 지역아동센터로 인가를 받게 되면서 농촌 지역의 복지인프라를 확충하는 효과를 낳았기 때문이다.

이렇게 농촌 지역의 특성에 맞는 자활사업을 수행하던 청원지역자활센터는 이제 다시 전기를 맞이하게 된다. 청원군과 청주시가 통합한 것이다. 도농통합이기 때문에 농촌 지역도 존재하지만 더 이상 농촌 지역 주민만이 자활사업에 참여하는 것이 아니게 되었고 사업 지역 역시 도시 지역을 아우르게 된 것이다. 그러자 이제 도시형 자활사업단을 조직하기 시작한다. 가령 반찬사업을 2014년부터 시작한 것이 그런 것이라 할 수 있다. 농촌 지역이라면 굳이 이런 사업을 조직하지 않았을 것이다. 그러나 도시에서는 맞벌이 부부라든지, 1인 단독가구, 그리고 일반 사무실에까지 반찬을 만들어 판매하거나 배달할 대상은 많다. 청원지역자활센터는 그 중 동네 주민들을 대상으로 하는 가게를 자활근로사업으로 운영하고 있다. 최근에는 남북하나재단에 공모를 해서 북한이탈주민을 포함한 자활근로사업을 2호점을 준비 중이다. 이밖에 오창산단 및 오송산단을 중심으로 속칭 '기러기아빠'라고 할 수 있는 1인 단독가구가 증가하는 상황에 주목하고 집안 청소나 빨래 등을 해주는 주거위생관리사업을 준비 중이다. 현재 광역자활센터와 함께 수요조사를 하고 있는 중이다.

이처럼 청원지역자활센터는 초기에는 5대 표준화사업을 중심으로 자활사업의 빠른 정착을 시도했고 그것을 성공적으로 이끌어냈으며, 그 이후에는 지역의 특성에 맞는 사업을 개발하면서 자활사업이 참여주민과 사업 대상 모두에게 도움이 되는 긍정적인 면모를 보여주고 있다.

활동가가 자활사업을 성공적으로 정착시킨다

한 때 자활활동가라는 말이 있었다. 시범사업 시기부터 사용되던 이 용어는 지역자활센터의 역사적 뿌리가 빈민밀집지역 주민운동에 있었고, 초기 지역자활센터를 이끌었던 이들이 사회운동의 경험을 가졌던 이유로 자활활동가는 비교적 친숙한 표현이었다. 물론 사회복지 인프라로서 정착된 지금은 이런 표현을 잘 사용하지 않는다. 그런데, 청원지역자활센터의 초기 조직화를 보면 활동가가 자활사업을 정착시킨 전형적인 사례라고 할 수 있다. 외환위기가 터지고 1년여의 시간이 지난 1998년 말에 등장한 충북실업극복시민단체협의회는 충북지역에서 45개 단체가 모여 조직된 지역운동의 결집체였다. 외환위기가 종료될 즈음해서 많은 단체들이 빠져나갔지만 지역에서 학생운동의 경험을 가진 젊은이들이 남았고, 당시 많은 실업극복운동 조직들이 그랬던 것처럼 지역자활센터를 지정받았다. 그것이 청원지역자활센터이다. 그 후 남아있던 젊은 활동가들을 중심으로 청원지역자활센터와 모법인은 빈곤과 실업에 대응하기 위한 적극적인 조직사업을 진행한다.

초기에 5대 표준화사업을 중심으로 자활사업이 성공적으로 정착될 수 있었던 것은 이처럼 활동가들의 적극적인 대응이 큰 역할을 했다. 이들은 일찍부터 자활사업의 전망을 사회적기업으로 설정했을 뿐 아니라 자활근로사업단이 자활기업으로 전환할 때는 직접 자활기업에 합류하기도 했다. 이들에게는 자활기업을 자신들이 책임지고 이끌어나가야 한다는 것이 일종의 사명이었던 것이다. 자활사업의 그간 경험으로 볼 때

활동가의 자세

1. 왜 활동가인가?

(중략) 활동가는 무엇인가? 활동가는 직책이 아니다. 그 사람의 신원이다. 일과 삶이 일치되어 있는 사람이다. 직책에 관계없이 모든 권한과 책임과 의무를 다 가지는 사람이다. 한 기능만을 잘 수행하는 기능인이 아니라 설계자이고 기술자이며 보조자이고 뒷마무리까지 담당해야 하는 사람이다. 주어진 일만을 보는 사람이 아니라 줄 일을 만들어 낼 줄 알아야하고 맡은 일을 달성해내야 하는 사람이다. 수동적 기능인이 아니라 능동적이며 적극적인 창조자여야 한다는 것이다. 자활지원센터는 이런 사람이 필요하고 이런 사람들이 일 할 수 있도록 만들어진 기관이다.(중략) 아무런 대책 없이 사회의 최말단에서, 강제철거와 만성적 실업, 소외와 가난의 굴레에서 이리 치이고 저리 치이는 가난한 사람들을 사랑하고 그들의 눈을 통해 세상을 볼 줄 알고 그들의 자리에서 함께 살아 갈 준비가 되어 있는 사람들이 여러 가지 만남과 사업을 통해 자신과 이웃을 변화시키고 세상을 변화시키는 힘을 축적하는 곳이며 이루어야 할 세상과 삶의 모습을 실험하고 창조해가는 곳이 자활지원센터이다. 지금의 우리 사회를 변화 시킬 수 있는 힘은 이런 사람과 모습 속에서 나올 수 있다. 척박한 우리 사회에서 아직은 활동가적인 삶의 모습과 활동가다운 활동이 필요하다. 자활지원센터는 활동가들의 일터이며 삶터이다.

2. 활동가가 갖추어야 할 자세와 덕목
1) 헌신적 열정
2) 도전, 실험, 창조 정신
3) 언제나 공부하는 사람
4) 기다릴 줄 아는 사람, 열려 있는 사람
5) 조직 할 줄 아는 사람(조직가)
6) 유연한 자세
7) 구별할 줄 아는 사람
8) 잘 놀 줄 아는 사람
9) 이성과 감성의 조화, 전체와 부분의 조화
    "正義를 추구하는 奉仕, 奉仕 할 줄 아는 正義!"

1997년 자활지원센터직원워크숍에서 발표한 관악자활지원센터장 송경용 글 중 일부 인용

자활기업이 자활근로사업단에서 창업해나갈 때 실무자들이 책임지고 이끌겠다는 생각을 가지고 합류를 한 자활기업들은 사업체로서의 지속성이나 공공적 가치의 수용에서 좀 더 나은 면모를 보여 왔는데, 청원지역자활센터가 조직했던 초기 자활기업들은 모두 이런 면모를 잘 보여준다.

이런 이유인지 청원지역자활센터가 조직해냈던 초기 자활기업들은 아직 사회적기업이 제도화되기 전에 대표적인 사회적기업 모델로서 주목을 받기도 했다. 대표적으로 〈미래ENT〉가 있으며, 청원지역자활센터의 모법인이 조직해낸 〈삶과 환경〉이나 〈우렁각시 청주지부(현 '가온')〉도 이런 사례로 주목을 받았었다. 그뿐만 아니라 〈미래ENT〉와 〈미가건축〉은 해당 업종의 전국적인 자활사업 네트워크에서 중추적인 역할을 하기도 하는 등 지역을 넘어서는 적극적인 활동을 수행했으며, 〈휴먼케어〉는 돌봄사회서비스 분야에서 사업적 성취와 공적 가치를 잘 조화시킨 대표적인 사회적기업으로 손꼽히고 있기도 하다. 이들의 활동은 단지 과거의 어느 시점에서 좋은 모습을 보였다는 것에 머무르지 않는다. 충북지역의 사회적경제 조직들의 활동을 이들이 선도하기 때문이다.

> 새로운 환경을 만들어갈 수 있고. 그런 것들을 지역사회에서 선도적으로 만들어가는데, 또 제일 주도적이고 중추적인 역할을 해나갈 수밖에 없었지 않느냐. 지금 보면 뭐 어쨌든 그런 그 사회적경제 영역에서. 바로 그런 기반들이 지금 상당히 중심되고. 주축적인 활동을 하고 있기 때문에. 뭐 그런 것이 같이 이렇게 준비가. 어떤 영향이 그렇게 갈 수밖에 없었지 않느냐…(2015.8.7. 청원지역자활센터 전임 센터장)

모법인-지역자활센터-자활기업이
지역사회에 함께 참여한다

청원지역자활센터가 다른 지역자활센터들에 비해 눈에 띄는 점이 있다면, 그것은 모법인 및 자활기업과 공동으로 지역사회에 참여한다는 것이다. 우선, 청원지역자활센터가 배출한 자활기업들은 지역자활센터와의 관계에서 자율성이 높다. 그러나 거리가 멀지는 않다. 그간 현황을 공유하는 자활기업 대표자 회의를 분기별 1회씩 진행했었다. 또한 청원지역자활센터가 조직한 자활공제협동조합에 자활기업의 대표들이 이사로 참여한다. 최근에는 특별한 안건이 발생하지 않는 이상은 자활공제협동조합 이사회를 통해서 지역자활센터와 자활기업의 현황 공유를 함께 진행하고 있다. 이 외에 경제적으로 일정한 성취를 이룬 자활기업은 지역자활센터에 후원금을 내기도 한다. 지역자활센터는 이 후원금을 자활공제협동조합의 운영비로 사용한다. 그런가 하면 청주 지역의 사회적경제 영역에서 주도적인 역할을 하는 조직들이 청원지역자활센터에서 배출한 자활기업들이다.

한편, 자활기업과 지역자활센터는 모법인의 운영 구조 내에서 다시 결합한다. 지금은 (사)일하는 공동체로 명칭이 바뀐 모법인은 해당 지자체 내에서 일자리와 관련한 다수의 조직을 위탁 운영하고 있다. 그리고 자활기업들은 모법인의 운영 구조 내부에서 순환경제공동체라는 팀을 구성해 지역자활센터의 모법인이 조직한 각 사업장들과 함께 지역사회 활동을 하고 있다. 이 과정에서 지역사회에 공동으로 대응하기 위한 과제를 도출하기도 한다. 제도적인 요건을 채우지 못해 결국 실패하고 말았지만 아직 활동 기간이 부족해 정부의 보조금을 받지 못하는 지역아동센터에 인력을 파견하기 위한 사업을 공동으로 기획했던 것은 이러한 사례의 하나이다. 이러한 시스템을 통해서 사회적경제 분야에서 두드러진 조직화가 아직은 취약한 청주 지역에서 청원지역자활센터와 모법인인 (사)일하는 공동체, 그리고 자활기업들은 공동으로 대응을 해나가면서 디딤돌을 놓고 있다.

지자체 내에서 협력적인 자활사업 모형을 만들어간다

각각 별개로 존재하던 지자체가 통합을 하면서 청원지역자활센터는 새로운 사업 환경을 맞이하게 되는데, 이제 하나의 기초지자체에 두 개의 지역자활센터가 존재하는 상황도 그 중 하나이다. 두 지역자활센터는 각각 사업 지역을 나눴으나 취업성공패키지 중심의 고용복지정책이 전개되면서 지역자활센터의 자활사업에 참여하는 이들의 숫자는 갈수록 줄어들고 있다. 이런 문제에 두 지역자활센터는 공동으로 노출될 수밖에 없고, 이에 따라 이제 통합된 지역의 두 지역자활센터는 공동 사업과 관련한 논의를 계속 하고 있는 중이다.

과거와 달리 신규 자활근로사업의 조직화가 쉽지 않기 때문에 공동 사업이 본격적으로 논의되고 있지는 않으나 대략 다음과 같은 시도가 이뤄지고 있다. 그 중 하나가 청원지역자활센터에서 진행하는 세차 사업

취업성공패키지란?

취업성공패키지는 2009년에 노동부(현 '고용노동부')가 도입한 고용복지정책이다. 고용률을 중시하는 박근혜 정부에서 그 위상이 매우 강화되었다. 취업성공패키지 I 과 II로 나뉘는데, 취업성공패키지 I 에는 기초생활보장수급자, 최저생계비 150% 이내의 차차상위계층, 노숙인 등 비주택 거주자, 북한이탈주민, 출소(예정)자, 신용회복지원자, 결혼이민자, 위기청소년, 여성 가장, 영세자영업자 및 특수형태근로종사자, 건설일용직, 장애인, FTA 실직피해자가 참여할 수 있다. 취약계층을 대상으로 하는 셈이다. 취업성공패키지 II에는 청년과 중장년층(최저생계비 250% 이내)이 참여한다. 프로그램은 사전단계와 본 서비스 과정으로 구분되는데, 본 서비스는 다시 3주~1개월의 진단·의욕증진·경로설정의 1단계, 최대 6개월의 직업능력·직업적응력 증진의 2단계, 그리고 3개월을 소요할 수 있는 집중 취업알선의 3단계로 구성된다. 고용센터가 직접 하거나 민간위탁기관이 수행하는데, 민간위탁기관에게는 성과계약방식으로 재정 지원을 한다. 프로그램에 참여하는 이들은 약간의 참여수당을 받는다.

김정원 외(2014) 참조

단이다. 청원지역자활센터는 자활사업을 기반으로 조직된 세차업종의 사회적 프랜차이즈 기업인 ㈜두레마을의 청주청원점을 자활사업단으로 운영하고 있다. ㈜두레마을이 런칭한 회오리세차는 물 한 컵이면 차량 1대를 세차할 수 있는 특화된 기술을 가지고 있어 장비를 실은 차량만 있어도 되지만 좀 더 사업적으로 발전시키려면 아무래도 세차장이 필요하기는 하다. 청원지역자활센터는 그래서 청주지역자활센터와 함께 세차장을 마련할 것을 논의하고 있다. 이밖에 기러기 아빠를 대상으로 하는 주거위생관리사업도 충북광역자활센터와 함께 수요조사 등 가능성을 타진하면서 청주지역자활센터와 함께 사업을 조직하려 하고 있다. 그뿐만 아니라 그 이전에는 다른 지자체였기 때문에 각각의 지역에서 진행했던 양곡배송사업을 이제는 하나의 지역이기 때문에 새로운 모색을 해야 한다. 이런 이유로 새로운 물류업종이라 할 양곡배송사업을 물류협동조합의 전망을 지닐 수 있도록 하는 작업을 모색 중인데, 여기에는 두 지역자활센터 외에 지역에서 협동조합의 설립, 육성, 지원을 목적으로 조직된 사회적협동조합인 '협동조합친구들'도 함께 참여하고 있다.

참여 주민의 자치력 증진을 위해 노력한다

청원지역자활센터의 자활사업에 참여하는 주민들은 비교적 연령대가 높다. 자활사업 참여주민의 높은 연령대는 새삼스러운 것이 아니지만 오랫동안 노령화지수가 높은 농촌에 위치해있었기에 청원지역자활센터 참여주민의 연령대는 도시 지역보다 높을 수밖에 없다. 이런 탓인지 참여주민의 역량을 강화하기 위한 시도도 쉽지 않다. 아마 농촌지역에 위치한 지역자활센터들은 공통적으로 경험하는 문제일 것이다. 청원지역자활센터 역시 이런 부분에 어려움을 겪고 있으나 월 1회 사업단대표자 회의를 통해서 센터장과 실무자, 그리고 자활근로사업단 대표들이 함께 하는 자리를 만들고 현황을 공유하고 참여주민의 발언권을 높이려는 시도를 하고 있다. 또한 연초에 계획을 잡아서 월 1회 교육을 진행한다. 2015년에는 지역의 독서모임과 함께 책읽기 체험을 진행한다. 이 때

교육만 하는 것이 아니라 자활근로사업단 대표들이 사업단 현황을 발표하고 자활공제협동조합의 현황도 발표하면서 참여주민들이 전반적인 상황을 공유할 수 있는 기회를 갖는다. 그리고 연말에는 사업단 대표들과 함께 연간 사업을 평가하고 평가를 차기년도 사업계획에 반영한다.

또한 농촌 지역이었음에도 자활공제협동조합을 조직했던 것은 드문 사례이다. 게다가 250여명에 이를 정도로 상당히 큰 규모이다. 연 2회 진행하는 야유회에는 버스가 6대가 동원될 정도이다. 이러한 규모가 가능한 것은 자활기업의 구성원들이 대거 참여하고 있기 때문이다. 다른 자활공제협동조합과 달리 청원지역자활센터에서 조직된 미래씨앗 공제협동조합은 자활근로 참여자보다 자활기업 구성원이 더 많다. 그만큼 자활기업이 잘 조직되어 있다는 것이다. 게다가 조합원들의 자활공제협동조합 활용도는 매우 높은 편이다. 대출이 매우 활발하다. 참여주민들의 대출 이외에 자활사업 참여주민 중 결혼이주여성의 고향에 정수시설을 지원하는 등 자활공제협동조합의 사회적 기여에도 관심을 기울이는데 이런 점들은 참여주민의 자긍심을 형성하는 기회로 작용하기도 한다. 자활공제협동조합은 지역자활센터와 함께 매년 '숲 속의 작은 문화마당'이라는 후원의 밤을 여는데 이를 통해 참여주민들이 기획하고 운영한다. 자활공제협동조합을 통해서 참여주민들은 지역별 모임을 갖기도 하고 음악 활동도 하는 등 제도적인 수준에서 운영되는 자활사업에서는 불가능한 경험을 하기도 한다. 이런 활동이 참여주민 개개인에게 급격한 변화를 가져오지는 못한다 하더라도 참여주민들이 스스로 무엇인가를 운영해보는 자치력의 확장이라는 점에서 의미가 있음은 분명하다.

미래씨앗공제협동조합의 숲속의 작은음악회(2013년)

💡 사례의 포인트

- 오랫동안 농촌 지역이었음에도 불구하고 성공적으로 평가받는 자활기업을 다수 조직했는데, 이 과정에서 실무자들이 활동가적 자세가 중요한 역할을 했음.
- 자활공제협동조합이 지역자활센터와 자활기업을 연계하는 장이 되고 있음.
- 모법인과 지역자활센터, 그리고 자활기업이 함께 지역 문제에 대응해가고 있음.
- 지역 통합 이후 한 지역에 두 개가 된 지역자활센터들 간에 협력을 모색하고 있음.

💡 함께 이야기하기

- 자활사업 참여주민의 자치력을 증진시키기 위한 방안으로는 어떤 것들이 있을까요?
- 자활사업을 성공적으로 조직해낸다는 것은 무엇이며, 그것을 위해 내가 할 수 있는 것은 어떤 것이 있습니까?
- 자활기업과 지역자활센터의 바람직한 관계는 무엇일까요?

Chapter 8

주체로 서는 것,
지역사회실천의 시작이다

서울 광진지역자활센터

서울시 광진구에 위치한 광진지역자활센터는 2001년에 설립되었다. 약 37만의 인구가 살고 있는 광진구는 1995년 성동구에서 분리되었는데 인구밀도가 높은 편이고 재정자립도는 낮은 편이다. 광진구 남쪽과 동쪽에는 중산층이, 북서쪽에는 서민들이 주로 살고 있어 경제적 지위에 따라 공간이 분리되어 있는 특성을 지니고 있다. 이런 탓인지 지역 내부를 아우르는 통합적인 이슈는 많지 않은 편이다.

    많은 지역자활센터들이 있지만 광진지역자활센터는 지속적으로 지역사회실천을 고민하고 지역과 함께 하는 방안을 모색하는 대표적인 지역자활센터로 꼽힌다. 여기에는 광진구가 광진지역자활센터의 자활사업에 참여하는 주민들의 삶의 터전이고 주민들이 지역에서 자활을 통해 살아남아야 한다는, 즉 주민들의 삶에 대한 광진지역자활센터의 고민이 배경으로 자리잡고 있다. 이러한 고민은 광진지역자활센터의 미션을 통해서도 잘 나타난다. 광진지역자활센터의 미션은 저소득주민들이 사회에서 주인으로 살 수 있도록 일자리를 통한 자립자활을 지원하고 사회적경제를 실현하는 것이다.

> 처음에는 지역화라는 것을 지역에 있는 타 일반주민들이 지역자활사업에 관심을 갖는 것이라고 생각했어요. 그런데 그 반대도 필요한 것 같아요. 참여주민이 역으로 자활사업을 하기 위해 지역의 주민들과도 어울리는 거죠. 그렇게 스스로 서는 거예요. 다만 지역에 나가면 일반 기업들과 경쟁해야 하잖아요. 옆에서 누군가 지지해주지 않으면 어려워요. 우리에게 반드시 사회적경제망이 필요한 이유이죠.(2015.7.29. 광진지역자활센터 센터장)

즉, 지역의 가난한 주민들이 광진구라는 지역, 나아가 사회 전반에 걸쳐 스스로가 주인으로 살도록 하는 것이 궁극적인 목표이며, 일자리를 통한 자립·자활과 사회적경제 실현은 목표를 위한 수단이 되는 것이다. 광진지역자활센터는 바로 이런 미션에 입각해서 자활사업에 참여하는 주민이 삶의 주인이 될 수 있도록 역량을 강화하고, 자활사업에 참여하는 주민이 원하는 삶을 찾을 수 있도록 사례관리에 힘을 기울이며, 협동조합에 대한 훈련을 통해 구체적인 방법을 찾고 있다. 나아가 이를 좀 더 높은 수준으로 실현하기 위해 실무자의 역량을 강화하며, 지역사회의 다양한 자원을 연계하고 네트워크 결성에 중요한 역할을 하고 있다.

일하는 사람이 주체로 선다

광진지역자활센터에서 가장 특징적으로 나타났던 것은 광진지역자활센터에서 일하는 모든 사람들의 역량을 강화하는데 힘쓴다는 점이다. 특히 스스로가 의사결정의 주체가 될 수 있도록 하는 측면이 특히 잘 드러난다. 이는 광진지역자활센터의 철학과 연결되는 지점이다.

> 일단 해봐야 해요. 그리고 여기가 내 일터구나. 일터를 잘 만들어야지. 이런 생각으로 열심히 하는 사람이 생기면 그 사람을 따라 또 열심히 하는 사람이 생겨나는 것 같아요. … 전반적으로 사람들이 관심이 없다면 그 사업단의 비전은 누구도 볼 수 없어요. 어떤 계기를 통해서 일이 재밌게 느껴지는 각성의 과정, 서로 소통해가면서 도와주는 분위기가 굉장히 중요한 것 같아요. …
> (2015.7.29. 광진지역자활센터 센터장)

대개 역량을 강화하고자 하는 프로그램이 교육으로 끝나곤 하는데 비해 광진지역자활센터는 현실에서 실천할 수 있는 기회를 제공하고, 이를 통해 스스로 주체가 되는 개인적인 각성, 그리고 이를 지지하고 도와주는 소통의 분위기를 강조한다. 이런 철학의 실천 과정을 참여주민과 실무자로 구분하여 살펴보도록 하자.

1) 참여주민과 함께

광진지역자활센터의 철학은 크게 사업단 대표자 회의, 늘푸른협동조합, 그리고 늘푸른인문대학의 경험에서 잘 나타난다. 광진지역자활센터에서

> **늘푸른인문대학의 의미**
>
> 이쪽에서 건너편으로 가기 위한 징검다리.
>
> 건너편이 이쪽보다 실제로 더 좋을지는 모르는 일, 그러나 한발 한발 징검다리를 디디는 주체는 새로운 희망을 꿈꿀 것이다.
>
> 배도 아니고, 달리는 자동차도 아니고, 더더욱 하늘을 나는 비행기는 비할 바가 못 되는, 오롯이 한발 한발 더디게 때로는 위태롭게 사유의 힘으로 건너는 징검다리이다.
>
> 새로운 공간을 만나는 일, 새로운 세계를 만나는 일,
>
> 사람을 발견하고 새로운 공동체를 만드는 일을 가능케 하는 작은 디딤돌이다. 그리하여 세상으로 나가고, 나에게로 돌아오는 좁은 길을 찾아내게 될 것이다.
>
> 징검다리에 발을 얹어 보자.
>
> 광진지역자활센터 홈페이지에서 발췌

사업단 대표자 회의의 위상과 역할은 대단히 중요한데, 이를 단적으로 보여주는 것이 모법인인 광진주민연대에서도 매번 대표자회의에 참관하여 대표자들의 의견을 듣는다는 것이다. 대표자 회의의 역할은 사업단 현황을 공유하고, 시사 관련 토론 등을 진행하기도 하지만, 가장 중요하게 부각되는 역할은 매월 1회 진행되는 전체 참여주민 모임에 대해 1년 계획을 수립하고 매월 점검하는데 있다. 전체 참여주민 모임은 교육, 행사, 워크숍, 판매전 등 다양하게 기획된다.

 다음으로 늘푸른협동조합은 광진지역자활센터에서 조직된 자활공제협동조합이다. 2007년 주민대표가 발기인이 되어 시작됐으며, 현재

늘푸른협동조합의 단체 활동과 임원연수 장면

260명이 가입, 1억 7천만원을 출자했다. 늘푸른협동조합에는 드물게 자활사업에 참여하지 않는 이들도 가입되어 있다. 늘푸른협동조합의 주요한 의사결정은 월 1회 진행되는 이사회에서 이루어지는데, 이사회는 자활사업 참여주민을 중심으로 구성되어 있다. 이사회 구성은 전(前) 이사들의 추천을 받아 구성된다.

마지막으로 늘푸른인문대학은 2008년부터 시작했다. 크게 1년 과정으로 진행되는 기초과정과 과정을 이수한 동문을 대상으로 하는 심화과정으로 구성되어 있다.

기초과정은 매년 하반기에 1학기로 시작해 이듬해 2학기 과정으로 종료되는 1년 과정으로 지역주민에게도 열려있다. 과목은 문학(글쓰기 포함), 철학, 역사, 예술, 자기성찰, 생활정치 등 다양하다. 프로그램이 충실하게 운영되다보니 이제는 면접을 통해 수강생을 모집해야 할 만큼 지역에서 인기 있는 과정으로 자리 잡았다. 늘푸른인문대학의 동문은 현재 7기까지 구성되어 있는데, 심화과정을 통해 동문들의 만남이 지속되고 있을 뿐 아니라 어느덧 이들이 늘푸른인문대학이 지속적으로 운영될 수 있도록 하는데 중요한 주체로 성장했다. 대표적으로 지자체의 예산 지원이 종료되어 프로그램 운영이 위기에 빠졌을 때 동문회에서 직접 사업계획서를 작성해 서울시 마을공동체, 광진구청, 서울지역자활센터협회 등에 제출하여 현재까지 자원을 동원해오고 있다. 당연히 늘푸른인문대학의 프로그램에 대한 만족도는 높다.

> 저는 공부하는 걸 되게 싫어하는 사람이에요. 책보고 공부하는 걸 되게 싫어하는데… 지금 인문학 같은 경우는 지금 사회에서 인문학을 대학교 졸업만큼이나 인정해주는 부분도 있잖아요. 그냥 해보고 싶다는 생각해서 시작했어요. 그런데 이게(인문대학) 하면서 사람이 변하는 거는 수업을 들으면서, 철학 문학을 들으면서 이제 뇌가 깬다고 해야 하나… 그리고 인문대학을 나오신 분들이, 적극적으로 다니신 분들이 각 사업단이나 이런데서 보면은, 생활하는 것도 보면은 다 적극적으로 변하는 분들이 많으세요. (2015.8.20. 늘푸른협동조합 이사)

이렇듯 광진지역자활센터에서 운영하는 프로그램의 일반적인 패턴은 자활사업 참여주민의 주도성이다. 이것이 정착하면서 주민 리더 집단이 자연스럽게 만들어졌다고 할 수 있다. 이른바 지역자활센터 내부에서 리더 집단의 형성이 시스템화된 것이다. 어떻게 이게 가능했을까?

> 이게… 먼저 해왔던 사람들이 했던 과정을 봤고… 그러다보니 요청이 있을 때 (공제조합의 이사로) 그냥 자연스럽게 결합하게 되었어요. 그리고 또 센터에서 보면 이런저런 도움을 많이 받았잖아요. 긴급 의료지원도 받고… 공제조합에

서 돈도 빌려 써보고… 이거를 내가 받기는 하지만 돌려줄 수 있는 방법이 있구나. 이렇게 봉사하게 된 것 같아요.(2015.8.20. 늘푸른협동조합 이사장)

즉 먼저 시작하고 진행하면서 도움을 줬던 선배들의 역할이 중요했다. 자발성을 고취하는데 정말 중요한 것은 이렇듯 '먼저 주는' 행위이며, 선배들이 '먼저 주는' 과정이 자연스럽게 자리잡아 다른 자발적인 주민들이 나타나고 있는 것으로 보인다. 늘푸른협동조합의 경우 실제 2년에 한 번 선거를 통해 선출되는 새로운 이사들은 그 전의 이사들의 분위기나 내용을 보고 더 잘하려고 하는 경향이 있다고 광진지역자활센터에서는 보고 있다. 그리고 이 모든 과정이 가능할 수 있었던 것은 지역자활센터가 적극적이되 직접적이지 않게 결합했기 때문이다. 광진지역자활센터에서는 위 세 개 모임에 실무적으로 적극 결합한다. 즉 의사결정에 참여해 영향을 미치는 것이 아니라 주민들이 의사결정한 내용을 잘 집행할 수 있도록 실무적으로 적극 결합하고 이 지원이 매우 구조화되어 있다.

> 저도 이제 공제연합회 이사장회의에 가보면은, 실제로 회의를 해보면은 광진은 표시가 팍 나요. 이제 소문이 난 거에요. 왜 소문이 난거냐면 센터에서 장려하고, 필요한 교육도 적절하게 진행해주고, 외부회의나 모임에 참여하는 걸 적극적으로 도와주고… 일도 맘 편히 뺄 수 있게 해주죠. 다른 공제조합은 그러는 데가 별로 없는 것 같아요. 있더라도 우리처럼 지지적인 데는 없는 것 같아요. (2015.8.20. 늘푸른협동조합 이사장)

즉 광진지역자활센터에서는 간섭 없는 참여의 독려, 결정사항에 대한 즉각적인 시행 및 센터의 적극적인 실무지원이 구조화되어 있고, 이런 경험을 통해 성장한 주민 리더가 늘푸른협동조합, 인문대학 동문 등으로 계속 활동함으로써 참여주민의 역량이 지속적으로 강화되고 자체적인 리더십 모델이 만들어진 것으로 보인다. 광진지역자활센터에서는 자활사업 참여주민으로 시작해 실무자로 일하게 된 사람들이 적지 않은데, 이 역시 참여주민을 주체로 세우는 과정이 낳은 성과라 할 수 있겠다.

2) 실무자와 함께

역량을 강화하려는 지역자활센터의 시도는 실무자들에게도 적용된다. 광진지역자활센터의 모든 회의과정에 실무자 전체가 참여하고 있는데, 이는 실무자 의사결정 역량을 강화하는 중요한 지점이다. 광진지역자활센터의 공식적인 의사결정체계는 주 1회 조회, 월 2회 사례관리회의, 월 1회 운영위원회가 병렬적으로 작동하는 구조이다. 조회, 사례관리회의, 운영위원회에 전체 실무자가 참여하고 있으며, 공식적인 이 회의를 통해 자활센터의 모든 사업이 진행된다. 특히 뒤에서 보겠지만 사례관리회의를 통해 상호 간의 사업과 참여주민에 대한 이해도가 매우 높으며 공동의 수퍼비전(supervision)과 집단 피드백(feedback) 과정을 통해 직접적인 의사결정에 참여하고 있다.

 상호 간의 사업과 참여주민에 대한 이해도를 높이기 위해 광진지역자활센터의 실무자들은 2년에 한 번 업무를 번갈아가며 진행하고 있기도 하다. 그리고 연 1회 진행되는 1박 2일 워크숍에서 기관의 비전을 확인하고 수립하며 사업을 계획한다. 즉, 광진지역자활센터의 실무자들은 센터의 비전, 센터의 사업 및 참여자들에 대한 이해가 매우 높으며, 공식적인 회의를 통해 문제를 해결하는 과정으로 역량이 강화되고 있다. 그 결과 실무자 중 일부는 인문대학 등 주민모임에 자발적으로 실무지원하고 있다. 기관에서는 이를 '눈에 보이지 않는 투자'라고 말하고 있으며, 이 자발적인 '눈에 보이지 않는 투자'가 주민모임에 결합되어 또 다른 '자발적인 주민'의 형성에 기여하고 있다. 또한 실무자들 중 일부는 지역사회 네트워크에도 다양하게 참여하고 있는 것으로 나타났다. 한 실무자는 지역의 네트워크 조직의 대표로 참여하고 있기도 하다.

협동조합을 강조한다

일하는 사람이 주체로 서는 과정을 중요하게 생각하다보니 사업 운영에 있어서 협동조합을 강조한 것은 한편으로 자연스러운 일이다. 현재 독립한 8개 자활기업 중 4개가 협동조합이고 이 중 하나는 사회적협동조합으로 운영되고 있다.

> … 지난번 협동조합 임원 교육을 진행할 때 20여명 정도 오셨는데, 그분들이 평균적으로 4개 협동조합에 가입하고 있더라구요. 협동조합은 민주적인 구조를 가지고 있잖아요. 조직운영 원리가 민주적이고 주인이, 조합원이 공동으로 소유하는. 자활과 딱 맞는 거죠. 자활사업이 사유화되는 것이 아니니까. 자활사업

에 참여했던 여러 사람들의 노력이 고스란히 집적이 돼서 협동조합이 되는 거니까. 광진은 협동조합을 주요하게 채택한 거죠. 목적의식적인 부분이 있기도 하지만, 늘푸른협동조합이 잘 되는, 성공하는 경험이 바탕을 깔아주기도 했구요. (2015.7.29. 광진지역자활센터 센터장)

광진지역자활센터는 자활사업의 결과물이 사유화돼서는 안 되며, 자활이 협동 과정의 산물이라고 보고 있다. 실제 자활기업으로 독립했을 때 돈 문제, 일의 강도, 스트레스 등 다양한 문제가 발생한다. 자활기업은 지속적으로 발생하는 이 문제들을 해결하고 지역사회와 지속적으로 소통해야 하는데, 협동하고 조율하는 과정들을 훈련하지 않을 경우 독립한 이후에도 어려움이 지속된다. 그렇기 때문에 사업단에서부터 지속적으로 협동조합을 강조한다.

광진지역자활센터에서 강조하는 협동조합적 운영의 시작은 정관을 만드는 것이다. 정관은 함께 일하는 사람들의 약속을 정리해 놓은 공식 문서이다. 그럼에도 불구하고 한국사회의 다양한 사회적경제 조직들이 정관작성에 대한 중요성을 간과하는 경향이 있다. 조직에 대한 약속을 정하는 이 과정이 매우 중요하고, 여기에서 협동과 조율의 작동이 시작된다는 것을 광진지역자활센터는 잘 이해하고 있다. 그리고 정관을 작성할 때는 참여주민의 눈높이에 맞춰 "이 조직에서 하고 싶은 거 적어옵시다" 라고 정관을 시작한다. 이런 방식으로 사람들끼리 서로 약속을 정하는 연습을 시작한다.

기본 정관은 있는 틀 안에서 본인들이 다 같이 만드세요. 공유하고 싶은 거

내용을 더 적자. 써오고 논의하고 또 적자… 조율을 계속하죠. 급여부터 시작해서 다 헤쳐 나가는 거예요. 본인들이 싫으면 안 돼요. 그래서 이 안에서 갈등도 많아요. 깨질 수도 있어요. 못나가는 경우도 있죠. 그렇지만 자존감이 높아지시는 것 같아요. 헤쳐 나갈 준비가 조금씩 되는 거죠.(2015.8.20. 광진지역자활센터 실무자)

협동조합은 법적 형태를 갖추고 조직이나 제도를 마련하는 것만으로 운영되지 않는다. 상호 간의 협동하는 방식이 끊임없이 훈련되는 장이고 시행착오를 통해 구성원들이 동의할 수 있는 일터를 만드는 그 과정 자체가 매우 중요한데, 이런 측면에서 광진지역자활센터의 협동조합에 대한 강조는 의미 있는 시도로 볼 수 있다.

사례관리에 집중한다

참여주민이 지역의 주체가 되어야 한다는 철학은 광진지역자활센터의 사례관리 과정에서도 잘 드러난다. 광진지역자활센터는 초기부터 사례관리에 충실했는데, 굉장히 밀도 있게 사례관리에 집중하고 원칙적으로 충실하다.

그 결과 특히 사업단 운영 목표에 결국 부합할 수 없는 참여주민의 경우 당장의 삶의 문제를 해결할 수 있도록 돕는다. 사업에 배치하거나 취업을 시키기 이전에 참여주민이 당장 필요한 것에 무엇인지에 먼저 관심을 기울이는데, 건강, 생활의 안정, 주거의 안정 등의 욕구를 충족시키면서 동시에 일자리에 적응할 수 있도록 사업을 진행한다. 그리고 이런 과정을 지속적으로 점검하는 것이 사례관리이다. 광진지역자활센터의 사례관리 과정을 자세히 살펴보자.

사례관리는 월 2회 진행된다. 각 사례관리는 다른 관점에서 시작되는데 각각 '강점관점'과 '조직관점'으로 명명한다. 먼저 강점관점의 사례관리 회의는 개인의 강점에 초점을 맞춰 연계하는 과정이 부각된다. 참여주민의 다양한 측면, 무슨 일을 해 왔고, 어떻게 살아왔고, 건강상태는 어떻고, 마음을 안정시키는 요소는 무엇이고, 다양한 질문을 통해 개인력을 알아가고 개입의 수준을 정하는 과정이다. 즉 참여자의 개인력을 바탕으로 개인력을 지속적으로 점검하고 취업을 시킬 것인가, 교육을 진행할 것인가 등 개인의 어떤 강점을 살려 어떻게 연계할지에 대한 방법을 의논하는 시간이다. 둘째, 조직관점의 사례관리는 현재 자활사업단 참여자에 대한 조직적인 관점이 반영된 점검과정이다. 즉 사업단 내에서의 구성원을 중심으로 보는데, 구성원끼리는 잘 지내는지, 일은 잘 하고 있는지, 개인의 비전과 사업단의 비전은 잘 맞는지, 개인과 직장이 상생할 수 있는지 등으로 종합적으로 검토하면서 부정적인 결과가 나오면 다시 초기 개인력 상담부터 다시 진행해 적성을 파악하고 재배치하는 과정 등을 결정한다.

사례관리는 자활에 매우 중요한 과정으로 개인의 성향, 조직 안에서의 화합, 미래의 취업 가능성, 공동체성 인지력 등을 다양하게 본다. 또한 사업단 배치를 할 때에도 바로 사업단으로 배치하는 것이 아니라 2주간 파견 기간을 두어 참여하는 개인과 기존 공동체 일원이 함께 일

할 수 있는지를 확인하는 과정을 거친다.

앞에서도 언급했지만 광진지역자활센터의 사례관리의 특징은 사례관리 과정 전반을 실무자 모두가 참여하여 함께 한다는 데에 있다. 사례관리회의를 통한 전체 참여자에 대한 공유, 다양하고 활기찬 논의(개별사례에 대한 의견차가 심할 경우 격렬한 토론이 벌어지기도 한다)를 통한 방향설정, 진행 과정의 점검 등이 이루어진다. 정신건강증진센터와의 연 세 차례에 걸친 정기적인 통합사례회의와 우울증, 알콜릭, 조현병 등과 관련한 교육도 진행하고 있다. 참여자 한사람, 한사람에 대한 공동의 노력과 공동의 책임은 사례관리에 힘을 실어주고, 그 힘은 결국 참여주민의 자활에 디딤돌이 되는 것이다.

광진지역자활센터의 사례관리 회의 모습

지역사회 내 네트워크 형성에 기여한다

주민들이 주체가 되서 지역에서 살아가야 하기 때문에 지역사회에서 다양한 네트워크를 형성하는 것 또한 광진지역자활센터가 주요하게 생각하는 부분이다.

먼저 지역의 주요 민간 사회적경제 네트워크를 결성하는데 주요하게 기여했으며 현재도 중요한 역할을 담당하고 있다. 광진복지네트워크, 광진마을넷, 광진협동사회경제네트워크, 서울자활기업준비모임 등이 그 사례다.

먼저 광진복지네트워크는 광진구 내 20여 개 복지단체들의 네트워크이다. 이 네트워크 결성부터 결합했으며, 광진구 지자체에 정책을 제안하고 복지 인프라를 확충하는 등 광진구 내에서 복지영역을 총체적으로 강화하기 위해 결성했다. 현재는 한 달에 한 번씩 모여 정책제안보다는 인적네트워크를 쌓고 관계를 유지하며 느슨한 인적네트워크의 위상으로 공동사업 등을 진행하고 있다.

광진마을넷의 경우 마을공동체를 지향하는 조직들의 네트워크로, 공동육아, 마을공동체, 마을도서관 등이 주로 결합되어 있다. 현재 광진지역자활센터의 실무자 중 1인이 마을넷의 공동대표로 활동하면서 마을에서 일어나는 다양한 일에 대한 평가를 하고, 사진전, 마을 축제, 영화상영회 등의 활동을 지속하고 있다. 이상의 네트워크 과정들은 그 안에서 정보가 교류되고 필요할 때 구매가 발생하기도 하기 때문에 자활사업과도 다양하게 연계된다.

최근에는 광진협동사회경제네트워크 결성에 중심적인 역할을 했다. 광진협동사회경제네트워크는 복지를 넘어 사회적경제의 화두를 지역에 함께 하기 위해 광진구 내 사회적기업, 협동조합, 마을기업, 지원조직, 자활기업 등 지역의 다양한 조직과 네트워크 등이 참여하고 있다. 광진지역자활센터 전(前) 센터장이 실무를 맡고 있고 광진 자활기업 전체가 결합되어 있어 수적으로도, 내용적으로도 자활의 결합도가 매우 높은 편이다. 사회적경제 이슈와 관련해 지역 내 거버넌스의 주체로 서고자하는 위상을 가지고 있으며, 현재는 사회적경제 물품 판매를 위한 장터, 협동기금의 마련(공동장터 수익금 2~5% 적립 등), 행정기관 및 지역에 사회적경제 우선구매를 위한 정보를 제공하며 활동을 성장시켜 나가고 있어 귀추가 주목된다.

지역사회의 다양한 자원과 사업단이 결합한다

앞서 말한 네트워크들은 자연스럽게 자활사업과 연계된다. 그러나 광진지역자활센터의 중요한 지역 자원 중 하나로 모법인과의 관계를 짚고 넘어갈 필요가 있겠다. 광진구에서는 1980년대 공장지역을 중심으로 노동운동 및 사회운동이 활발하게 진행되었고, 그 당시 지역 활동가들이 지역에 정착하면서 시민단체를 결성했는데 그 중 하나가 광진지역자활센터의 모법인인 광진주민연대이다. 그리고 광진주민연대는 지역의 시민사회에서 중심적인 역할을 하고 있는데 이를 통해 자활사업에 도움을 제공해주는 다양한 연계 활동이 조직되기도 한다. 몇 가지 사례를 살펴보자.

광진지역자활센터의 초창기 자활기업 중 물탱크청소를 주요 사업으로 하는 '깔끄미'는 물탱크청소업에 종사하던 광진주민연대 운영위원이 사업 노하우를 전수하면서 자활기업으로 독립할 수 있었다. 자활기업 '도우누리'는 종합 돌봄 서비스제공을 하고 있는데, 도우누리가 독립하여 본격적으로 활동할 수 있게 된 데에는 주민연대 부설의원이었던 성동주민의원의 역할이 컸다. 또한 컴퓨터와 주변기기를 판매하는 자활기업 '리스타트'는 과거 '동부지역 일하는청년회'에서 활동했었던 회원 중 용산에서 관련업에 종사하는 전문가의 도움과 외부자원으로 컴윈이 결합되면서 사업을 본격화했다. 또한 지난해부터 새롭게 시작한 커피관련사업(카페, 로스팅)도 과거 '동부지역 일하는청년회' 회원이었던 사람의 도움을 받아 사업을 확장하고 있다.

자원이 좀 더 복잡하게 연계된 사례를 하나 보자. 현재 광진지역자활센터에서는 자활기업 늘푸른되살림과 사업단인 광진생협이 운영 중에 있다. 늘푸른되살림은 녹색가게, 친환경 되살림을 표방하며 재사용품을 생산·판매하고 있다. 광진생협은 행복중심생협의 물류를 바탕으로 한 생활협동조합이다. 늘푸른되살림과 광진생협의 전신은 늘푸른가게이다. 늘푸른가게는 주민연대에서 운영하던 녹색가게를 인수해 자활사업단으로 운영하다가 이후 재사용과 되살림을 중심으로 한 늘푸른되살림과 친환경먹거리를 중심으로 한 광진생협으로 분리되었다. 특히 광진생협의 경우 초기 설립에 늘푸른협동조합의 역할이 컸다.

이 외에도 지역의 사회적기업인 복지유니온과 결합하여 독립한 자활기업인 누리배송과 지자체에서 운영을 하던 자전거대여소를 위탁하여 마을자전거 사업단을 구성하고 씽씽자전거 사업단으로 확장한 것 또한 자원 결합의 좋은 사례로 볼 수 있다.

사실 광진지역자활센터를 이야기할 때 모법인을 빼놓고 이야기할 수 없다. 지역 내에서 모법인이 보여주는 모범적인 활동이 지역자활센터에게도 긍정적인 영향을 미치기 때문이다. 그러나 이 관계가 일방적인 것만은 아니다. 광진지역자활센터의 다양한 활동으로 지역 내에서 모법인의 존재가 중요하게 부각되기도 했기 때문이다. 그런 의미에서 광진지역자활센터는 모법인과 지역자활센터의 바람직한 관계에도 중요한 시사점을 제공해주는 사례이다.

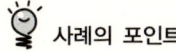 **사례의 포인트**

- 일하는 사람이 주체로 서기 위해서 현실에서 지속적으로 참여하는 기회를 확장하고 주체로서 자각할 수 있는 기회를 제공함 → 자연스럽게 협동조합에 대한 중요성이 부각됨
- 참여주민의 욕구와 상황을 정확히 사정하기 위한 사례관리에 중요성을 둠. 이 과정에서 사업단이나 자활기업의 양적 성장보다 사람의 성장이 중요하게 드러남
- 지역사회의 안전망으로써 사회적경제에 주목하고 이를 위한 다양한 네트워크를 결성·주도함. 이 네트워크는 자활 사업단의 생성과 성장에 중요하게 기여함

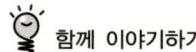 **함께 이야기하기**

- 일하는 사람이 주체가 되기 위해서 어떤 과정과 노력이 필요할까요?
- 협동조합이 실질적으로 운영되기 위해 어떤 과정과 노력이 필요할까요?
- 지역사회의 다양한 네트워크는 자활에 어떤 긍정적·부정적 기능을 할까요?

Chapter 9

주민과 지역의 삶의 질을 높인다

경기 부천소사지역자활센터

부천시 소사구에 위치한 부천소사지역자활센터는 2001년에 설립되었다. 부천시는 원미구를 중심으로 계획적인 신도시를 설계하여 시청을 비롯한 주요한 관공서와 아파트, 각종 편의시설이 밀집해 있다. 반면 소사구는 구도심으로 주택, 교통이 낙후되어 있었고, 사회복지시설, 의료시설이 부족하며, 다세대주택, 고시원 등이 밀집되어 있어 1인 가구가 많이 거주하고 있다.

부천시에는 부천소사지역자활센터가 설립되기 이전 이미 두 개의 지역자활센터가 설립되어 있었는데, 모두 원미구에 위치해 있다. 원미구와 비교했을 때 소사구가 지역적 낙후와 교통 소외가 심각했기 때문에 소사구에 지역자활센터 설립의 필요성이 부각되기 시작했고, 그 결과 소사구를 중심으로 다양한 활동을 전개하고 있던 부천종합사회복지관을

〈그림 1〉 부천소사지역자활센터 비전

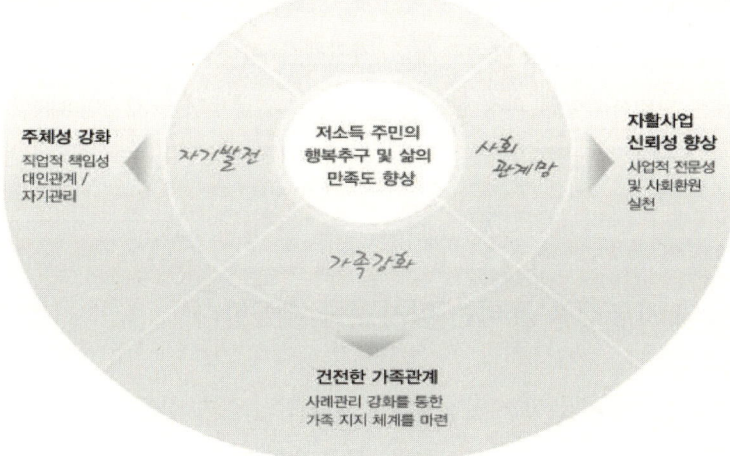

모법인으로 하는 지역자활센터가 지정된 것이다. 이미 15년여에 걸친 활동을 해왔지만 최근 부천소사지역자활센터는 현재 구성원들과 함께 기관의 비전을 정립하기로 했고 현재 그 과정 중에 있다.

비전에서 부천소사지역자활센터가 중요하게 생각하는 것은 자활사업 참여주민의 삶의 질을 높여 삶의 만족도를 향상시키는 것이다. 이를 위한 중요한 전략이 주민이 만족할 수 있는 일자리를 제공하는 것이다. 이처럼 자활사업 참여주민의 자긍심을 높이는 일자리를 제공하되 일자리를 지속가능하게 하기 위한 방법으로는 협동조합을 중심에 두고 있다. 그리고 일자리가 안정된 이후, 일자리의 성격을 보다 지역 친화적이고 사회적인 성격으로 전환하기 위해 노력하는 것을 설정하고 있다. 이 과정은 자연스럽게 외부자원과의 연계로 이어진다. 또한 일자리만으로 충족될 수 없는 가족의 사정을 파악하여 필요한 사회서비스를 적절하게 제공함으로써 건전한 가족관계도 지원해야 한다고 보고 있다. 이런 비전은 지역사회실천 과정에도 잘 녹아있다. 지금부터 구체적인 내용들을 살펴보자.

주민의 자긍심을 높이는 일자리를 제공한다

부천소사지역자활센터는 일자리를 통해 주민의 삶의 질을 높이기 위해 '괜찮은 일자리'를 만들고자 한다. 궁극적으로는 참여주민이 지역의 욕구에 부합할 수 있는 영향력을 갖춰 결국 지역사회 안에서 잘 살도록 하는 것을 목적으로 한다. 좀 더 구체적으로 보자면, 여기서 괜찮은 일자리라 함은, 주민이 자랑스러워하는 일터 즉 주민의 자긍심을 높이는 일터, 지역에 열려있는 일터, 높은 수준의 상품과 서비스를 제공하는 일터이다.

먼저 자활사업 참여주민이 자랑스러워하는 일터를 만들기 위해 부천소사지역자활센터는 공간의 문제를 해결하고자 했다. 부천지역자활센터의 자활사업 참여주민들은 넓고 쾌적하고 직장처럼 느껴지는 공간, 교통이 편하고 치료를 받을 수 있는 병원이 가까운 공간, 종종 낙인이 되는 '자활'이라는 인식보다 회사라는 인식이 생기는 공간, 아이들에게 '여기가 엄마 일하는 곳이야'라고 자랑스럽게 아이를 데려올 수 있는 공간을 희망했고, 부천지역자활센터는 그것이 가능한 공간을 찾아 2009년, 공간을 이전했다.

> 저희가 소사구 1동 동사무소 건물 203호에 셋방 살듯이 살았어요. 15평 정도 되는… 주민들도 좁으니깐 싸움도 잦고. 그리고 지금은 그렇지 않지만 당시엔 주민들 연령이 조금 낮았어요. 30대도 있었고 40대도 많았고. 그래서 아이들이 집에 있으면 일에도 지장이 많아 아이들을 돌볼 수 있는 곳이 필요하겠다고 생각했죠. 그 전 공간엔 아이들을 안 데려왔거든요. 속된말로 창피하잖아요. 그리고 주민분들 많이 아프시잖아요. 옮긴다면 이왕이면 병원이 가깝고 교통이 편한 곳이어야 한다고 생각했어요.(2015.7.27. 부천소사지역자활센터 센터장)

현재 부천소사지역자활센터는 지층부터 4층까지 이용할 수 있는 넓은 공간에서 다양한 사업을 펼치고 있다. 한 건물에 모든 사업단이 함께 일하게 되니 장점도 많다.

> 저희 사업단 참여주민들이 80~90명 정도 되는데, 일주일에 한 번 모두 모여 주간회의를 해요. 같은 공간에 있다 보니 가능한 거죠. 각자 발표도 하시고, 동영상을 보기도 하고, 짧게 소양교육을 진행하기도 해요. 무엇보다 이렇게 만남이 자연스럽게 이뤄지니깐 안녕? 안녕? 이렇게 서로 간에 인사하는 것 이것도 자연스럽고… 조용하고 얌전하신 분들 빼고는 거의 다 서로 잘 아시지요. … 그리고 내부거래도 많아요. 카페에서 음료, 음식도 많이 이용하고, 서로 빵이나 꽃다발도 같이 사주시고. 내 것 아니어도 서로 홍보해주시고 그러죠. (2015.7.27. 부천소사지역자활센터 센터장)

일단 전체회의 및 각종 회의에 참여주민이 참여하기 용이해졌고,

사업단이 서로 가까이 있다 보니 서로의 사업에 대한 이해가 높아 홍보, 판매 및 외부 주문 연계 등에 서로 자연스럽게 도움을 줄 수 있게 됐다. 그리고 이 건물에서 이뤄지는 카페, 제과 등의 사업은 지역에 좀 더 친숙하게 다가가 자활에 대한 인식을 개선하는데 도움이 되고 있다.

일자리를 통해 주민의 삶의 질을 높이기 위해 또한 강조하는 것은 제공하는 상품과 서비스의 질을 담보하는 것이며, 센터 및 사업단 차원에서 노력을 많이 기울이는 측면이기도 하다. 특히 상품의 경우 품질을 고급화하고, 신속하고 정확하게 지역의 욕구에 대처하는 것이 중요하다고 강조한다. 예를 들자면 부식사업단의 경우, 지역의 돌봄학교에 간식을 제공하는데 시중에 판매되는 값싼 간식을 구매해 제공하는 방식이 아닌, 조리된 간식을 제공해 건강을 돌보고자 한다. 감자를 쪄가는 등 간단하지만 반드시 조리의 과정을 거치게 함으로써 제품의 질을 담보하고자 한다. 이렇듯 제품의 질을 담보하고 신속하게 지역의 욕구에 대처하고 있으며, 이런 노력들이 지역에서 입소문이 나서 사업이 지속적으로 확장되고 있다. 집수리 사업단도 주거복지를 캐치프레이즈로 걸면서 서비스를 확대했다. 지자체에서 독거노인을 위한 소소한 주거서비스가 필요할 것 같다고 제안을 했고, 이 제안을 받아 '효자손서비스'라는 추가 서비스를 개발해 공급하고 있는 것이다. 외부의 요청에 즉각적으로 반응한 것이다.

또한 상품의 높은 품질은 부천소사지역자활센터의 강점이기도 하다. 제빵사업단에서 생산하는 호두파이와 쿠키는 품평회에서 대상을 받기도

부천소사지역자활센터 제빵사업단의 대표 생산품인 우리밀 쿠키와 우리밀호두파이

했고, 앞서 살펴봤듯이 부식사업단의 경우에도 건강을 생각하는 간식을 제공함으로써 간식만족도가 높아 입소문으로 지역에 시장이 확대되고 있다.

그런데 상품이 소비자들에게 후한 평가를 받을 때 영향을 미치는 것은 반드시 맛만은 아니다. 디자인도 중요하다. 그래서 제빵사업단은 포장과 모양에도 신경을 많이 쓴다. 그뿐만 아니라. 제빵사업단의 참여주민들이 책임성을 더 강조하기 위해 자체적으로 실명제를 도입한 것이다. 부천소사지역자활센터의 비전이 실무자들에게서만 머무르는 것이 아니라 참여주민에게까지 전파되고 있는 것이다.

저희가 특별히 어디서 전문교육을 받고 오는 게 아니라 그냥 주위 선배한테 배우고 또 새로 들어오면 가르치고 그런 식으로 하고 있으니깐… 저희끼리 이제 이건 이렇게 해보자 저렇게 해보자 이야기를 많이 해요. 요즘에는 실명제로 가보자 이러거든요. 쿠키를 만드는 과정에서 이름을 써요. 이름을 쓰면 좀 더 신경을 쓰고 그런 게 있거든요. 그러면서 조금 괜찮아지고 있어요. (2015.7.27. 제빵사업단 창업준비팀)

이처럼 상품과 서비스의 질에 대한 강조는 그것을 위한 노력을 불러일으켰고, 그 결과 향상된 상품과 서비스의 질은 지역에서 자활사업의 이미지를 향상시키고 자활사업 참여주민들에게 자긍심을 갖도록 하는 선순환 효과를 낳았다. 그런데 이런 선순환 효과는 때로는 파생물을 낳기도 한다. 가령 부천시청에서 등장한 새로운 문화이다. 부천시청에서는 매년 인사이동 때 꽃을 선물하는 관행이 있었는데, 부천소사지역자활센터의 제빵사업단이 만든 고품질의 쿠키를 꽃 대신 선물하는 관행이 자리 잡은 것이다.

협동조합을 중심으로 구성원의 역량을 강화한다

참여주민에게 괜찮은 일자리를 제공하는 건 모든 지역자활센터의 바람이다. 하지만 괜찮은 일자리라고 했을 때 중요한 요소 중 하나는 결국 어떻게 지속가능하게 하느냐이다. 이 때 수익을 낼 수 있는지 여부는 2차적인 문제이고, 일단 사업단이 지속적으로 유지 가능해야 하는데 그런 면에서 부천소사지역자활센터는 오랜 고민이 하나 있다. 이 고민의 일부는 폐업한 자활기업과 관련이 있는데, 기관에서 독립한 자활기업 중 지금까지 네 곳이 폐업했고, 이 중 두 곳이 내부 갈등을 원인으로 폐업했다. 그리고 폐업하지는 않았지만 여전히 자활기업들이 지역의 욕구를 수렴하고 협의하는 과정에서 어려움을 겪고 있는 것을 목도하게 되는 것 또한 고민 중 하나이다. 일련의 상황을 경험한 이후, 협동의 과정을 충분히 훈련하지 않은 경우 독립한 이후에도 지역의 다양한 자원과 결합하고 협력적으로 일하며 상호 조율하는 것이 어려운 일임을 인식하게 되었다. 이후에는 특히 자활기업을 독립시킬 때 협동조합을 중심으로 독립의 방향을 잡고 이를 위한 훈련과 노력을 지속하고 있다.

협동조합에 대한 이야기를 하기에 앞서 부천소사지역자활센터 사업단이 자활기업으로 독립하는 방식을 좀 더 살펴볼 필요가 있다. 사업단은 독립을 결정할 때 각 사업단에서 독립을 원하는 주체들이 사업단의 참여주민을 설득해 이 주체들을 중심으로 독립적으로 자활기업을 준비한다.

> 저희 같은 경우에는 창업을 유도하기보다 창업에 대한 안내를 착실하게 드리는 데 집중해요. 그리고 사업단에서 자활기업을 나가실 때에는 창업을 준비하는 주체를 중심으로 창업계획서를 써오시게 안내하죠. 하실만한 분들이 계획서를 써 오시면 테스트 기간을 3개월 정도 둬요. 그리고 그것의 수익금을 테스트로 두고요. 거기에 통과가 되면 그때부터 본격적으로 창업을 준비하는 거죠. (2015.7.27. 부천소사지역자활센터 센터장)

즉 사업단 독립을 사업단 내부에서 주체들이 결정한다. 사업단 내 자활기업으로 독립하고 싶은 의지가 있는 주체가 내부 구성원과 합의를 통해 별도로 독립을 준비한다. 어떤 외부적 요인이 아닌 스스로 독립을 결정한 주체들이 자발적으로 독립의 주체가 된다는 것이다. 자발적으로 독립을 결정하기 때문에 창업을 준비하는 사람들의 준비와 책임성이 높은 것으로 확인된다.

> 저희 10명 중 2명이 창업을 나가려고 계획 중에 있습니다. 저희가 창업으로 나갈 수 있는 주력 상품이 유모차 세척하고 소독인데, 저희들이 그 유모차 세척을 늘리기 위해서 인터넷 쿠폰 같은 쿠팡이라던가 아니면 그런 쪽에 직접 인터넷 카페 같은 것을 만들어서 관리를 할 예정이에요. 다른 창업팀 견학을 갔더니 직접 전화가 오기보다는 쿠폰이나 젊은 엄마들이 많이 들어오는 블로그 같은데를 통해 관리를 했더니 다 못할 정도로 주문이 쇄도한다고 하더라구요. (2015.7.27. 부천소사지역자활센터 여가지원사업단 창업준비팀)

> 저희는 지금 동대문과 남대문을 많이 가요. 거기 가면 갈 때마다 원하는 게 다 달라요. 지난주에 일주일 전에 갈 때랑 2주 후에 갈 때하고 유행이 다 달라요. 시장에 직접 가다보면 물건이 어떻게 달라졌는지 볼 수 있거든요. 향초도 방산시장에 가서 매번 확인을 하고. 이런 것을 파악하려고 하고 있어요. 유행이 뭔지 어떤 것이 잘 나가는지.(2015.7.27. 부천소사지역자활센터 부식단 창업준비팀)

> 직접 영업도 뛰었어요. 전에는 센터가 해주면 거의 그런 식으로 했는데⋯ 이제 저희가 창업을 앞두면서 중간에 미션이 있었거든요. 거래처 활동 영역 넓히기. 그러면서 어린이집 뚫고, 복지관 뚫고, 태권도 학원 이런 데에 계속 케이크가 생일 때 나가고 있어요.(2015.7.27. 부천소사지역자활센터 제빵사업단 창업준비팀)

창업을 준비하는 주체들은 사업전략, 시장조사, 영업방식 등 면밀하게 계획하고 실행하며 수정하는 과정을 지속하고 있다. 또한 이 주체들과 구체적인 협동조합 훈련을 진행하고 있다. 그 과정을 자세히 살펴보자. 현재는 제빵사업단, 장난감사업단, 부식(카페)사업단이 독립을 준비하고 있는데, 이 주체들은 10명 이내로, 사업단 구성원들을 설득해 독립의 주체로 서면서 2014년부터 협동조합에 대한 준비를 시작했다. 2015년부터는 2주에 한 번 창업 워크숍을 진행하면서 각자 계획서를 쓰고, 각 사업단이 독립된 사업체로 결합하는 사업자협동조합의 형식으로 구체화되고 있다. 이는 꽤 밀도 있는 작업으로, 불특정 다수와 협동조합 작업을 진행하는 것이 아니라 실제 사업을 진행하게 될 구체적인 주체들과 1년 이상의 준비를 거쳐 협동조합을 준비하고 있다는 것이 큰 특징이다.

부천소사지역자활센터는 협동의 가장 중요한 요소 중 하나로 투명성을 생각한다. 이런 생각은 자활기업과의 관계에서도 예외가 아니다. 창업을 해서 독립한 자활기업에도 3년 간 회계 업무를 지원하는데 그 이유는 자활기업이 회계 투명성을 담보할 수 있도록 훈련하는 기간이 필요하다고 보기 때문이다. 협동과 민주적인 결정은 시스템 그 자체보다 이것이 가능할 수 있는 과정이 보다 중요하다. 이런 측면에서 투명성의 담보는 정보가 공유되기 위한 가장 기본적인 과정이며 부천소사지역자활센터는 이런 지점을 중요하게 인식하고 있음을 알 수 있다.

필요 서비스 제공을 통해 주민의 삶의 질을 높인다

부천소사지역자활센터의 중요한 과업은 '괜찮은 일자리 창출'이기는 하지만, 이는 근본적으로 사람의 삶의 질을 높이는 방편 중 하나이다. 그렇기 때문에 참여주민의 삶의 질을 높이기 위해 괜찮은 일자리 외에도 적절한 복지서비스를 매칭 혹은 제공하고 있다.

> 저희는 사회복지서비스 제공에 강점이 있는 것 같아요. 사례관리랑은 조금 다른 개념이지요. 사례관리는 관리적인 부분이 포함되어야 하는데, 그것보다는 사회복지서비스 후원이나 연계가 제가 알기로는 다른 기관에 비해서도 좋은 것 같아요… 그런 것들을 제공해서 최대한 참여주민의 환경적인 요인들을 해결하려고 노력하는 거죠.(2015.7.27. 부천소사지역자활센터 센터장)

한 사람의 삶의 질을 높이는 것은 일자리만으로 가능하지 않다. 주민을 둘러싼 외부적 요인들이 발목을 잡는 경우가 많기 때문이다. 이럴 때에는 그 외부적 요인들을 해결해줌으로써 일자리를 통한 효과를 증폭시킬 수 있다.

부천소사지역자활센터에서는 매년 1회 전체 참여주민을 대상으로 생활실태, 건강 등에 대한 조사서를 작성하고 상담하여 이를 토대로 필요한 서비스가 무엇인지를 사정한다. 필요한 서비스를 확인하면 지원 가능한 단체를 섭외하고 이를 중심으로 서비스를 진행한다. 즉, 수요자를 중심으로 공급자를 파악하는 연계 방식으로, 공급자의 제공 일정에 맞춰 순차적으로 진행하나 기본적으로 수요자의 필요서비스

목록이 준비되어 있어, 공급자가 새롭게 발굴될 때 자원을 연계하기가 수월하다.

제공되는 서비스로는 여성참여주민 건강지원, 참여주민 자녀 학비지원, 남성참여주민 건강검진, 무주택자 임대주택 연계 등이 있다. 이와 같은 서비스 외에도 중고가구 등 다양한 물적 후원을 지원하는 단체와의 협약을 통해 필요한 물적 후원을 수시로 연계하고 있다. 2008년부터는 사례관리팀을 별도로 구성하여 진행하고 있는데 이 팀에는 팀장 포함 3명의 실무자로 구성되어 있고, 모두 상담 및 사회복지서비스 제공, 그리고 자활근로 사업단 지원을 병행하고 있다. 사례관리만을 전담으로 하는 것이 아니라 사업단을 함께 담당함으로써 주민들에 대한 이해를 다각적으로 살필 수 있으며, 타 팀과의 상호 연계도 원활하게 작동할 수 있게 되었다.

지속가능성을 유지한 후 지역으로 다가간다

부천소사지역자활센터는 지역과 만나기 위해 사업을 단계별로 추진한다. 먼저 사업단이 지속가능할 수 있는 준비를 갖춘 후에 지역과 만날 수 있는 접점을 찾는 식이다. 그래서 처음 사업단이 사업을 시작할 때, 목표를 과하게 잡지 않는다. 눈높이를 낮춰 현재 역량에서 할 수 있는 일과 한계를 설정하며, 그에 따라 사업을 진행하고 지역에서 자리 잡을 때까지 운영한다.

이 후 사업이 안정화되면 이제 제품의 질을 넘어 지역에 호혜적인 명분을 조직의 목적으로 설정한다. 빵을 예로 들자면 '우리가 만들 수 있는 빵'이 아닌 '지역의 욕구를 반영하는 빵'이고, 간식을 예로 들자면 '우리가 할 수 있는 간식'이 아니라 '가능한 한 건강하게 조리할 수 있는 간식', 집수리사업의 경우 '우리가 할 수 있는 집수리'를 넘어 '취약계층의 소소한 집수리 욕구'를 반영한 방식을 고민한다.

저희는 그런 것 같아요. 다른데 비해서 저렴하거든요. 빵 이나 호두파이 이런 게 저렴해요. 그렇다고 품질이 떨어지는 것도 아니거든요. 재료를 정말 정직하게 쓰자고 노력해요. 방부제도 안 쓰고… 그러니까 저렴하면서 좋은 품질로 제공하는 거 이런 거죠.(2015.7.27. 제빵사업단 창업준비팀)

저희는 이제 휴게 공간을 저렴하게 주민들에게 제공하는 거죠. 시설이 나쁘지도 않구요. 여기를 찾는 지역 주민들을 통해 우리 자활사업을 더 많이 경험하게 하면서 자활을 지역에 알리는 역할을 하고 있다고 생각해요.(2015.7.27. 부천소사지역자활센터 부식단 창업준비팀)

어르신들이 저희들을 만나는 일주일의 시간을 굉장히 많이 기다리세요. 저희도 그 마음을 알아 최선을 다하고 있구요. 제공하는 서비스만이 아니라 글씨를 모르는 분이 있으면 글자를 가르쳐주기도 하고 그러거든요. 이분들의 쌓아왔던 한을 풀어주는게… 지역 발전에 한 몫하고 있다고 생각을 하거든요. (2015.7.27. 부천소사지역자활센터 여가지원사업단 창업준비팀)

이런 과정을 통해 사업단 내에서도 각자가 제공하는 상품과 서비스의 지역 연계성을 중요하게 고려하고 있고, 지역사회에서 스스로의 역할을 확인하는 과정에서 참여 주민들의 자긍심이 높아지는 것을 확인할 수 있다. 즉, '선(先) 할 수 있는 일, 후(後) 지역을 위한 일'의 구조로 사업을 진행함으로써 사업을 안정시켜 참여주민이 지역사회를 좀 더 고민할 수 있는 여유를 사업 운영 과정에 만들고자 한다. 그리고 그 결과 다양한 긍정적인 효과들이 확인되었다. 이런 고민은 자연스럽게 지역의 다양한 자원과의 연계로 귀결된다.

다양한 자원과 소통하고 결합한다

앞서 말했듯, 부천소사지역자활센터는 외부의 제안에 발 빠르게 대처하는 것을 중요하게 생각한다. 그리고 이런 대처는 다양한 자원의 연계로 이어진다. 부천소사지역자활센터의 주력 사업 중 하나인 주거복지사업을 통해 자원이 소통하고 연계하는 방식을 구체적으로 살펴보자.

부천소사지역자활센터의 집수리사업단은 부천시의 제안과 서울중앙에스씨의 실비지원을 통해 도배, 장판 외의 효자손서비스라는 이름으로 취약계층의 소소한 주거 서비스를 제공하고 있는데, 형광등, 콘센트, 배수관, 변기커버 교체 등이 주 내용이며, 현재는 효자손서비스의 비중이 무료집수리 보다 많고 만족도도 높으며, 아울러 참여자의 노동능력과도 보다 폭넓게 결합할 수 있어 향후 사업모델로 확장가능성이 높다.

〈그림 2〉 부천소사지역자활센터 자원 연계 사례: 집수리사업

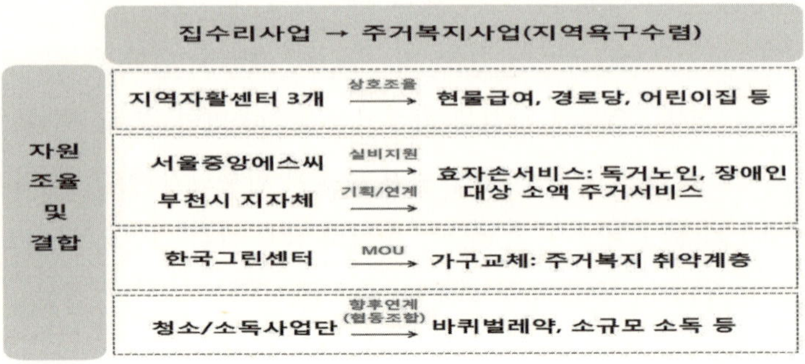

자원 조율 및 결합	집수리사업 → 주거복지사업(지역욕구수렴)		
	지역자활센터 3개	상호조율 →	현물급여, 경로당, 어린이집 등
	서울중앙에스씨 부천시 지자체	실비지원 기획/연계 →	효자손서비스: 독거노인, 장애인 대상 소액 주거서비스
	한국그린센터	MOU →	가구교체: 주거복지 취약계층
	청소/소독사업단	향후연계 (협동조합) →	바퀴벌레약, 소규모 소독 등

집수리는 분기별로 한 10가구 정도 일하고 있어요. 집수리 말고도 형편이 어려운 가정에 5만원 한도에서 못 박고, 액자 걸고, 문고리 갈고, 모기장 설치하거나 수도 갈아주고 변기커버 갈아주고… 이걸 효자손서비스라고 하고 있어요. 이게 인기가 정말 좋아요. 보통 하루에 7~8건 이상 계속하고 있으니까요. (2015.7.27. 부천소사지역자활센터 주거복지반장)

아울러 이 과정에서 취약계층 가정의 가구가 매우 낡았음을 알고 한국그린센터와의 MOU를 체결해 정기적으로 수리된 중고가구를 제공하고 있다. 이 외에도 현재 사업단에서 효자손의 일환으로 제공하고 있는 소규모 소독 등은 장난감재활용 사업단과 협동조합을 모색하는 과정과도 연계된다.

부천소사지역자활센터는 타 지역자활센터에 비해 지역 밀착 활동이 부족하다고 자평하고 있지만, 지역에 대한 지속적인 고민이 결국 사업단의 활동에 반영되고, 사업단이 할 수 있는 활동을 진행함에 따라 지역에

대한 이해가 생기고 있다고 생각한다. 지역에서 필요한 요구가 생기면 부천소사지역자활센터에 의뢰하는 건수가 증가하고 있는 것은 이러한 태도가 낳은 결과물이기도 하다.

 사례의 포인트

- 자활센터의 가장 중요한 우선순위를 참여주민의 삶의 질과 만족도에 두는 것
- '괜찮은' 일자리라 함은 참여주민이 자랑스러워하고, 양질의 상품과 서비스를 제공하는 것
- 자발적인 주체를 중심으로 창업을 준비하고, 이 과정을 잘 지원하는 것
- 협동조합을 중요한 전략으로 선택하고, 자발적인 주체와 밀도 있게 준비하는 과정
- 사람의 삶의 질을 높이기 위해 다양한 사회서비스 제공을 위해 과정에 충실하는 것
- 사업단과 지역의 접점은 먼저 사업을 안정시킨 후 지역에서 역할을 모색하는 '선(先) 할 수 있는 일, 후(後) 지역을 위한 일'의 구조를 지향
- 센터가 지역과 만날 때는 지역의 욕구에 즉각적으로 대처함으로써 새로운 사업의 확장가 능성을 항상 염두함

 함께 이야기하기

- 사업을 운영할 때 명확하게 목표를 설정하는 것은 어떤 효과를 가져올까요?
- 참여주민의 삶의 질을 고려했을 때, 센터에서는 어떤 역할을 할 수 있을까요?
- 참여주민의 자발성은 어떤 과정에서 발생할 수 있을까요?

Chapter 10

자활을 통해 지역과 사회적경제를 묶는다

전북 전주덕진지역자활센터

전주덕진지역자활센터는 2000년에 지정을 받아 활동을 개시했고 전주에서 두 번째로 설립된 지역자활센터이다. 전주시는 인구 약 65만 명에 전체 수급자가 12,626명이며, 이 중 190명의 주민이 전주덕진지역자활센터에서 함께 일하고 있다. 전주덕진지역자활센터는 자활사업을 넘어 사회적경제의 조직화에 많은 관심을 가지고 있다. 이는 모법인의 영향이 크다. 모법인인 전북노동복지센터(前전북실업자종합지원센터)는 실업운동뿐만 아니라 사회적경제 운동에 대해서도 초기부터 관심이 많았는데, 이런 차원에서 사회적경제 학습 모임 및 사회적경제 아카데미를 운영하여 지역에서 사회적경제에 대해 학습하고 교육하는 과정을 진행했었으며, 몇 개의 사회적기업을 조직하기도 했다. 지역자활센터도 이런 분위기 속에서 사회적경제의 조직화에 대한 관심을 자연스럽게 갖지 않을 수 없었다.

덕진지역자활센터의 미션은 '더 나은 삶을 위하여 노력하는 사람들과 더불어 함께 행복한 지역사회를 만들어가는 희망의 불씨 덕진자활센터'이다. 이를 구체화하기 위해 기관의 중심축을 '지역'과 '사회적경제'로 잡고 각 주체들이 사업 속에서 이 두 가지를 어떻게 담아낼 것인가를 고민하고 있다. 특히 많지는 않지만 인건비와 사업비를 정부로부터 지원받는 지역자활센터는 지역에서 '매개적' 활동을 하는데 결정적인 조직이라 믿고, 소위 지역을 '쨈매(묶)는' 역할에 대해 고민한다.

전주덕진지역자활센터는 지역에서의 존재가치를 확인하기 위한 과정 중에 있다고 스스로를 평가한다. 이 과정은 크게 네 개 맥락에서 확인된다. 자활센터에서 구성원들의 역할, 자활사업의 사회적 영향력을 높이기 위한 통합적 접근, 자활사업에 지역을 묶거나 혹은 외부 네트워크를 통해 자활사업을 연계하는 방식이 그것이다.

자활센터 구성원 각자의 역할을 강화한다

전주덕진지역자활센터의 지역사회실천을 살피는데 있어 구성원들의 역할을 살피는 것은 중요한 의미가 있다. 어떤 목적의 어떤 일을 하든, 결국 그 일을 수행하는 건 구성원들 각자의 몫이라는 근본적인 질문에 대한 답을 찾는 과정에서 나왔기 때문이다. 전주덕진자활센터에서는 구성원들이 상호 간의 역할을 잘 이해하고 잘 수행하는 것이 중요하다고 생각한다. 이런 차원에서 전주덕진지역자활센터는 센터장, 실장, 실무자 및 참여자 대표가 각자의 역할을 분명히 인식하고 충실하도록 하고자 하는 경향이 발견된다. 다만 각자의 역할은 기계적으로 분리된 것도 아니며 배타적으로 설정된 것도 아닌 '센터장의 역할은 권한을 행사하는 것이 아닌 책임을 지는 것이다'라는 관점에서 시작하여 자연스럽게 분리된 것으로 보인다.

처음 실장에서 센터장이 되었을 때, 성과를 막 내려고 했어요. 근데 그렇게 생각하는 순간 욕심이 들어가더라구요. "안 되는 게 어딨어!" 이런 생각하는 거죠. 근데 자활의 성과라는 게 공장에서 찍어내는 거라면 날밤을 새서라고 할 텐데 이건 그런 일이 아니잖아요. 사람들이 스스로 움직이지 않으면 안되는 일들이 너무 많죠. 좋은 일도 센터장이 가서 "아 이거 좋다. 이거 해보세요" 해도 실무자들 움직이지 않아요. 그런데 직접 몸으로 느끼고 스스로 확신이 생기고 그러면 본인이 계획서를 쓰죠. 사람의 마음에 감동을 먼저 주고 그 사람의 마음을 움직여야 하더라구요. … 아무리 밑에서 좋은 아이디어가 올라와도 조직 분위기가, 조직 문화가 그것을 받냐 안 받냐. 저는 그런 분위기가 굉장히 중요하다고 생각해요. 저도 외부활동하면서 제 아이디어가 잘 안 받아들여지면 기운이 빠지는 경험을 했거든요. (2015.8.6. 전주덕진지역자활센터 센터장)

결국 기관 운영에서 중요한 것은 각자가 자발적으로 일을 할 수 있도록 분위기를 형성하는 것이고, 그 분위기를 형성할 때 센터장이 권한 행사의 역할을 내려놓는 것이 중요하다고 말한다. 즉, 기관 운영 측면에서 본다면 실장과 실무자에 상당부문 권한을 위임하고 센터장은 외부 네트워크를 결성하고 문제가 생겼을 때 문제를 해결하고 궁극적으로 최종적인 책임을 지는 역할을 지향한다.

실제 전주덕진지역자활센터의 운영방식을 보면 센터장은 외부활동에 집중하고 내부 조직은 실장이 주축이 되어 관리된다. 그리고 실무자들은 현장에서 사업을 발굴하고 다양한 실험을 전개한다. 먼저 센터장의 역할을 보자.

센터장은 센터구성원들이 자율적이고 자발적으로 일을 할 수 있도록 과도기를 거쳐 2015년부터는 센터에서의 역할을 대폭 축소했다. 오히려 지역차원에서 활동하면서 현재 지역과 현재 존재하는 자활사업을 이을 수 있는 인프라를 구축하고, 참여자와 실무자, 실무자와 외부 관계를 중재하며, 자활사업 전반에서 발생하는 문제에 대해 책임을 진다. 실제 실무자와 참여자 사이에 문제가 발생했을 때 센터장은 그간 참여해왔던 사업단이나 팀장회의의 분위기, 참여자의 의견, 실무자의 의견을 복합적으로 반영하면서 문제를 해결한다.

실장의 역할도 중요하다. 2014년부터 실장이 센터 내 주요한 회의를 주재하고 있으며, 복지부 평가, 결제, 전반적인 운영에 대한 권한 등이 대폭 강화되었다. 실무자는 일을 자유롭게 할 수 있도록 독려 받는다. 필요한 과정이긴 하지만 일을 할 때 제재가 많거나 의견이 반영이 안 되면 의욕이 떨어진다. 그렇기 때문에 일에 대한 실무자의 권한을 강화했고 가능성보다 필요성에 근거해서 일을 하도록 독려한다. 이는 자연스럽게 연말 평가에서 다양한 시도를 한 사람에게 좀 더 칭찬이 돌아가는 분위기로 연결된다. 그 결과 실무자들도 일에 좀 더 재미를 붙이게 된 것 같다고 평한다.

즉 센터장은 실장과 실무자가 일을 할 수 있도록 판을 제공하고 최종적인 책임을 지는 역할을 함으로써 센터장-실장-실무자가 각자의 역할에 충실한 방향으로 조직의 시스템이 작동하는 셈이다.

이처럼 구성원들의 적극적인 참여를 이끌어내기 위한 시도는 자활근로사업단에서도 예외가 아니다. 그런 사례 중 하나가 매년 초에 진행하는 반장임명식이다. 각 자활근로사업단의 대표에게 임명장을 준비하여 전달하고 대표자들의 역할을 공식적으로 세워 전체 자활참여자들과 공유한다. 이와 같은 공식적인 과정은 임명된 대표로 하여금 자긍심과 책임감을 갖게 만들어 보다 적극적인 참여를 이끌어내는데 도움을 준다. 또한 자활근로사업단 대표들이 적극적으로 역할 할 수 있도록 매월 1회 반장모임을 진행하고, 반장 회의 결과를 실무단위에서 검토 한 후 다음 달 대표회의에 반드시 피드백을 한다. 또한 주민역량강화를 위해 대표자 회의 외에도 다양한 소모임을 운영하고 자활공제협동조합도 운영하고 있다.

지금은 두, 세 달에 한 번씩 하는데, 전에는 매달 대표자회의를 했어요. 참여주민 대표 반장님들 모이시고, 센터장 포함해서 실무자 다 모여 공식적으로 회의를 하죠. 참여주민들이 건의하거나 문제제기를 하시면 다음번 회의에 꼭 결과보고를 했어요. 실무자가 하든 센터장이 하든. 혹시 빼먹을 수도 있으니 전차 회의록 보면서 제기한 문제는 꼭 짚었어요. 이렇게 답을 해주니까 참여주민들이 아, 내 얘기가 받아들여지는 구나. 아 센터장이나 대표자회의에 뭔가 얘기를 하면 100%는 아니더라도 뭔가 반영이 되는구나. 저희는 (복지부로 직접 올라가는)

민원도 거의 없어요. (2015.8.6. 전주덕진지역자활센터 센터장)

이런 노력의 결과 자활공제조합의 활동이 강화되고 있으며 자활센터의 행사에 자활기업과 사업단의 참여가 높아졌다. 무엇보다 자활근로사업에 참여하면서 발생하는 갈등이나 불만 때문에 종종 발생하던 민원이 현격하게 줄었다. 또한 창업을 한 자활기업들이 매년 일정한 기금을 자활공제협동조합에 지원하는 등 연대의식도 향상되고 있다.

통합적 과정을 통해
자활사업의 지역 영향력을 높인다

전주덕진지역자활센터의 기본적인 사업운영 철학은 자활사업이 지역사회에 영향을 미치는 방향을 갖는 것이다. 즉, 자활사업을 통한 혜택을 자활참여자뿐 아니라 시민사회까지 확장하는 것을 목표로 한다. 이를 위해 사업 목표를 보다 '공적인 것'으로 설정하고 주변 네트워크를 조직해 힘을 기르고 사업적 역량 및 물적 기반을 마련하는 통합적 접근 방식을 통해 사업을 진행하고 있다. 그것을 자전거 관련 사업을 중심으로 살펴보도록 하겠다.

자전거 사업단의 시작은 전주덕진지역자활센터가 자활사업 참여주민을 대상으로 진행했던 자활 아이디어 공모전을 통해서였다. 한 주민이 지역을 돌아다녀보니 방치된 자전거가 많은데 자전거 관련 사업을 할 수 있을 것 같다고 아이디어를 제출했고, 이 아이디어에 대해 전체

<그림 3> 전주덕진지역자활센터의 통합적 접근방식

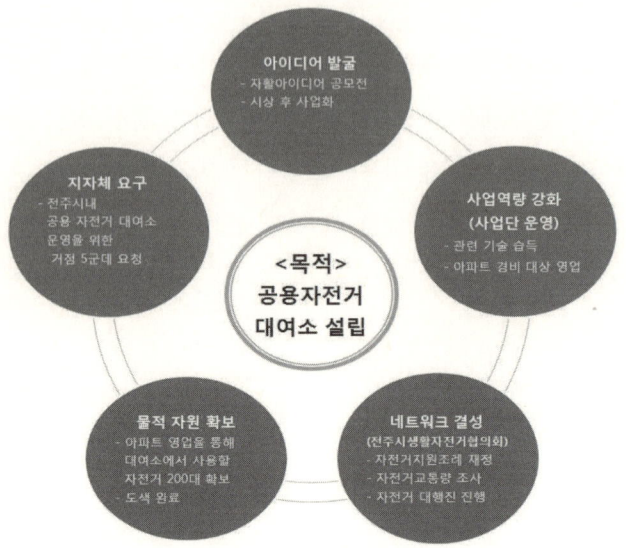

모임에서 시상 한 후 이듬해 사업단을 출범했다. 처음 자전거 사업단을 출범했을 때도 궁극적인 목표는 사업단의 독립이 아닌 전주시 전체의 공용자전거 대여소 운영이었다. 이를 위해 사업은 두 가지 축으로 진행되었다. 한 축은 교육을 받고, 다른 한 축은 아파트를 다니며 자전거를 수거하고 경비실과 관계를 형성했다. 이후 수거된 200여 대의 자전거로 공용자전거 대여소 운영을 위한 물적 기반을 마련했다.

사업 외에도 공용자전거 대여소 설립 및 자전거 활용을 높이기 위해 의제21, 환경운동연합 등과 논의하여 전주시생활자전거협의회를 결성했다. 현재 전주시생활자전거협의회에는 의제21, 환경운동연합,

전주덕진지역자활센터 외에도 전주시, 전주시의회, 교통방송, 교통공단, 자전거 동호회, 자전거대리점 대표, 한국자전거협동조합 등에서 결합하고 있다. 이렇게 결성된 협의회를 통해 자전거지원조례를 제정할 수 있었고, 매년 상하반기 자전거 교통량을 조사하고 있으며, 자전거 활성화를 위한 토론회가 개최되고 있다. 또한 연 6회 정도 자전거 대행진을 기획해 매 행사마다 100명~300명 정도가 참여하고 있으며, 자전거 행진 시작 1시간 전에 자활사업단에서 무료로 자전거 사전점검을 한다.

이후 전주덕진지역자활센터는 전주시에 공용자전거 대여소 운영을 위한 공간을 요청했으나 잘 이루어지지 않은데다 전주시가 직접 공용자전거 대여소를 설립하면서 자활근로사업단은 사업을 종료하기로 하고 자활기업으로 독립하게 된다. 보유하고 있던 자전거도 지역의 대학들과 협약을 맺고 전달했다. 이렇게 종료가 되었지만 최근 지자체의 움직임에 변화가 일어 공용자전거 대여소를 지자체에서 운영하고자 하고 있고, 이를 지역자활센터가 맡아줄 것을 요청하고 있어 귀추가 주목된다.

자활사업을 매개로 지역을 묶는다

앞서 말한 것처럼 전주덕진지역자활센터는 자활을 통해 지역을 쨈매(묶)는 역할을 중요하게 생각한다. 일단 자활기업으로 독립하면서 사업은 종료되었지만 자전거사업단은 지역을 쨈매(묶)는 과정을 잘 보여주고 있다. 함께 살펴보자.

전주덕진지역자활센터가 자전거를 기증하고 있다.

    자전거에 집중했던 시간들은 지역과 결합하기 위한 재미있는 실험들이 발굴되는 과정이기도 했다. 자전거 사업을 하는 대부분의 업체의 경우 사회공헌은 무료 자전거 기부 등으로 대체되는 경향이 많다. 물론 사회적으로 의미 있는 일이지만, 좀 더 사회적인 영향력을 만들 수 있는 방안을 모색해보고자 했다. 그 모색의 결과를 다음의 세 가지 사례로 소개할 수 있다.

    먼저 자전거 기부에 다양한 사람들을 참여시키기 위해 기부를 원하는 사람들로 하여금 방송국에 자전거가 필요하다고 사연을 보내도록 유도하고 사연을 보낸 사람 중 100명을 뽑아 자전거를 기부하는 행사를 진행했다. 또한 기부식은 자활센터에서도 중요하게 활동하고 있는 전주시생활자전거협회에서 주최하는 자전거 대행진 행사를 통해 진행함으로써 시민과 방송국, 그리고 전주시생활자전거협의회 등 다양한 주체들을 묶어 내고, 자활에 대한 시민들의 인식을 높이는 효과를 가져왔다. 또 다른 실험은 기부되는 자전거에 의미를 좀 더 담으면서 자활사업단의 수익을 내는 방안을 고민하는 과정에서 이루어졌다. 지역자활센터에서 비영리 조직 등에 자전거 무료 기부를 종종했었는데, 무료로 기부했더니 받는 조직에서 크게 의미를 부여하지 않자, 기부의 방식을 바꾼 것이다. 이렇게 해서 자활사업단과 구매자, 그리고 수여자가 보다 의미 있는 주체로 다시 만나게 된다.

> 저희가 지금 자전거를 5만원에 판매하거든요. 우리가 자전거를 그냥 주면 우리 사회공헌인데, 좀 더 지역적으로 의미 있는 게 뭘까… 그래서 단체에 자전거를 기부하는 게 아니라 4만원에 저렴하게 팔아 4만원은 자활기금으로 넣는 거죠. 그리고 자전거를 필요로 하는 사람에게 그 단체의 이름으로 직접 기부를 해주는 거에요. 그러면 받는 사람도 주는 사람도 훨씬 의미 있게 느끼시더라구요.(2015.8.6. 전주덕진지역자활센터 센터장)

지역에 네트워크를 확장하고
자활을 연계·강화한다

지금까지 자전거 사업단의 사례가 자활사업을 통해 지역의 주체들을 묶는 과정을 살펴봤다. 이번에는 지역의 네트워크를 확장하고 그 네트워크에 자활사업을 연계하는 방식을 통해 지역화를 실천하는 사례를 보자. 전주덕진지역자활센터는 퍽 다양한 지역 네트워크를 조직하고 있는데, 이 역할은 주로 센터장이 수행한다.

전주덕진지역자활센터의 센터장은 전주교도소 교정위원으로 활동

〈표 5〉 전주덕진지역자활센터 네트워크 활동 및 자활연계 · 지역연계

네트워크 활동		자활 연계 / 지역 연계
전주교도소 교정위원	→	자활사업 소개, 자활기업 연계
여성자활센터 자활자문위원	→	자활기업 연계, 인턴사원으로 채용
전주시나눔장터 실무위원회	→	자활기업·사업 참여, 새로운 마을장터 개발
삼양다방 운영위원	→	지역자원 보존, 구도심 발전
다울마당 (공용자전거 대여소 구축 거버넌스)	→	전주시 공용자전거 대여소에 자활사업 참여 검토
도시재창조시민포럼	→	금융취약계층 시범사업 개발, 자활기업 연계
서로좋은가게 확장	→	사회적기업 물품 판매장 36.5 연계
너나들이(경원동 네트워크)	→	주변지역 단체들과의 연계사업 모색

하면서 교도소 내 '구인·구직 만남의 날'에 자활센터와 자활기업을 연계하는 등 자활 참여를 통한 지원을 수행하고 있다. 또한 탈성매매(탈성노동) 여성을 지원하는 여성자활센터 자활자문위원으로 활동하면서 한지공예품 자활기업인 '예담'에 연계해 체험기회를 제공하고 '사람과 환경'에 인턴사원으로 채용하는 등의 관계를 확장하고 있다. 그리고 전주시나눔장터실무위원회 활동을 통해 지역 내 장터에 꾸준히 참여하고 있는데, 재활용 자전거 판매와 수리, 자활기업인 데포방트(재활용 의류 판매) 등이 참여한다. 이 네트워크가 확장되어 운영위원으로 활동하고 있는 학산복지관(영구임대아파트 지역)에 마을장터를 제안하여 매월 1회 장터를 진행하고 있으며 주민들을 주체로 세워 일을 진행하고 있다. 또한 1952년에 만들어진 현존하는 가장 오래된 다방인 '삼양다방' 운영위원으로 참여해 지역 자원을 보존하고 구도심에 생기를 불어넣는 프로젝트들을 함께 기획하고 있다. 자전거 관련해서는 전주시에서 만든

자전거 정책 계획 수립을 위한 거버넌스 조직인 '다울마당'에 지속적으로 참여하여 전주시 공용자전거 대여소 구축을 구체적으로 논의하고 있다. 아울러 도시재창조시민포럼에서 활동하면서 전주한옥마을에 금융취약계층 시범사업으로 한복대여사업을 제안, 확정했으며 한복길 코스를 구성하면서 마지막 방문지로 자활기업 '예담'을 넣어 한지문화를 체험할 수 있도록 구성했다. 또한 복지부 예비사회적기업인 '서로좋은가게'에 사회적기업 물품 판매장인 '스토어 36.5'를 숍인숍 형태로 입주하도록 돕기도 했다. 이상의 과정을 통해 다양한 네트워크가 자활사업으로 연계되거나 자활 영역에서 새로운 일자리가 창출되는 과정을 확인할 수 있었다.

보다 의미 있는 사례로, 현재 전주덕진지역자활센터가 속한 경원동 지역의 시민사회·복지·여성단체 등 9개 단체를 연계해 경원동을 중심으로 사회적경제를 논의하기 위한 '너나들이' 모임을 구성, 매월 1회 모임을 진행하며 상호 연계를 위한 다양한 논의를 진행하고 있다.

이처럼 센터장을 중심으로 진행되는 다양한 대외활동의 결과물들은 전주덕진지역자활센터의 사업과 연계됨으로써 개인의 활동이 기관의 공적인 활동으로 재구성되고 있음을 확인할 수 있다. 이런 네트워크의 결과, 신규사업을 고민하거나 지역문제를 고민할 때 지역에서 함께 의논할 수 있는 기관들이 많아졌으며 지역 내에서 지역자활센터에 대한 인지도가 높아진 것은 물론이거니와 평판 역시 좋아진 것으로 평가하고 있다.

 사례의 포인트

- 기관 구성원들의 역할을 고민하고 권한을 적절하게 배분
- 지역을 화두로 사업 목표를 설정하고, 목표를 달성하기 위해 사업을 통합적으로 운영
- 지역의 다양한 자원을 자활을 통해 창의적으로 결합
- 지역의 다양한 네트워크 활동을 자활사업으로 연계함으로써 대외활동이 기관의 활동으로 재구성되고 있음

 함께 이야기하기

- 지역자활센터 구성원들, 각자의 역할은 무엇이고 이 역할을 수행하기 위해 어떤 노력이 필요할까요?
- 지역의 다양한 자원을 자활을 통해 결합할 수 있는 방법은 무엇이 있을까요?
- 우리 지역 상황을 고려했을 때, 외부 네트워크 활동을 자활사업으로 연계하는 방식은 무엇이 있을까요?

Chapter 11

지역의 욕구를 수렴하는 일자리전문기관을 꿈꾼다

경북 포항나눔지역자활센터

포항나눔지역자활센터는 2000년에 지정되었다. 포항은 51만 명 인구에 수급자가 15,950명이며, 지역전체 자활사업에 참여하는 540명 중 164명이 포항나눔지역자활센터에서 함께 일하고 있다.

포항지역은 크게 남구와 북구로 나뉘는데 남구는 바다나 논, 공장 등이 위치하고 있고 북구는 주거지역으로 구성되어 있어 인구가 밀집된 북구보다 남부의 환경이 열악하다고 볼 수 있다. 처음 사업을 시작할 때 기관명은 포항남부자활후견기관이었다. 기관명에 '남부'가 포함되어 있다 보니 지역에서는 남구지역에서 특화되어 활동하는 기관으로 인식하는 경향이 강했다. 그러나 실제 사업을 진행하는데 있어 남구와 북구를 분리하여 진행하는 것은 어려움이 있기 때문에 2009년에 기관명을 현재의 이름으로 변경하고 남구와 북구를 포괄할 수 있는 지역으로 기관을 건축·이전했다.

포항은 자활이 지역과 만나는데 중요한 역할을 하는 시민사회의 힘이 약한 편이다. 특히 2006년에 있었던 포항지역건설노조의 포스코본사 점거투쟁 이후 시민단체의 활동이 크게 위축되었다.*

포항나눔지역자활센터는 2000년대 후반 자활사업의 '동형화'라는 용어를 통해 구체적으로 지역에 대해 고민하게 된다. 자활센터의 모든 사업이 표준화사업 등을 토대로 상당히 유사하게 진행되는 상황에서 각 지역별 특성 및 참여자의 특성을 반영할 필요성에 대해 인식하게 된다. 즉 '지역을 중심에 둔 역할'에 대해 고민하기 시작했고, 자활센터가 지역에서 다양한 역할을 수행하는 것에 대한 필요성을 강하게 인식하게 된다.

동형화 의제 이후 포항나눔지역자활센터는 지역자활센터로서 지역에서의 역할을 다양하게 수행하는 것이 필요하다고 생각하지만, 현재 지역의 상황과 센터의 역량을 고려했을 때 취업취약계층에 일자리와 기댈 언덕이 되어야 한다는 미션 하나라도 집중해서 잘 수행하는 것이 중요하다고 진단한다. 이를 위해 참여주민들의 욕구를 고려하고 독립의 의지가 강한 참여주민을 대상으로 살아가는데 필요한 기반을 마련하는데 집중한다. 또한 자활사업에서 독립을 진행할 때 독립을 유도하기보다 독립의 의지가 있는 주민을 대상으로 개입의 수준을 점차 줄여가면서

---

* 포항지역건설노조의 포스코본사 점거투쟁은 포항지역의 30여개 전문건설회사와 포항지역건설노동조합간의 임금·단체교섭이 파국으로 치달아 82일 간의 장기파업으로 이어진 쟁의이다. 교섭과정에서 노조원들이 포스코 본사 건물을 점거했고, 경찰의 진압과정에서 노동자 1명이 사망하는 사건이 발생했다. 2006년 9월 노사 합의에 의해 장기간의 파업은 종결됐지만, 68명의 노동자가 구속될 정도로 포항 지역에서는 큰 사건이었다.

독립을 지원한다. 아울러 일자리에 집중하기 위해 지역 차원에서 일자리 전문기관의 위상을 갖기 위해 노력하고 있다.

여건상 전략적으로 취업취약계층에 일자리와 기댈 언덕이 되는 것을 우선순위에 두고 있지만 지속적으로 지역과 만나기 위해 신규사업을 진행할 때는 지역의 의견을 수렴하여 지역의 욕구에 기반하고자 하고 있으며, 이 과정에서 다양한 지역사회 자원과 결합하는 실천들이 나타나고 있다. 자세히 살펴보자.

살아가는 데 필요한 기반을 마련한다

지역자활센터에 오는 주민들은 저마다 다른 환경과 삶의 배경을 가지고 있다. 그렇기 때문에 주민들의 특성에 맞는 사업을 개발 혹은 연계하고 이에 맞춰 독립을 준비할 수 있도록 돕는 것이 모든 지역자활센터들에 있어 중요한 과업이다. 이는 포항나눔지역자활센터에서도 중요한 화두였다.

> 특별한 아이템 없이 (자활표준화사업) 똑같이 따라하던 때인데, 그 무렵 우리 센터에 젊은 여성분들이 많았어요. 상대적으로 학력도 높았구요. 이런분들에게 계속 단순 기능을 익히게 하고 일자리를 갖거나 창업을 하게 하는 것 말고 이분들의 장래를 위해 여기 다 떠나서도 평생 동안 가지는 어떤 기반이 마련되는 게 필요하지 않을까. 이런 생각을 한 것 같아요. 자활에 참여하시는 주민들이 다양하잖아요. 역량이 되시는 분들에겐 자격증이라든지 새로운 기술이라든지

평생 할 수 있는 뭔가를 해보자 이렇게 생각했어요.(2015.8.5. 포항나눔지역자활센터 센터장)

이 고민을 좀 더 구체화한 것이 '참여주민이 기관을 거쳐 평생 동안 살아가는데 필요한 어떤 기반이 마련되었으면 좋겠다'는 생각이었다. 이를 실천하기 위해 기관에서는 이 '기반'을 아주 구체적인 수준으로 생각했는데, 이 중 하나가 역량과 의지가 있는 참여주민들을 대상으로 다양한 자격증, 기술 등에 대해 안내를 하고, 정보를 제공하며 이를 취득할 수 있도록 조건을 마련하는 것이었다. 몇 몇 사례를 보자.

먼저 보육사업의 경우, 지역 내 어린이집에 오전에 파견을 보내 어린이집 활동보조를 수행하면서 동시에 야간에는 보육교사 자격증을 딸 수 있는 과정을 준비했다. 일과시간에 일을 하고 저녁에는 공부를 해야 하는 1년에 걸친 이 과정을 준비한 사람들은 이 과정을 통해 본교사 자격증을 취득했고, 이들을 중심으로 어린이집 사업단을 준비할 수 있었다. 현재 어린이집사업단은 '포근한 어린이집'이라는 이름으로 독립하여 6년 째 운영 중에 있다. 보다 긍정적인 측면에서 이 들 중 일부는 이후 유아교육과, 사회복지학과 등에 진학하기도 했다. 이 과정에서 교육과정 당 100만 원 정도의 교육비가 필요했는데, 센터에서는 지속적으로 포항시를 설득해 사업비를 교육비로 사용할 수 있는 방안을 마련했다.

또한 원예치료를 중심으로 체험학습, 도예, 목공 등의 서비스를 제공하는 사업단인 '힐링가든원예치유센터'의 경우, 처음 도시농업으로

사업을 시작했다. 그러다 도시농업과 관련한 자격증인 원예치료사를 발견하고 참여주민에 제안함으로써 현재 원예치료 자격증을 소지한 참여주민을 중심으로 전문적 사업으로 전환하여 한편으로는 학교, 지역아동센터 등에 원예치료 교육을 진행하고, 다른 한편으로는 도예, 목공, 텃밭 등의 체험활동을 진행하고 있다.

이와 유사한 방식으로 재활용·재사용사업단인 '착한이웃가게'에는 이삿짐 나르는 방법에 대한 교육을, 폐업하긴 했지만 미용 및 한방사업도 관련 교육 및 자격증 취득 등을 돕도록 하는 등 사업에 관련한 전문적이고 기반이 되는 교육 혹은 정보를 제공해왔다. 즉, 참여자 특성에 맞게 기반을 마련할 수 있도록 돕고 이를 토대로 사업을 기획하는 방식과, 이미 운영 중인 사업단의 경우 필요한 교육 혹은 서비스를 포착하여 관련된 정보를 제공하는 방식 등을 통해 일자리의 지속가능성을 높이고자 하고 있다.

이렇듯 적극적으로 사업에 개입하지 않고 거리를 두고 도움을 주는 방식을 선택한 데에는 지역자활센터와 자활사업 참여주민 간에 신뢰가 쌓여야한다고 생각했기 때문이며, 또 누구나 가능성을 가지고 있음을 확인했기 때문이다.

처음 2004년에 여기에 왔을 때, 그 때 4주년 행사인가를 했어요. 내빈들께 사업보고를 해야 하는데 주민분들이 하시는 게 어떻겠냐고 제안했죠. 기한이 2~3일 밖에 안 남아서 실무자들도 고민하더라구요. 그래도 어떻게든 해보기로 했어요. 근데 웬걸. 정말 다들 나와서 너무 잘하시는 거예요. 내빈들도 감동을 받고. 직원들도 그때 고무되는 뭔가 있었던 것 같아요. 이제 연말에 해보내기

> 행사를 할 때는 꼭 좋은 식당을 빌려 대표자들이 사업보고를 해요. PPT도 하고 콩트도 하고 자유롭게 특색 있게 하세요. 한 번도 기대를 져 버린 적이 없으세요.(2015.8.5. 포항나눔지역자활센터 센터장)

그리고 이런 경험이 쌓이면서 지역자활센터가 자활사업 참여주민을 신뢰하고 필요한 것을 제안하며 독립적인 주체가 될 수 있도록 지원하는 현재의 방향이 가능해진 것이다. 물론 처음부터 지역자활센터가 거리를 두고 제안만 하는 것은 아니다. 지역자활센터의 자활사업에 처음 배정되면 우선 참여주민을 알기위해 집중한다. 이제 그것을 함께 보자.

개입을 점진적으로 줄이면서 독립을 지원한다

참여주민들이 처음 지역자활센터에 발을 내딛었을 때 마음은 어떨까? 많은 경우 상황이 어려워졌기 때문에 지역자활센터에서 일을 시작하게 되고, 포항나눔지역자활센터는 그 마음을 읽기 위해 초기 만남에 집중하는 편이다.

> 그래서 왔을 때 상담부터, 우선은 마음을 달래주시는 거예요. 얘기를 들어주시니까… 그 상황에 가족이나 친구도 도움이 안됐거든요. 우선은 많이 들어주셨어요. 그때는 제가 모르는 게 많으니까 적극적으로 모든 부분을 지원해주셨던 것 같아요. 제 성향을 파악해서 어린이집 교육 쪽으로 연계가 되었는데, 처음에는 적극적으로 개입해주셨는데 중간쯤에는 도와주실 부분은 도와주시지만, …'왜 이것밖에 안 해주시지, 왜 다 손봐주지 않지'생각할 때가 있었는데 지나고

보니 그게 맞았던 것 같아요. 지금도 개입을 많이 했다면 간섭이라고 생각했을 것 같아요.(2015.8.6. 자활기업 포근한 어린이집 대표)

포항나눔지역자활센터는 주민들이 처음 기관에 방문했을 때, 주민들의 이야기를 듣는데 집중한다. 즉, 초기개입과정에 집중한다. 게이트웨이 사업이 있기 전부터 포항나눔지역자활센터는 초기개입과정에 집중했는데, 집중해서 듣고, 성향을 파악하고, 논의하고 배치하는 결정과정을 거친다. 시간을 들여 적성과 하고자하는 의지를 서로 확인한다. 그러나 일단 사업을 본격적으로 수행하면서부터는 점차 개입의 수준을 줄여나가고 잘 하든 못 하든 일단 주민들이 직접 할 수 있도록 안내한다.

여기 자활은 될 수 있으면 참여자들이 다 하게끔 하는 게 굉장히 강해요. 그래서 실무자들이 이래라 저래라 이런 거 거의 없어요. 센터가 좋은 점은 제가 무슨 말을 했을 때 단 한번도 '알아서 하세요' 이런 적이 없어요. 항상 생각해서 가면 의견을 주지, 이거해라 저거해라 없어요. 그래서 힘든 점이 더 있으면서, 한편으로는 더 빠른 것 같아요. 일을 시켜서 하는 것 보다 내가 스스로 찾아보고 해야 하니까 습득도 빠르고 직접 느끼는 것도 많아요.(2015.8.6. 사업단 힐링가든 원예치료센터 참여자)

완전히 독자적으로 운영합니다. 제가 센터에다 도움이 필요한 것들이 있으면 얘기하죠. 조언도 해주시고. 근데 '이렇게 하면 어떨까요?' 정도이지 '이렇게 합시다'라는 것은 없어요. 제가 '이렇게 좀 해 주세요' 그러면 안 돼요. 직접 하라고 해요. 솔직히 A4용지에 보기 좋게 워드 못 칩니다. '이런 것도 해봐야 합니다. 꼭 격식에 안 맞더라도 그냥 해서 보내주세요'. 제가 억지로 만들거든요.

정 안 되면 만들어줘요. 계속 해야 하는 것들이기 때문에 많은 것을 여기서 알게 된 것 같아요.(2015.8.6. 자활기업 나눔크린 대표)

중간에 참여주민이 왜 이렇게 도와주지 않을까 하는 서운한 마음을 갖기도 하지만, 결과적으로 스스로 할 수 있는 일이 많아지게 되는 것에 대해 보람을 느끼고 있음이 확인된다. 즉, 포항지역자활센터에서는 처음 사정단계에서는 적극적으로 결합하지만 이후 독립적으로 역량이 강화될 수 있도록 방향을 전환한다. 이미 사업단에서부터 사업계획, 구매결정, 사업비 집행 등 사업 운영과 관련된 행정 전반을 수행하고 있으며 수행할 수 있도록 지원한다. 실무자는 사업단에서 도움을 요청하는 경우, 교육 연계가 필요한 경우, 어려움에 대한 해결 방안 제안 정도 수준 외에는 사업에 대한 개입을 최소화하고 있다.

실제로 인터뷰에 참여한 참여주민 전체가 각자 사업에 대한 이해가 매우 높았으며, 장기적인 전망과 전략, 그리고 내부 구성원들과 함께 성장하기 위한 방향 등을 고심하는 등 매우 높은 책임감을 확인할 수 있었고 이들에게서 공통적으로 재정 계획, 장기적인 비전, 내부 운영, 마케팅, 시장 상황 등 다각적인 요소를 고려하여 사업을 운영하고자 하는 태도를 발견할 수 있었다.

급여 100만원 가져갈 수 있으면 40만원만 가져가고 60만원은 시설투자를 하자. 못해도 수익의 20%는 빚을 갚거나 시설투자를 했어요. 그렇게 갚았죠. 그러면서 급여를 조금씩 늘려갔어요. 40만원 가져가다 50만원 가져가다… 제 월급 가져간 게 제 작년 정도 됐어요. 첫 번째 해에 3,000만원 빌렸던

돈을 2년 동안 갚았어요. 이 후 위치 좋은 곳으로 이전하려고 센터 도움을 받아 아파트 쪽으로 들어갔죠. 1년 정도 지나면서는 토박이로 10년씩 있었던 분들과 비슷하게 정착했어요.(2015.8.6. 자활기업 포근한 어린이집 대표)

사업은 지역의 욕구를 기반으로 하여 시작한다

포항나눔지역자활센터는 지역의 상황과 센터의 역량을 고려해 전략적으로 삶의 기반이 되는 일자리에 집중하고 있지만, 지역과 관계를 맺기 위한 방식 또한 고민한다. 이 고민이 가장 많이 드러나는 것은 신규사업을 고민할 때는 지역의 욕구를 연관시키고자 노력하는데 있다.

진짜로 포항지역이라고 하는 이곳의 경제에 대해서도 사실은 간과하면 안 되는 것 같아요. 최근에는 신규사업을 할 때, 모든 사업을 할 때는 아니고, 신규사업을 할 때 아이디어가 부족한 부분은 있지만 지역에서 다양한 그룹들을 만나요. 만나서 이제 지역에 필요한 일, 사업비의 일부와 노동력 다 댈 수 있다. 그러니까 지역에 있으면 좋을 서비스가 무언지. 뭐가 필요한지 이걸 우리에게 알려달라고 하죠.(2015.8.5. 포항나눔지역자활센터 센터장)

이를 위해 가장 먼저 노력하는 지점은 지역자활센터가 지역의 공·사석에서 지역자활센터의 운영방식에 대해 설명하고 지역에서 무슨 일을 할지 항상 묻는 과정이 수 년 간 지속되고 있다는 점이다. 참여하고 있는 지역의 각종 네트워크 속에서 습관처럼 이런 과정을 반복했고, 그러다보니 관계의 유지도가 높아졌으며 무언가를 논의하고자 할 때 외부에서 자활을 찾곤 한다. 몇 년 전까지만 해도 지역자활센터를 '재활센터'라고 불렀던 지역 상황을 고려한다면 이는 괄목할만한 성과이다. 그렇다면 구체적으로 어떻게 지역의 욕구를 수렴해서 신규 사업으로 만들어가는 것일까? 그 사례들을 살펴보자.

먼저 지역자활센터 운영위원회의 작동을 이야기할 수 있다. 포항나눔지역자활센터는 운영위원 아이디어 회의를 비정기적으로 진행한다. 운영위원들이 모여 함께 식사하면서 각자 지역 욕구에 기반한 사업 아이템을 준비해서 이야기하도록 만남의 장을 조성한다. 이 아이디어들이 지역에 어떤 긍정적인 효과가 있을지, 현실 가능한지 등을 논의한다. 뒤에 다시 이야기하지만 운영위원으로 있는 한동대의 교수는 학교 동아리를 연계해 자활 신규 사업을 위한 지역 조사를 조직해내기도 했다.

지역아동센터에 대한 지원도 이를 잘 보여준다. 대개 그렇지만 포항에 있는 지역아동센터들도 매우 열악한 여건에 놓여 있다. 포항나눔지역자활센터는 이를 개선하는데 뭔가 역할을 할 수 있는 것이 많을 것으로 판단했다. 하지만 도움을 주려고 해도 상호 간의 신뢰가 없이는 어려운 일. 기관은 지역의 네트워크나 관계들을 통해 알게 된 몇몇 지역아동센터에 무료로 혹은 저렴하게 자활사업단의 서비스를 받아보도록 했다. 자연스럽게 지역아동센터가 지역자활센터를 알게 되고 신뢰가 형성되기 시작했다. 특히 자활사업단인 힐링가족 원예치료 센터에서 지역아동센터와 텃밭 분양, 원예 교육 등을 진행하면서 지역아동센터로 하여금 필요한 욕구가 무엇인지를 이야기할 수 있었고, 이 과정에 아이들 식사를 챙기는 것을 어려워한다는 것과 단가가 낮아 민간에 의뢰해도 식사

내용이 부실하거나 수지타산이 맞지 않아 금세 그만두는 현실을 알게 되었다. 이후 지역아동센터 담당 공무원과 함께 의논하고 역으로 제안받아 지역아동센터를 대상으로 하는 급식사업단인 건강드림사업단을 출범시키고 현재 20여 곳의 지역아동센터에 급식을 전달하고 있다.

또 하나의 사례는 포항여성회와 관련된다. 포항여성회는 몇 년 전 이주여성 사업을 진행하면서 이주 여성들에게 경제적 여건을 마련하는 것이 필요하다고 고민했고, 그 고민의 결과 자체적으로 즉석 옷을 만드는 사업단을 꾸려 운영했다. 하지만 2년쯤 지나고 포항여성회에서 이 사업을 유지하는 것을 버거워했고, 지자체와 포항여성회의 요청으로 포항나눔

천연염색 사업단과 협업. 염색과 제조, 판매 그리고 작품전시회

지역자활센터에서 이 사업단을 맡게 된다. 이 사업단을 포항나눔지역자활센터의 천연염색 사업단과 연계함으로써 현재는 염색 옷을 만드는 자활사업단 2개, 염색을 하는 사업단 1개를 운영, 세 개 사업단 간의 내부거래를 통해 천연염색 사업을 안정적으로 운영하고 있다.

이 외에도 뒤에서 자세히 살펴보겠지만, 한동대 동아리, 지역의 미술치료·재활심리 박사과정생 등이 사업으로 연계되기도 했다. 먼저 한동대 동아리는 한동대라는 지역 대학 자원이 결합되어 지역의 욕구조사를 해줬고 이것이 사업화된 경우이며, 지역의 미술치료·재활심리 박사과정생이 연계되어 이화심리미술상담센터를 세움으로써 박사과정생에게는 일의 기회를, 자활참여주민에게는 인큐베이팅 과정에서 상담을 할 수 있는 길을 열었다. 이것 또한 지역에서 발생한 욕구를 탐색하는 과정 중에서 만들어진 활동으로 볼 수 있다. 자세한 내용을 살펴보자.

지역의 자원을 자활사업에 연계한다

지역의 욕구를 수렴하려는 노력이 지역의 다양한 자원과 만나게 된 것은 어찌 보면 참으로 자연스러운 일이다. 앞서 말한 한동대의 동아리와 이화심리미술상담센터는 여기에 대한 적절한 사례가 된다.

먼저 한동대 동아리의 경우, 포항나눔지역자활센터 운영위원인 한동대 교수를 통해 연계되었다. 한동대 동아리에서 아이템 발굴을 위한 지역조사를 진행했는데 조사 결과 지역 내 재활용·재사용 업체가 부족하다는 것이 파악되었다. 이에 재활용을 통한 자활과 기부 문화를 융합하기 위한 '착한이웃가게'를 사업단으로 출범시켜 지역에서 자원을 기부받아 판매하는 사업을 수행 중에 있다. 다음으로 이화심리미술상담센터는 지역에서 미술치료, 재활심리 박사 과정생과의 만남을 통해 만들어진 곳이다. 이 박사과정생은 공부과정에 필드가 필요한 상황이었고, 기관 입장에서는 관련한 전문가가 있으면 도움이 되는 상황이었다. 다행히 그 때 기관 내 적당한 공간이 있었고, 이 공간에서 치료센터를 운영하면서 자활사업 초기에 진입한 사람을 대상으로 진행되는 인큐베이팅 과정에 상담을 접목시켰다. 박사과정생은 학위 수여 후 개인 심리상담센터로 독립해서 나갔지만, 이화심리미술상담센터 공간은 그대로 두고 인큐베이팅 과정에 계속 결합하는 방식으로 관계를 유지하고 있다. 이 사례는 서울의 노원지역자활센터에서 벤치마킹하기도 했다.

이런 과정들은 사실 지역 안에서 지속적으로 욕구를 파악하려고 하는 기관의 노력이 없었다면 결실을 맺기 힘든 것들이다. 지속적으로 공식적인 자리에서 자활과 함께 할 것을 의논하려고 했던 수년의 과정 동안 지역에서 자연스럽게 '자활? 재활?' 구분도 못하던 인식도 바꿔냈고, 새롭게 아이디어가 있거나 지역의 욕구가 포착되면 자연스럽게 포항나눔지역자활센터를 논의의 파트너로 생각하는 분위기가 형성됐을 것으로 보인다. 그렇다면 지역에서는 포항나눔지역자활센터를 어떻게 보고 있을까?

다른 네트워크들은 우리가 최우수 기관 이런 것도 했기 때문에 언론이나 이런 걸 통해서, 잘한다, 걔네 열심히 한다, 일자리하고 하여튼 열심히 하는 좋은 곳… 이런 말들은 있어요. 또 시민단체에서는 우리가 분담금이나 이런 것도 성실히 내고, 특히 참여주민들과 함께 참여를 많이 하니까. 또 여성회의 경우 우리가 물심양면으로 해주거든요. 그래서 자활이 있어서 참 좋다 그런 얘기들은 들어요.(2015.8.5. 포항나눔지역자활센터 센터장)

지역에서 일자리 전문기관의 위상을 추구한다

지역의 취업취약계층들에게 일자리와 기댈 언덕이 되고자 하는 것. 이런 목표를 가지다 보니 자연스레 다양한 '일'의 영역에 관심을 많이 갖게 되었다. 이미 작은 도시에서는 외지로 공부하거나 일을 찾아 나섰던 청년들이 자리를 잡지 못하고 고향으로 돌아오는 경우들이 많이 발견된다. 꼭 이런 상황이 아니더라도 이미 청년실업은 어제 오늘의 문제가 아니고, 포항도 예외는 아니다.

그래서 포항나눔지역자활센터는 지역자활센터가 지역에서 일자리 전문기관으로서의 위상을 가지는 것이 중요하다고 생각한다. 여기서 일자리전문기관이라 함은 자활사업 참여주민만을 대상으로 하는 것이 아니라 이미 사회적으로 심각한 문제인 청년 일자리까지 포함하는 그림이다. 즉 다양한 일자리를 마련하는 전문기관의 위상을 갖는다면 자활사업 참여주민들도 스스로를 자활의 대상이 아닌 일자리를 지원받는 지역의 주민으로 인식할 수 있을 것이라는 기대, 그리고 일자리의 범주를 보다 다양하게 확산할 수 있을 것이라는 가능성을 동시에 고려하고 있다. 실제 생각만이 아니라 광역지자체에 이와 관련한 역할을 할 수 있음을 피력하고 청년일자리 인큐베이팅에 대한 지원을 요구하기도 했다.

좀 더 큰 바람은 벨기에의 크레솔(Creasol)과 같은 일자리 전문기관의 위상을 갖길 원한다. 특히 돌봄사업이나 급식 사업 등에 직업훈련형 자활지원을 고민하고 있으며, 동시에 참여주민의 삶의 요소를 다양하게 고려하는 잡코칭(job coaching)을 제공할 수 있는 통합적 일자리 전문기관의 역할을 할 수 있기를 바라는 바람이 확인된다.

포항나눔지역자활센터는 여전히 기관의 역량도, 참여주민의 주체성 강화를 위한 노력도 부족한 것 같다고 자평한다. 특히 참여주민의 주체성 강화를 위한 교육도 부족한 편이고, 공제조합 등 실제로 경험할 수 있는 요소도 부족한 편이라 늘 과제로 남는다고 말한다.

하지만 스스로 부족한 것을 점검하고 이를 개선하기 위해 노력하는 것, 지역의 여건과 기관의 상황을 고려해 전략적으로 판단하고, 지역에서 일자리 전문기관의 위상을 꿈꾸지만 동시에 지역의 욕구를 살피려하는 기관의 활동은 역량과 역할 사이에서 고민하고 있는 다른 지역자활센터에게도 울림을 준다.

크레솔(Creasol)*

벨기에 리에주에 위치한 직업훈련형 사회적기업이다. 크레솔은 창조성이란 뜻의 크리에이티비티(creativity)와 연대라는 뜻의 솔리데리티(solidarity)를 합친 말이다. 크레솔은 지역의 저소득 여성과 이주 여성의 경제적·사회적 자립을 위해 일자리를 찾을 수 있도록 직업훈련과 자활 지원을 제공하고 있으며, 지역사회 유관기관과 연대해 활동하고 있다.

크레솔에서 직업훈련을 받기 위해서는 엄격한 자격 요건을 필요로 한다. 연령은 18세~45세 사이로 고용보험 실업자로 등록되어 있어야 하며 무엇보다 자활의지가 있어야 한다. 이를 위해 연수생과 약속을 만들어 제 시간에 오는지, 서류는 제대로 준비해 오는지 등을 판단하고 최종적인 연수생이 될 수 있다. 연수생들은 크레솔의 '잡코칭'방법을 통해 훈련하는데, 이는 개인별 계획을 토대로 진행된다. 개인별 계획은 연수생에 대한 상세한 기록, 개인의 행정서류, 서약서, 내부평가지 등으로 구성되며, 내용적으로는 주거계획·재정관리 등 경제 영역 계획, 피임·출산을 포함한 건강계획, 자녀 양육에 대한 아동 영역 계획까지를 모두 포함한다. 즉, 한 사람이 직업을 갖고 다시 사회활동을 하기 위해 필요한 모든 영역에 대한 상담과 자활 지원을 하고 있다. 또한 18개월 직업훈련 기간에 공공부조와 각종 수당으로 생계를 보장하고 있으며, 취업 연계 후 고용주를 만나는 등 사후관리도 담당한다.

대부분의 연수생들은 상대적으로 노동시장에서 취업이 어려운 저학력, 이주 여성 등으로 구성되어 있지만 이런 훈련의 결과 크레솔에서 배출한 인력은 지역에서 신뢰를 얻어 취업 비중 또한 높다.

한국여성단체연합 해외연수 내용 중 발췌

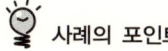 **사례의 포인트**

- 역량이 충분한 주민들을 대상으로 삶의 기반을 마련할 수 있는 정보와 시스템을 제공
- 독립은 강요하지 않되, 독립을 위해 참여주민에 대한 개입은 점진적으로 줄여나감. 이 과정을 통해 참여주민의 책임감이 강화됨
- 특히 신규사업 계획 시, 지역의 다양한 욕구를 기반으로 하고, 이를 위해 일상적으로 지역 네트워크에서 자활의 역할과 기능에 대해 소통함
- 지역의 인적·물적 자원들을 자활의 욕구와 결합해 자활사업으로 연계함

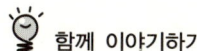 **함께 이야기하기**

- 참여주민의 다양한 역량과 특성을 사업에 어떻게 결합할 수 있을까요?
- 지역사회의 다양한 욕구는 어떤 방식으로 수렴할 수 있을까요?

Chapter 12

농촌과 사람을 살리는 지역사회실천을 향하여

경기 여주지역자활센터

경기도 여주에 위치한 여주지역자활센터는 2002년에 지정을 받아 활동을 시작했다. 여주는 인구가 11만 명으로 2013년에 시로 승격되었는데, 경기도 28개 시·군 중 가평, 양평, 연천을 제외하고 가장 최근에 군에서 시로 승격되었다. 행정구역상으로는 시이지만 농촌 지역으로서의 정체성이 강하다. 지리적으로 서울과 매우 가깝지만 군사보호지역, 상수도보호구역 등으로 묶여 있어 변화에 점진적이었고, 세종대왕, 명성황후 묘지 및 고려 말부터 10명의 왕비가 난 고장이라는 테마로 문화관광적 요소를 결합하고자 하는 시도가 있다. 또한 정치적으로는 보수적인 성향이 강하며, 군사보호지역, 상수도보호구역 등의 규제 철폐를 통한 경제 개발과 고압변전소가 여주시를 관통하는 것을 막아야 한다는 움직임 등이 최근의 주요 지역 이슈이다.

여주지역자활센터의 모법인은 지역의 기독교계 단체로 적극적인 지역 활동을 전개하고 있으며, 대체로 지역 문제에 대해서 지역자활센터와 모법인이 공동으로 대응하는 모습을 보이고 있다. 농촌 지역이다 보니 지역자활센터가 처음 설립될 때부터 지역사회에서의 중요한 역할을 할 것을 과업으로 설정했는데, 그간 진행해온 사업 방향을 보면 모두 지역이 지니고 있는 문제에 대한 대응이기도 하다. 어떻게 보면 농촌 지역의 지역사회조직으로서는 절실한 대응이기도 한 것이다.

> 지역이라는 특수성, 좁은 동네니까 가족 공동체 이렇게 밖에 이야기할 수 없더라구요. 그래서 우리는 여주 자활 가족이다… 공부시켜서 똑똑한 사람은 다 도시로 나가고 없다. 우리끼리 살아야하고, 노인분들 지키며 살아야 하지 않겠느냐. 남은 사람이 가족이 되어 여주를 지키자. 그거 말고는 얘기할 수가 없었어요. 그냥 그걸 한 거예요.(2015.8.19. 여주지역자활센터 센터장)

자활사업의 철학도 분명하다. 수급자의 탈수급이 본질적으로는 가난한 주민이 지역에서 안정된 삶을 영위하게 하는 거라고 본다면, 지역의 가난한 주민이 자활사업에 참여하기 전에 지역에서 다양한 욕구를 해소할 수 있는 방안과 인프라를 구축하는 것이 중요하다고 생각한다. 이 철학이 여주 지역에서 여주지역자활센터를 복지인프라 구축에 앞장서게 했고, 자활을 넘어 지역 전체의 일자리와 자활공제협동조합을 고민하게 했으며, 사업을 운영할 때도 지역사회기업의 위상을 견지하게 했다. 또한 세상의 흐름을 따라 자활도 계속해서 변하는 것이라고 생각하며 지역과 만나고 있다. 이제 여주지역자활센터가 지역과 만나온 과정을 좀 더 자세히 살펴보기로 하자.

지역에 복지 인프라를 구축한다

2015년 현재도 마찬가지지만 여주지역자활센터가 설립되었을 당시에도 여주지역에는 종합사회복지관이 없었다. 다만 현재와의 차이라면 2000년대 초반에는 종합복지관뿐만 아니라 아동을 위한 복지시설도, 노인과 장애인을 위한 복지시설도 없었다. 또한 그 당시 여주지역에서 이런 영역에 관심을 갖는 시민사회단체 또한 거의 없었는데, 여주지역자활센터의 모법인인 기독교종합사회복지센터가 복지 인프라에 대한 관심을 가지고 푸드뱅크를 설립하는 등의 활동을 하는 것이 거의 유일했다.

> 참여주민 분들, 절박하신 분들이 많아요. 이분들의 욕구를 해결하는 것도 저희는 지역의 욕구라고 보는 거죠. 지역 약자들의 욕구라는 게, 작게는 돈 문제부터 교통문제, 필요한 복지서비스 문제 하나하나 절박한 욕구들인데. 그래서 다는 못 이루더라도… 안 된다 소리는 하지 말자. 그렇게 뭔지도 모르고 시작했어요. (2015.8.19. 여주지역자활센터 센터장)

그래서 절박한 처지에 놓인 지역의 취약계층들의 욕구를 해결하는 것 또한 지역의 욕구를 해결하는 것이라고 생각한다. 그래서 이들이 이용할 수 있는 복지서비스를 지역에서 제공할 수 있도록 하는 것은 여주지역자활센터에게는 중요한 과업이 된다. 결국 여주시의 취약복지 인프라를 구축하기 위해 모법인과 기관이 오랜 시간에 걸쳐 공동 노력을 했고 이것이 실질적인 복지 인프라 구축으로 이어졌다. 일은 모법인과 기관이 함께 복지사업을 기획하고 자활이 실무로 결합하거나 사업단을 조직하고, 혹은 전문적인 파견 사업단을 조직하는 방식으로 관련 인프라에 인력을 파견하는 방식을 취했다. 여주지역자활센터가 설립된 이후 지역에 구축된 복지 인프라는 지역아동센터, 장애인인권문제연구소, 노인일자리사업, 민들레 대안학교, 청소년 쉼터 등으로, 여주 지역 내 아동, 장애인, 노인, 청소년 등 다양한 대상을 포괄한다. 그럼 복지 인프라 구축 과정을 몇몇 살펴보자.

지역자활센터가 활동을 개시하던 2002년 당시 여주에는 공부방이 1개뿐이었다. 여주지역자활센터는 가장 먼저 공부방을 만드는데 힘을 쏟았고, 이 노력이 2015년 현재 여주에서 지역아동센터가 12개로 확장되는데 도화선이 된다. 지역아동센터를 설립하는데 주축이 되긴 했지만 초기에는 아직 지역아동센터가 제도화되기 전이어서 정부로부터 지원이 없었다. 따라서 모법인과 함께 운영에 필요한 준비를 하면서 자활사업 참여주민을 교육해 교사로 파견하면서 공부방을 지원했다. 여주의 지역아동센터는 이런 시기를 거치면서 자리매김 한 것이다.

또한 지금은 장애인복지관이 있지만 이는 불과 몇 년 전이다. 여주지역자활센터는 모법인과 함께 장애인인권문제연구소를 만들어서 자활근로사업단으로 장애인 인쇄소를 운영하고, 장애인활동보조 사업을 시행하는데 필요한 여건을 마련하는 등의 활동을 했다. 장애인인권문제연구소는 장애인복지관이 생기기 전까지 장애인활동보조 서비스를 연계하는 역할을 했으며, 장애인회관 설립 이후에는 사업을 축소해 인쇄 사업단을 독립운영하고, 장애인복지관 옆에 그룹홈을 설립해 이를 중심으로 운영되고 있다.

노인과 청소년 관련 인프라 구축에서도 여주지역자활센터의 역할은 중요하게 부각된다. 노인 관련해서는 2008년에 노인복지관이 생기기 전까지 지역의 노인일자리 문제에 적극 결합했으며, 청소년을 위한 대안학교인 민들레학교와 청소년 쉼터 등을 설립하는데도 중요한 역할을 했으며, 지역의 주체들이 운영할 수 있도록 기반을 다져왔다.

이렇듯 여주지역자활센터는 여주지역에 노인복지관, 장애인복지관 등이 생기기 전까지 지역의 다양한 대상들의 복지서비스를 충족하기 위한 노력들을 해왔다. 이때 모법인과 지역의 후원, 기관의 물적·인적 자원의 결합이 이뤄졌고 전체적인 과정에서 여주지역자활센터가 중심적인 역할을 했다. 어떻게 보면 복지 인프라가 취약한 농촌지역에서 지역자활센터가 할 수 있는 가장 적절한 활동을 한 것이 여주지역자활센터인 셈이다.

자활을 넘어 지역 전체의
일자리와 공제조합을 고민한다

지역의 절박한 욕구에 대응하고자 하다 보니, 여주지역자활센터의 다양한 사업은 자활사업 참여주민을 넘어 지역의 다양한 취약계층을 포함할 수 있는 방향으로 확장되어 갔다. 현재 운영 중인 일자리지원센터도 이런 맥락에서 시작되었다.

> 저소득층들은 잘 모르세요, 지역에 무슨 일자리가 있는지. 그래서 처음에는, 경기도 사업인 것 같은데. 무료로 뭐 직업소개소 비슷하게 사람들을 취업시키는 일을 했어요. 그런데 그땐 몰랐는데, 무료 직업소개라도 허가를 받아야 하는 거더라구요. 이게 문제가 돼서 그때 잠시 고생했죠. 어쨌든 무료 직업소개 형식으로 운영했던 사업이 복지부였던가? 지원을 받아 운영했고, 지금은 노동부로 넘어간 취성패(취업성공패키지) 요거까지 해서 하고 있어요. 다른 지역은 모르겠는데, 여주는 이게 지역의 필요와 맞물리는 거예요. 올해 30명 취업시켰어요.(2015.8.19. 여주지역자활센터 센터장)

여주지역자활센터의 자활사업 중에 파견업이 활발한 것도 이런 맥락으로 이해할 수 있다. 그간 조직해낸 지역의 다양한 복지 인프라가 취업을 할 수 있는 통로로서 역할을 하는 것이다. 현재 자활사업단 중 하나인 '디딤돌'은 지역 내 상담센터, 지역아동센터, 복지관 등에 교육, 행정지원 등의 내용으로 참여주민을 파견하는데, 이후 취업으로 연계되는 비중이 높지는 않지만, 자활사업단에서 취업시키는 경우보다는 취업률이 높은 것으로 나타났다. 뒤에 살펴보겠지만, 다양한 기관에서 교사나 행정지원 등으로 참여했던 이들이 현재는 각 기관의 대표를 맡고 있기도 하다.

이렇게 지속적으로 지역과 만나고자 하는 노력의 결과 다양한 지역 자원이 자활사업에 결합된 것 또한 긍정적인 요인으로 볼 수 있다. 대표적인 것이 자활근로사업단 중 하나인 농산사업단을 한살림과 연계한 것이다. 사업 내용은 한살림에서 진행하는 땅콩농사에 결합하여 생산작업과 선별작업을 수행하는 것인데, 이 과정을 통해 자활사업 참여주민 중 일부는 한살림에 취업을 하기도 했다. 물론 지역의 다양한 자원과 자활사업을 연계하는 과정이 쉽지는 않다. 한살림과의 관계에서도 초기에 어려움을 겪었고, 무엇보다 사회적응사업으로 조직된 디딤돌에서 파견하는 인력에 대해 인력을 받은 조직들의 불만 때문에 디딤돌 사업 초기 어려움이 컸다. 때론 돌려보내는 일도 있었다. 그러나 여주지역자활센터는 관계를 맺고 있는 조직과 꾸준히 소통하면서 취약계층에게 기회를 주는 것의 중요성을 부단히 알리면서 이를 해결해나가고 있다.

이런 사례 외에 지역민들과 함께 협력해서 협동조합, 마을기업, 사회적기업 등을 만드는데도 역할하고 있을 뿐만 아니라 전문 인력 등을 연계해 사업의 전문성을 높여 지역사회에 적극적으로 결합하려는 노력도 꾸준하다. 간병 분야의 자활기업에 전직 정신건강센터장을 연계해서 대표로 옹립하고 이를 여주심리상담센터로 전환한 것은 이런 사례의 하나이다. 이는 지역에 아동 및 청소년, 성인에 대한 심리상담이 절대적으로 필요한 상황이 고려된 결과이며, 특히 최근 들어 자활사업 참여주민의 구성이 변하면서 대다수가 전문 상담을 필요로 하는 상황도 이에 반영되었다. 또한 자활기업인 여주주거복지센터를 사회적기업으로 전환하고, 다른 지역에서 지역자활센터장을 역임했던 이를 대표로 영입하여 전문성을 높이고자 했으며, 서비스를 제공하는 몇몇 자활기업을 하나로 묶어 자활기업의 규모화를 도모한 것도 지역에 보다 통합적인 서비스를 제공하고자 했던 의지의 발현으로 볼 수 있겠다.

여러 매체에 소개된 자활연대은행

지역과 만나고자 하는 노력은 자활공제협동조합 운영에서도 드러난다. 여주지역자활센터의 자활공제협동조합 운영방식은 매우 독특하다. 서로에 대한 '믿음'을 기초로 하여 설계되었기 때문에 믿음은행으로도, 믿음공제조합으로도 불린다. 지역자활센터에서는 자활연대은행이라고 하는데 이 자활공제협동조합은 정관이 존재하지 않고, 3無, 무이자, 무보증, 무기간을 지향한다. 대출심사는 자활연대은행 대표가 먼저 의논하고, 결재를 받지만 최종결재자가 센터장은 아니다. 그리고 분기별 한 번 운영위원회를 통해 자활연대은행에 대한 포괄적인 논의를 진행한다.

자활연대은행은 다른 지역자활센터보다 좀 더 일찍 조직되었다. 문제의식은 참여주민의 월세문제에서 비롯되었다. 자활근로를 열심히 해도 급여의 상당부분을 월세로 충당하기 때문에 생계유지가 어려움이 많았고, 월세를 전세로 전환하여 자산을 취득하게 함으로써 삶의 질이 높아질 것으로 기대했기 때문이다. 생계의 무거운 짐이 되는 경제적 압박에 대해 해결의 필요성을 느꼈고, 2009년 6명을 시작으로 2015년 현재 600여명의 조합원과 2억 2천의 자산으로 성장했다. 지금은 참여주민 중 1명이 대표로 운영하고 있다.

> 우리 사업 참여하는 분들… 그때만 해도 60만원 타서 30~40만원을 월세로 냈어요. 도저히 거기서 헤어 나올 수가 없는 거예요. 자활센터인데 그렇게 살아서는 자활이 안 되잖아요. 목돈을 줘서 집을 얻게 하면, 월세는 매월 없어지는 돈이지만 이건 결국 자기 돈이 되니까. 근데 그걸 지원하려면 돈을 마련해야 하잖아요. 그래서 과장님을 중심으로 뜻있는 분들이 자본을 모았어요. 사람들이 몇 번 이용해보니 너무 유익하고… 많이들 호응해서 계속 출자가 늘어나고 지금은 지원도 다양해요.(2015.8.19. 자활연대은행 대표)

현재 대출의 종류는 전·월세 보증금, 학자금, 긴급생활비, 병원비, 출산비, 교통사고, 차량구입, 우유값, 농기구구입, 농사준비금 등 다양하며, 700회 가까운 대출이 진행됐다. 대출은 '얼마나 위급한 일이냐?'로 결정된다. 여기서 무기간이라 함은 기간을 두지 않는다는 의미가 아니라, 의논을 통해 상환 기간을 상환하는 사람이 정하는 것을 의미한다. 현재 상환률은 99% 이상이다. 자활연대은행 대표의 말을 빌리면, 사회에서 그런 기회를 받아본 적이 거의 없었던 어려운 사람일수록 기회를 소중히 여기고 더 잘 갚는 경향이 발견된다고 한다.

자활연대은행의 특징 중 하나는 자활영역만의 공제조합이 아니라는 것이다. 지역주민들이 함께 참여하고 있고 대출자격 또한 마찬가지다. 믿음이 정관이고, 결정하는 사람의 말이 정관이라는 의미에서 기독교적인 정신과 맞닿아있는 지점이기도 하다.

일하는 사람들의 역량을 강화한다

아무리 기관에서 지역에 취약계층을 위한 복지 인프라를 설치하고, 경제적인 어려움을 보조하기 위한 시스템을 만들며 지역과 만나 사업을 한다고 하더라도 주민들이 자신의 안정된 삶을 찾기 위해 스스로 노력하지 않으면 그 성과는 희망적이기 어렵다. 그래서 여주지역자활센터도 참여주민의 주체성을 강화하기 위한 다양한 활동을 전개하는데, 크게 월례회의·월간회의의 진행, 인문학 강좌 개설, 주민자치회 운영, 1박 2일 워크숍(리더십 교육)으로 구성된다.

먼저 월례회의는 사업단별로 진행하는데, 매주 진행되는 지역자활센터의 주간회의는 이 월례회의의 결과를 토대로 진행한다. 사업단별 월례회의뿐만 아니라 전체 참여주민이 모이는 월간회의도 별도로 진행한다. 월간회의는 반나절 정도 진행되며, 절반은 회의나 교육, 나머지 절반은 주민들이 동아리 활동을 할 수 있도록 구성되어 있다. 그러니 참여주민들이 지속적으로 만날 수 있는 장으로 기능하는 셈이다.

그리고 여주지역자활센터는 2010년부터 여주대와 함께 인문학 과정을 진행 중에 있다. 인문학 강좌는 즉각적인 효과나 성과를 평가할 수는 없으나, 장기적으로 참여주민의 주체성이 강화되는데 중요한 역할을 할 수 있음이 광진지역자활센터 사례에서도 확인된 바 있다. 첫 해에는 지자체에서 시상금 1,000만원을 출연하여 저소득층을 대상으로 진행했는데, 그 다음해부터 지원이 없어 자체 예산으로 진행하고 있으며, 벌써 7회를 맞이하고 있다. 예산이 없음에도 지속적으로 인문학강좌를 개설할 수 있었던 것은, 물론 인문학 강좌에 대한 중요성을 기관에서 인식하고 있기 때문이기도 하지만, 여주대학교가 오랫동안 지원해 준 덕이기도 하다.

주민자치회 운영방식과 1박 2일 워크숍은 여주지역자활센터의 특성 중 하나로 볼 수 있다. 특히 주민자치회의 경우 그 설립과 활동에 있어 주민들의 자발성이 잘 드러난다. 주민자치회가 만들어지게 된 배경은 이렇다. 기관에서 매년 체육대회를 준비했었는데, 체육대회 운영을 주민들에게 맡겨봤고, 예산 및 운영 권한 전부를 위임했다. 주민들이 준비한 체육대회가 매우 성공적으로 진행되었으며, 이 주체들을 중심으로 주민자치회를 결성하게 된다. 현재 기관에서는 주민자치회 운영을 위한 별도의 예산을 확보해서 지원하고 있으며, 주민자치회는 각종 소모임 및 체육대회 등을 주관하고 있다. 혹시 발생할 수 있는 예산상의 문제들을 고려해 모든 소모임에 실무자가 참여하고는 있으나, 회계를 포함해 전체적인 운영을 모두 주민자치회에서 맡고 있다.

여주지역자활센터에서 소모임은 매우 중요한데, 참여주민 중 자체적인 기술이나 능력이 있는 경우 자연스럽게 소모임으로 연결된다. 종류도 매우 다양하다. 독서모임, 사진, 뜨개질, 미싱, 영화감상, 댄스, 뜸, 볼링, 자전거 등이고, 동아리 활동을 위해 지역자활센터에서는 월 1회 시간을 할애하도록 배려한다. 이렇게 지속적으로 만나는 과정을 기관에서도 인정하고, 이 과정이 안정화되면서 다양한 욕구들을 해소하기 위한 동아리들이 만들어지고 동시에 자발적으로 비용을 부담하면서 동아리 활동을 하는 참여주민도 늘어나고 있다.

마지막으로 참여주민에 대한 리더십 교육은 별도로 실시하지 않고, 매년 1회 1박 2일 워크숍이 리더십 교육의 기능을 하고 있다. 1박 2일 워크숍은 참여주민이 평소 접하지 못한 문화를 체험하고 자유롭게 토론하는 과정으로 구성된다. 또한 바다나 좋은 풍경, 호텔 등 평소 농촌에서 쉽게 접하기 어려운 문화를 체험하고 밤을 새워 다양한 이야기를 나누는 방식으로 진행한다. 3년 정도 지나면서부터 높은 수준의 논의가 가능해졌다고 진단한다.

이런 과정들의 성과일까? 여주지역자활센터에서 만드는 데 깊이 관여한 지역사회 다양한 인프라에서 참여주민들의 활약이 돋보인다. 앞서 말했듯이 여주지역자활센터는 지역아동센터, 일자리지원센터, 민들레 대안학교, 자활연대은행 등을 결성하는데 주도적인 역할을 했고, 많은 참여주민이 이 과정에 참여했다. 그 결과 현재 지역아동센터 센터장, 일자리지원센터 센터장, 민들레 대안학교 교장, 자활연대은행 대표 등이 모두 자활참여자 출신으로 구성되어 있다. 물론 참여주민이 여주지역자활센터에서 일하는 경우도 있다. 참여주민을 지역의 중요한 주체로 세우는 것. 이 성과를 통해 여주지역자활센터의 그간의 노력이 보이는 듯도 하다.

지역과 기관의 상황에 따라
만나는 방식은 변화한다

지역자활센터의 역할은 변하기도 한다. 아니, 변하는 게 어쩌면 자연스럽다. 여주지역자활센터는 몇 년 전부터 창립 10주년을 계기로 자활사업을 중심축으로 한 지역사회 경제와 문화복지를 아우르는 통합적 지역연계 사업을 시작하게 된다. 자활공제협동조합이 본격화되고, 지역사회경제센터, 사회복지협의회 설립, 대안학교 설립, 사회적기업·마을기업 확장, 그리고 복지 인프라가 집중되어 있는 복지의 거리 조성 등이 그것이다. 여주시 내에서도 지자체, 시의회, 지역민들과 공감대가 형성되고 있어 더 좋은 결과를 기대하고 있는데, 지역 내 관광명소인 명성황후 생가

〈그림 4〉 여주지역자활센터 지역화 전략의 변화

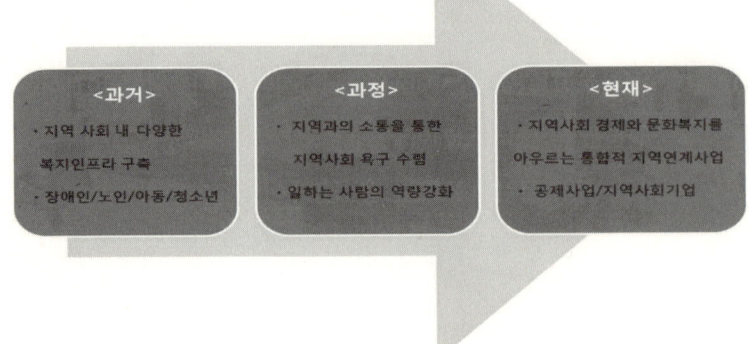

운영에 지역자활센터가 중심이 되어 의논하고 있는 과정이 좋은 예라 할 수 있겠다. 또한 자활사업에 대한 지역사회의 이해를 높이기 위해 시장 등지에서 팀장들이 홍보지를 돌리기도 해서, 자활참여자 인터뷰를 통해 확인된 결과 지역 내 자활에 대한 인식이 매우 높아졌다고 진단한다.

하지만 지역에서 이런 긍정적인 역할을 할 수 있게 성장하게 된 토대는 지난 10년 간 지역에 필요한 다양한 일을 해왔던 과정에 있는데, 최근 확대되고 있는 자활의 경쟁적 평가 시스템에 의해 그간의 과정과 성과에 대해 '자활과 관계없는 일'처럼 평가받으면서 내부적인 동력이 약해지는 아쉬움도 경험하고 있다.

> 우리는 복지사들입니다. 저는 희망이 있는 세상, 정직한 세상을 만드는데 복지사들의 역할이 중요하다고 생각하고 자활에도 꼭 필요한 정신이라고 생각합니다만, 이제 얼마나 이런 마음을 가진 사람들이 남아 있을까요. 복지사회를 지향하는 이 시대상황에 누가 희망이냐. 저는 우리 같은 사람에게서 희망을 찾지 않으면 미래에 희망이 없다고 이야기하고 싶은 거예요. 복지사들은 가난해도 긍지하나로, 꿈으로 일하는 사람들인데, 이 과정들과 역할들을 정부에서 인정하는 게 필요한 것 같습니다.(2015.8.19. 여주지역자활센터 센터장)

이 외에도 여주지역자활센터가 기관의 역할을 찾아가는 과정 중 하나로 2014년 비전세우기 리더십을 진행했는데 여주지역자활센터의 비전을 세우는 과정에도 지역과 함께 하고자 한 노력이 확인된다. 매주 1회 총 6개월 간 진행된 비전세우기 리더십 과정은 외부 전문가와 함께 진행했으며, 실무자뿐 아니라 지역의 자활기업, 대학, 로스쿨,

의회 등을 모두 만나는 과정을 포함했다. 이후 작성된 비전은 '꿈꾸는 자활, 춤추는 세상'이다.

> 지금까지 우리가 추구한 것이 '가난 없는 세상, 가족 공동체를 하자'였는데, 그러다가 작년에 구체적인 그런 작업(비전세우기 리더십)들을 해가면서 여주자활, 이게 왜 존재하냐. 이런 고민을 하다가 여주 주민들이 다 가족인데 다 너무 상대적 빈곤감들… 이걸 어떻게 해결할까. 여기에 주도적인 역할을 해보자. 그래서 '우리의 꿈을 이루자, 그리고 춤추자', 그리고 꿈을 이루고 춤을 추려면 '꿈꾸는 자활, 춤추는 세상' 이게 저희가 압축해 낸 말이거든요.(2015.8.19. 여주지역자활센터 센터장)

기관들이 미션이나 비전을 세우는 것은 매우 중요하다. 미션과 비전을 명확히 하고 이에 근거하여 사업을 전개했을 때, 수많은 이해당사자가 존재하는 지역자활센터들의 가치를 이를 통해 평가받을 수 있기 때문이다. 이런 차원에서 6개월 간 진행한 비전세우기 과정은 향후 여주지역자활센터의 방향에 대해 내부 구성원들과 지역의 이해당사자들이 이해하는 과정이며, 그리고 같은 목표를 향해 달려가기 위한 준비였다는 점에서 의미가 깊다. 이를 달성하기 위해 다음과 같은 미션을 세웠다. 춤추는 세상, 바뀌는 세상을 위해 '함께/배움/소통'을 통해 지역사회에 필요한 기관이 되어 주도적인 역할을 해보자고.

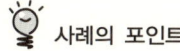 **사례의 포인트**

- 설립 당시부터 지역에서의 역할에 대한 사명감이 높았으며, 지역의 열악한 복지인프라를 만들어가는 데 중요한 역할을 함
- 일자리에 대한 차원도 자활센터를 넘어 지역의 취약계층을 포함하기 위해 노력하고, 특히 '믿음'을 기반으로 한 공제조합의 활동이 활발하게 나타남.
- 참여주민들의 역량을 강화하기 위해 다양한 기회를 제공하고, 특히 자발적으로 만들어져 운영되는 자치회에 대한 지원 활동이 두드러짐
- 변화하는 지역과 기관의 상황에 기반하여 기관의 비전을 세우기 위한 노력을 하고 있음

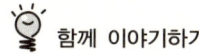 **함께 이야기하기**

- 농촌/도농복합/도시지역 등 각 지역의 상황을 고려하여 실천할 수 있는 지역자활센터의 역할은 무엇일까요?
- 기관의 장기적인 비전과 미션을 지역자활센터의 다양한 실천에 접합시키기 위해 어떤 노력이 필요할까요?
- 공제조합이 필요하다면, 장기적인 발전을 위해 어떤 노력들이 필요할까요?

Chapter 13

더 나은 지역사회기업 모델을 향해

자활기업들

지금까지 지역자활센터의 지역사회실천 사례를 살펴봤다면 이제 자활기업의 지역사회실천 사례를 살펴볼 차례이다. 자활기업은 지역자활센터의 자활근로를 통해 창업을 한 조직이기에 통상적으로는 시장에서 살아가는 것이 1차적인 목표라고 여겨진다. 이는 틀린 이야기는 아니다. 시장에서 살아남지 못하면 조직 자체가 없어지기 때문이다. 그러나 시장에서의 생존은 추구하되 시장적인 가치만 추구되는 것도 적절하지 않다. 자활기업 자체가 정책의 산물이고 창업하기까지 적지 않은 공공재원과 사회적 자원이 연결되기 때문이다. 그래서 어려운 일이지만 자활기업은 사회적 역할도 고민해야 한다. 쉽게 말하자면 더 나은 창업 모델에 대한 고민이 있어야 한다는 것이다. 그것을 지역 속에서 실현하려는 모습을 보여주는 사례들을 함께 보자. 사례는 충남 천안의 ㈜즐거운밥상과 ㈜천안돌봄사회서비스센터, 부산의 (사)부산돌봄사회서비스센터, 경기 화성의 ㈜컴윈이다.

현황 들여다보기

먼저 ㈜즐거운밥상은 천안시의 위탁을 받아 공공급식을 제공하면서 예비군 도시락, 독거노인 도시락, 일반도시락 및 뷔페 공급을 사업으로 운영하고 있으며 총 12명을 고용하고 있다. ㈜천안돌봄사회서비스센터는 돌봄서비스를 제공하는 기업으로, 노인돌봄, 가사간병, 장애활동보조, 산모사업, 장기요양, 유료간병 등 종합 돌봄을 제공하고 있으며 현재 277명을 고용하고 있다. (사)부산돌봄사회서비스센터 또한 돌봄기업으

〈표 6〉 사례 자활기업 주요 현황

구분	주요 현황				사회적기업 (법인)
	사업내용	미션	경로		
㈜즐거운밥상	공공급식 위탁, 각종 도시락 판매, 뷔페 등	유지	자활사업단 →자활기업		인증(주식회사/협동조합 전환 논의 중)
㈜천안돌봄 사회서비스센터	종합 돌봄 서비스 제공	유지	지역자활센터부설→자활기업		인증(주식회사/협동조합지향)
(사)부산돌봄 사회서비스센터	병원간병, 산모서비스 중심 돌봄 서비스 제공	재정립 (2014)	돌봄사업단 연합→지역자활센터 협회 부설 → 독립		인증(비영리법인/협동조합지향)
㈜컴윈	전기전자폐기물 재활용	재정립 준비 중	자활사업단 →자활기업		인증(주식회사/협동조합 전환논의 중)

로서 병원간병, 장기요양, 산모서비스를 중심으로 제공하고 있으며 284 명을 고용하고 있으며 400명의 회원으로 구성되어 있다. 마지막으로 ㈜컴윈은 재활용기업으로 전기전자폐기물을 재활용하며 현재 23명을 고용하고 있다.

㈜즐거운밥상의 미션은 2007년에 창업하기 이전에 설정했는데, 고객에 대해서는 '양질의 도시락을 제 때 제공해서 만족감을 드린다', 종사자에 대해서는 '소통을 중요시하며 함께 주인으로서 책임과 의무를 다 한다', 지역사회에 대해서는 '노동하는 사람의 존엄성과 개방성을 잊지 않으며 더불어 사는 세상의 확대를 위해 노력한다'를 내용으로 하며, 현재까지 이 미션의 가치를 중요하게 생각한다. ㈜천안돌봄사회서비스센터의 미션은 '존엄케어, 질좋은 서비스 제공, 건강한 일자리 창출, 지역과 함께하는 종합돌봄 전문기업'으로 이 미션 자체의 사회적 의미에 집중한다. (사)부산돌봄사회서비스센터의 경우 '사람이 행복한 세상을 위해 함께 성장하는 건강한 기업을 만든다'가 미션이다. 끝으로 ㈜컴윈의 미션은 '전기전자폐기물 재활용사업을 통해 재활용산업을 확대 발전시키고 안정된 일자리 창출과 빈곤의 악순환 고리를 끊을 수 있는 대안을 마련할 것이며 노동권 실현과 생활의 질을 개선시켜나갈 것이다'인데, 최근 산업구조의 변동과 지역사회에서의 역할에 대한 필요성 등을 고려하여 재구성할 것을 고민하고 있다.

각 자활기업의 창업 경로를 살펴보면 ㈜즐거운밥상과 ㈜컴윈은 지역자활센터 사업단에서 자활기업으로 독립한 사례이며, ㈜천안돌봄사회서비스센터는 자활센터 내 다양한 사업단으로 존재하다가 2008년 지역자활센터 부설로 운영된 후 2009년 법인으로 독립했다. 마지막으로 (사)부산돌봄사회서비스센터는 지역 내 지역자활센터의 6개 돌봄사업단이 연합하여 사업을 시작했으며 지역자활센터협회의 부설로 운영되다가 독립한 광역자활기업이다. 각 기업의 법적형태를 살펴보면 ㈜즐거운밥상과 ㈜천안돌봄사회서비스센터, ㈜컴윈은 주식회사이며, (사)부산돌봄사회서비스센터는 비영리사단법인이다. 기본적으로 네 개 기업 모두 협동조합 방식을 지향하며, ㈜즐거운밥상과 ㈜컴윈은 협동조합 전환을 위한 논의가 구체적으로 진행되고 있다.

마지막으로 네 개 기업 모두 사회적기업으로 인증 받았으며, 자활기업이자 사회적기업으로서 지역사회에서 중심적인 역할을 수행하고 있다.

지역사회실천의 모습들

그렇다면 지역사회실천에 대해 대표들은 어떤 방향성을 가지고 있을까? 앞서 말했듯이 각 기업마다 지역사회에서의 역할을 미션에 담고 있거나, 그 역할을 담기 위해 미션이 변경될 필요가 있음을 인지하고 있다. 하지만 지역사회실천의 구체적인 방향은 다소 차이가 있다. 그것을 크게 네 개 영역으로 구분해서 살펴볼 수 있다. 그것은 각각 ① 사업, ② 사람의 성장, ③ 조직의 운영, ④ 지역네트워크이다.* 각 영역은 다양한 차원을 포함할 수 있으나, 여기에서는 ① 사업의 경우 사업자체를

---

* 자활기업을 살펴보기 위한 영역을 이 4개로 구분한 것은 지역자활센터의 지역사회실천에 대한 4개 영역과 관련되어 있다. 자세한 내용은 chapter14 참조.

지역화실천과 연계하려는 노력, ② 구성원의 경우 역량강화를 위한 노력, ③ 조직운영의 경우 의사결정구조 및 방식, ④ 지역네트워크는 지역화를 위한 다양한 지역사회 실천들을 살펴봤다. 물론 네 개 자활기업 모두에서 각 영역의 활동이 포착되는 것은 아니며, 기업에 따라 특히 강점을 보이는 영역들은 발견되었다. 각 자활기업별로 네 가지 영역에서의 지역사회실천의 내용을 자세히 살펴보자.

㈜즐거운밥상

㈜즐거운밥상은 사업 / 사람의 성장 / 조직의 운영 / 지역네트워크에 대한 어떤 지역사회 실천을 하고 있을까? ㈜즐거운밥상의 경우 네 영역에 대한 모든 노력들이 발견된다.

먼저 사업의 경우, 사업의 시작 자체가 지역사회의 공익적 성격을 강하게 포함하고 있어 그 자체로 지역사회 실천의 의미를 포함한다. ㈜즐거운밥상의 주요 사업인 공공급식을 중심으로 살펴보자. ㈜즐거운밥상은 아동급식의 문제가 사회적 파문이 되던 해에 사업을 개시했다.

㈜즐거운밥상의 전경과 생산하는 도시락, 그리고 직원 교육

"아이들이 먹는 음식으로 이게 무슨 일인가!"라고 문제의식이 있었고, 분노하기보다는 무언가를 해야겠다는 생각이 들었다. 이럴 때 지역자활센터라는 존재가 매우 유용했다. ㈜즐거운밥상이 지역에서 공공급식을 제공하겠다고 말하기 이전에는 사실 천안지역은 동사무소마다 공공급식을 해줄 업체나 주변 식당들을 찾기 바빴다. 그만큼 단가도 낮았다. 천안의 경우 중심지역을 제외하고 먼 곳은 차로 1시간 이상을 이동해야 하기 때문에 전체 지역을 포괄하여 사업을 진행할 경우 사업 수익을 기대할 수 없었다. 그럼에도 불구하고 전체 지역을 포괄해 급식도시락을 제공하고 있으며, 같은 맥락에서 수익성이 전혀 없는 독거노인 도시락도 제공하고 있다. 또한 지역 내에서 생산되는 재료를 소비하고자 지향하고 있다. 이런 노력들이 지역사회에 인정을 받아 마사회와 예비군 훈련장에 도시락을 공급하는 등 수익을 낼 수 있는 사업으로 연계되었고, 공공급식 단가 현실화를 위한 노력에 포석이 되었다.

둘째, 사람의 성장은 ㈜즐거운밥상이 사업단으로 시작하면서부터 가장 중요하게 생각했던 요소였다. 공식적인 회의를 통한 소통을 안정화시키기 위해 다양한 회의체계를 정례화하고 참여주민들의 욕구를 수렴하여 지속적인 교육을 진행해왔으며, 2014년까지는 구성원 역량강화를 위한 교육 등을 꾸준히 진행해 왔다.

다만 2015년 사업상의 큰 변화로 다양한 교육을 진행하지는 못하고 있는데 이는 지역자활센터와 자활기업에 시사점을 주는 부분이다. 자활기업은 시장경제의 원리에 따라 급변하는 상황에 대처해야 하고, 상황이 긴급할 경우 사람의 성장을 위한 훈련의 시간을 할애하기가 어렵다.

㈜즐거운밥상의 경우 사업단에서부터 사람의 성장을 위해 훈련해왔지만, 이 훈련이 부족한 상태에서 자활기업을 운영할 경우 이에 대한 별도의 시간을 내는 것은 어려울 수 있다는 점을 감안해야 한다. ㈜즐거운밥상에게 구성원에 대한 역량강화는 여전히 높은 우선순위를 차지하지만, 2015년에는 학습동아리 '창을 깨고 나가기'를 통해 하반기 교육을 진행하는 수준으로 원칙을 지키고자 하고 있다. 이 외에도 다양한 교육, 자격증 취득 등을 위해 시간 및 비용을 적극 지원하고 있다.

셋째, 조직의 운영 측면에서 다양한 실험이 발견된다. 먼저 협동조합적 조직운영을 지향하고 있기 때문에, 이를 위해 공식적인 회의구조를 통한 소통 원칙을 지켜왔으며, 이 회의 구조에서 작업 프로세스, 급여시스템, 이익 분배 등 중요한 안건을 함께 결정한다. 앞서 말했듯이 기업자체를 협동조합으로 전환하기 위한 논의도 현재진행형이다. 아울러 공식적인 회의를 통해 매월 구성원 전체에 재무보고를 시행하고 있는 것도 특징이다. 실제 구성원들의 사업에 대한 이해도 역시 매우 높은 것으로 확인되었다. 또한 구성원들이 순환하여 총회준비위원회에 참여해 ㈜즐거운밥상의 1년 살림을 준비하고 있으며, 또한 조직 내 문제가 발생했을 때 특별위원회* 등을 구성해 구성원들의 문제를 조직차원에서 살피려 하는 등 구성원이 지속적으로 조직 및 사업 운영에 참여할 수 있는 창구를 만들려고 한다. 또 하나 눈여겨볼 만한 실험은 팀장을 팀원이 선출한다는 것이다. 팀장을 대표가 선임하는 것이 아니라 팀원이 선출함

---

* ㈜즐거운밥상에서 구성원들 간의 관계적 문제가 발생한 적이 있는데, 이를 개인적인 차원으로 두지 않고 이 문제 해결을 위한 특별위원회를 구성하여 구성원들과 함께 해결한 경험이 있다. 자세한 내용은 충남발전연구원(2013) 2013충남 사회적기업 및 마을기업 실태조사 참조.

으로써, 팀장에게는 보다 높은 책임감을, 팀원의 경우 스스로의 선택에 대한 협조적인 자세를 만들어내는 긍정적인 효과를 가져왔다. 또한 매월 재무보고를 시행하고 있어 구성원들의 사업에 대한 이해도가 매우 높다.

마지막으로 지역네트워크 관계에서는 두 가지 전략을 취한다. 첫째, 기초지자체 차원에서는 시민사회 활성화를 위한 기반조성과 사람 키우는 시스템에 기여하고 둘째, 광역지자체 차원에서는 사회적경제 영역에 힘을 결집해서 행정파트너십을 맺을 수 있는 위상을 높이고자 했다. 구체적으로 기초지자체 차원의 노력은 지역 시민사회단체에 지속적인 후원 및 연대, 이사 등의 역할을 수행하고 있으며, 코워킹(co-working) 공간인 협동조합 〈우리동네〉를 운영하는데 결정적인 역할을 했다. 실제로 협동조합 〈우리동네〉는 천안지역에서 사회적경제 전반을 아우르는 네트워킹 공간으로 활용되고 있으며, 이 공간과 사람들을 거쳐 청년활동가가 배출되고 천안지역 사회적경제 영역의 실질적인 네트워크를 현실화시키고 있다. 또한 ㈜즐거운밥상은 시의 협동사회경제네트워크를 결성해서 운영하는데 중요한 역할을 수행하고 있다.

그런데 ㈜즐거운밥상의 네트워크는 광역지자체 차원에서의 역할이 특히 크다. ㈜즐거운밥상의 대표는 그 이유를 다음과 같이 설명한다.

당사자 조직이 가질 수 있는 대표성에 대한 이야기, 대화 창구의 단일화와 대외 협상력에 대한 아주 기본적인 당사자 조직으로서의 권익을 찾자라는 것… 거기에 더 하나 붙이자면 올바른 사회적기업의 분위기, 문화를 만들어야 하는데, 이게 자활에서 경험했던 사람들이 사회적기업 영역에 많았기 때문에 자활을 반면교사로 삼았다고 해요. 자활이 급격하게 양적으로 성장하면서 초기 가졌던 '생산나눔의 공동체' 이게 희석되는 과정을 봐왔거든요. 그래서 사회적기업에서도, 우리가 이걸 만들지 않으면 사회적기업이 양적으로 급격하게 확산될 경우 정체성의 혼란이 올 수도 있겠다. 그래서 그런 마음에 했던 것도 있어요.(2015.7.29. ㈜즐거운밥상 대표)

충청남도 차원의 네트워킹은 ㈜즐거운밥상의 역할이 가장 두드러지는 영역이다. 대표의 구술에서 볼 수 있듯, 사회적경제 영역의 당사자의 권리를 적극적으로 실천하기 위한 네트워크 조직을 만드는데 지속적인 역할을 해왔다. 먼저 충남세종사회적기업협의회의 결성을 주도 했고, 현재 대표로 활동하고 있다. 또한 사회적기업을 넘어 사회적경제의 주체로 서기 위해 사회적경제 영역의 민간네트워크인 협동사회경제네트워크의 결성에도 기여했으며, 충남 사회적경제 중간지원조직 결성에도 초기부터 결합해 지금도 등기이사로 참여하는 등 충청남도 사회적경제 영역의 민간 역량을 결집시키는데 핵심적인 역할을 해왔다. 실제로 충남도 수준의 다양한 의결 및 심의 과정에 참여하며 충청남도와의 거버넌스에서의 활동을 적극적으로 수행하고 있다.

㈜천안돌봄사회서비스센터

㈜천안돌봄사회서비스센터는 사업 / 사람의 성장 / 조직의 운영 / 지역네트워크 중 특히 사업, 사람의 성장, 지역 네트워크에서의 지역화 실천이 두드러지게

나타나고 있다.

먼저 사업 측면에서는 ㈜천안돌봄사회서비스센터는 사업 자체가 가지고 있는 지역성에 대해 의미를 부여하고 있음이 확인된다. ㈜천안돌봄사회서비스센터는 돌봄서비스 자체를 공급자와 수요자로 좁게 보는 것이 아니라 이 지역에 살고 있는 주민들의 생애주기에 따라 달라지는 모든 돌봄의 내용에 응대해야 하는 것으로 이해하며 이 때 좋은 서비스를 제공하는 것 자체를 의미 있는 것으로 본다. 이것이 더 의미 있는 이유는 현재 서비스를 제공하고 있는 직원들도 지역에서 언젠가는 서비스를 받아야하는, 결국 받을 수밖에 없는 존재이기 때문이다. 이런 인식 속에서 바라본다면 지역주민은 곧 직원이며 직원은 곧 지역주민이 되는 관계가 성립되므로 돌봄서비스 자체를 전체 지역의 차원에서 고찰하는 것은 중요할 수밖에 없다.

> 왜냐하면 계속 살아가는 동네이기 때문에. 그리고 우리는 산모를 돌보고 장애인을 돌보고 노인을 돌보지만 우리가 여기 계속 살면서 언젠가는 산모가 되기도 노인이 되기도 또는 장애인이 되기도 하잖아요. 계속해서 서로에게 좋은 서비스를 하려면 지역에서 좋은 관계를 가지고 있어야 하고 지역에서 필요한 일을 찾아서 함께 해야 하는 거죠.(2015.7.29. ㈜천안돌봄사회서비스센터 대표)

그래서 현재 노인돌봄, 가사간병, 장애활동보조, 산모사업, 장기요양, 유료간병 등 생애주기에 연관된 다양한 돌봄서비스를 제공하고 있으며, 지역의 욕구에 대응하는 다양한 돌봄의 영역을 확산하고자 노력하고 있다. 한 예로 현재 진행 중인 유료간병 사업의 경우, 지역의 욕구와 구성원의 욕구가 동시에 포착되었기 때문에 시작되었다. 지역 차원에서는 보호자 없는 병동*에 대한 욕구가 분출되고 있었고, 더불어 직원 중 일부가 기존에 한 일과는 좀 더 다른 영역의 돌봄서비스를 제공하고 싶다는 욕구를 보였기 때문에 이 두 가지 필요가 만나 사업으로 발전시킨 사례이다. 또한 최근에는 장애인 영역에서 이 지역에 마땅한 주간보호시설이 없다고 어려움을 표현해왔고, 이 필요에 대응하고자 예산을 마련하고 주간보호시설의 이용자들을 주체로 세우기 위한 협동조합 등을 준비하는데 앞장서고 있으며 2016년 개원을 앞두고 있다.

둘째, 사람의 성장은 사무실 직원과 현장 직원으로 구분해서 볼 수 있다. 먼저 사무실 직원의 경우 직능역량과 민주적 의사결정 역량을 동시에 고려하는데 이를 위해 업무상 필요한 교육과 개별적으로 필요한 교육을 나눠 기획한다. 이때 개별적으로 필요한 교육의 경우 자율적으로 수강하도록 유도하는데, 실제 이수 비중이 높지 않은 것이 하나의 고민이다. 이 외에는 연 2회 평가와 워크숍을 통해 ㈜천안돌봄사회서비스센터의 사업과 1년 살림을 함께 결정하는 과정을 함께하고 있다.

㈜천안돌봄사회서비스센터의 사람의 성장과정에서 독특한 것 중에 하나는 신입직원과 관련 있는데, 직능 역량과 민주적 의사결정 역량이 중요하긴 하지만, 지역사회에 애정을 갖고 돌봄 대상에 대한 이해를

---

* 보호자없는병동은 간병인이나 가족 대신 전문 간호인력이 24시간 간병 및 간호를 전담함으로써 간병인을 두거나 보호자가 환자를 돌보지 않고도 입원생활을 편안하게 유지할 수 있는 간호서비스로 시범사업 시절부터 간병사업을 진행했던 지역자활센터들이 오랫동안 필요성을 제기해왔던 정책이기도 하다.

높이는 것 또한 중요하다는 생각 때문이다. 이를 위해 대표는 신입직원의 수습기간 동안 ㈜천안돌봄사회서비스센터가 지속적으로 인연을 맺고 있는 시민사회 단체 7곳을 신입직원과 함께 모두 방문한다. 방문해서 각 시민사회단체에서 다루는 중요한 이슈 등에 대해서 공유하고 1개 이상 가입하도록 권유함으로써 실무자들이 지역사회에 관심을 갖도록 하기 위한 끈을 연결하고자 한다.

현장직원을 위해서는 어떤 실천들을 하고 있을까? 일단 교육으로 접근했을 때, 자발적으로 교육을 수강하도록 독려하는 것이 어렵다고 한다. 그렇기 때문에 교육은 직능교육 위주로만 진행한다. 하지만 일터에서 주체가 될 수 있는 방법을 모색하고자 하는데, 돌봄 사업의 특성상 파견직이 많기 때문에 일하는 사람이 서로 볼 수 있는 기회를 많이 마련하는 것부터 시작하고자 했다. 특히 직원이 300명을 육박하기 때문에 먼저 팀별로 월례회의를 정기적으로 진행하면서 현장 직원들이 최소 월 1회 얼굴을 봐서 친숙한 분위기를 형성하고자 한다. 이유는 간단하다. 관계가 편해져야 일터에서 자연스럽게 자신들의 의견을 낼 수 있을 것이란 생각 때문이다. 이외에도 경조회를 사업단 대표 중심으로 운영한다. 그리고 현장 직원이 기업에 보다 애정을 가질 수 있도록 인센티브, 성과급 등을 지급하고 연 1회 버스 3대를 불러 함께 야유회를 가기도 한다. 하지만 현장 직원의 성장 측면에서 가장 특징적으로 발견된 것은 현장에서 일하는 직원들로부터 수렴되는 현장의 욕구에 응대하고자 했다는데 있다. 이를 통해 현장 직원으로 하여금 자신의 의견이 기업에 반영되고 있음을 느끼게 하고, 돌봄 현장에 보다 책임을 다하게 함으로써 궁극적으로 조직의 미션과 비전에 자발적으로 다가갈 수 있도록 유도한다. 사례를 보자. 현장 직원 중 특정 대상에 오래 서비스를 제공하다보면 지속적으로 서비스를 받는 이용자와 친밀도가 높아지는 경우가 있다. 이때 돌봄서비스만으로는 충족시키기 어려운 욕구들을 발견하기도 하는데 이런 경우 ㈜천안돌봄사회서비스센터에서는 이 욕구에 자원을 연계하고자 노력한다. 대표적인 사례가 반찬통 사업이다.

> 한 번은 직원이 그러더라구요. 뭐뭐 할아버지 식사가 너무 변변치 못해서 속상하다. 뭐라도 어디서 챙겨줬으면 좋겠다… 우리끼리는 어렵겠다 싶어 지역의 쌍용복지관과 같이 의논했어요. 그래서 쌍용복지관, 아름다운가게, KYC가 참여하는 반찬통 사업이 꾸려졌죠. 우리 이용자 분들은 30명이에요. 이외에는 쌍용복지관 통해 모인 분들이구. 네 조직이 함께 하니까 우리는 한 달에 한 번 정도 나가는 셈이에요. 주로 현장에서 근무하는 분이 자발적으로 참여하세요. 우리 어르신 반찬 해주고 싶다는 마음으로 자발적으로 신청해서 나와서 하세요.(2015.7.29. ㈜천안돌봄사회서비스센터 대표)

㈜천안돌봄사회서비스센터에서 현재 제공하는 반찬통 사업의 경우 이용자에게 반찬이라도 제공했으면 좋겠다고 생각하는 현장 직원의 의견이 반영된 사업이다. 지역의 독거노인이나 장애 가정에 반찬을 제공하는 반찬통 사업은 ㈜천안돌봄사회서비스센터만으로 서비스 제공이 어려워 지역의 시민단체, 복지관과 연계하여 구성원의 자발적인 봉사 및 지역의 자원봉사로 운영하고 있다. 장애학생의 경우 학교와 연계해 프로그램을 연결하기도 하고, 중학교 자원봉사 프로그램과 이용

전국 리더 워크숍에 참여한 천안돌봄사회서비스센터, 그리고 반찬통 사업

자(노인)를 연계하기도 하며, 사회복지 단체에서 이불 등을 나눠준다고 하면 조직적인 차원에서 신청하고 필요한 이용자에게 나눠주는 등 구성원들로부터 수렴되는 서비스 이용자들의 소소한 욕구에 대해 지역에서 자원을 찾아 연계하고 있다.

마지막으로 지역 네트워크 측면에서는 ㈜천안돌봄사회서비스센터는 ㈜즐거운밥상과 함께 지역에서 사회적경제의 민간 영역을 결집하는데 주도적인 역할을 했다. 실제 대표는 천안의 협동사회경제네트워크 대표를 맡고 있으며, 이 지역 및 광역 지자체 단위의 민간단체를 만드는데 중요하게 기여해왔다. 초기에는 굵직굵직한 민간조직을 구성하는데 애썼다면, 최근에는 보다 직접적인 욕구 해결을 위한 네트워크 형성에 관심을 많이 기울이고 있다. 물론 천안협동사회경제네트워크 대표로서 천안시와 다양한 의제를 논의하고, 충남도 및 천안시 사회적경제 영역에서 여전히 중심적인 역할을 수행하고 있다. 하지만 거시적 네트워크뿐만 아니라 돌봄 영역 전체와 구성원들의 욕구를 위한 네트워크 활동도 비슷한 비중으로 노력한다. 앞서 말한 반찬통사업, 다양한 사회서비스 연계 사업 그리고 주간보호센터 준비 등이 이에 해당한다. 이 연장선에서 실무자들에게 가입을 권유하는 7개 시민사회단체와는 물적·인적·사업적으로 지속적인 관계를 맺음으로써 돌봄 영역에서의 욕구를 지역차원에서 계속 수렴하고 있다. 이런 이유로 대외적·대내적 욕구해결을 위한 지역사회 네트워크 활동이 ㈜천안돌봄사회서비스센터의 주요 특징으로 설명될 수 있겠다.

(사)부산돌봄사회서비스센터

(사)부산돌봄사회서비스센터는 사업 / 사람의 성장 / 조직의 운영 / 지역 네트워크 전체 영역에서의 활동들이 발견된다. 먼저 사업의 측면에서 보자. 물론 ㈜천안돌봄사회서비스센터와 마찬가지로 본 기업 역시 돌봄이라는 사업 자체가 가지고 있는 지역성과 사회성이 매우 높다. 게다가 (사)부산돌봄사회서비스센터는 부산의 지역자활센터들이 함께 만든 광역자활기업이다. 그런 이유로 부산 지역 내 여러 지역자활센터들의 돌봄 사업단과 연계되어 있으며, 이 연계를 활용해 고용을 창출하는데 큰 역할을 수행하고 있다.

많은 자활기업들은 자활사업의 경험을 통해 지역에서 의미 있는 역할을 해야 한다는 것에 공감한다. 하지만 독립한 이후, 사업을 지속가능하게 해야 하기 때문에, 혹은 구성원이 바뀌는 이유 등으로 이 역할에 대해 집중하기 어려워지게 되기도 한다. (사)부산돌봄사회서비스센터는 후자의 어려움을 겪었었다.

(사)부산돌봄사회서비스센터는 기본적으로 자활기업이자 사회적기업으로서 정체성을 통해 지역에서의 역할에 지속적으로 의미를 부여해왔으며 내부적으로는 협동조합적 운영을 지향해왔다. 현재 돌봄서비스를 제공하는 인력을 지역의 자활센터들과 연계하고 있어 사업적으로 지역성을 강하게 가지고 있지만, 사무실에서 실무를 하고 있는 직원의 경우 자활사업을 경험한 이들이 없다보니 기업의 비전을 직원의 비전과 융합하는데 어려움을 겪어 왔다. 이를 해결하기 위해 2012년 1년 반에 걸쳐 한 달에 한 번씩 조직의 미션과 사업을 이해하는 학습을 진행했고, 이 경험이 실무자들에게도 돌봄의 비전을 재정립하는 기회가 되었다.

> 1년 5개월 정도 해가면서… 이제 돌봄이 사회적으로 어떤 의미인지 생각해보자. 지역의 어떤 필요를, 문제를 해결하느냐. 이해관계자로부터 어떤 요구를 받고 있느냐. 거기에 대한 답을 내려가는 과정이 돌봄의 발전 과정이어야 한다… 이걸 알아가는 과정, 지역화에 대해 개념을 잡게 되는 계기가 되었죠… 돌봄의 제공자는 이용자를 돌보고 그 대신에 지역사회는 돌봄 서비스 제공자들을 돌보면서 공동체를 이루어 나가는… 이런 사회적 돌봄의 의미가 그전에는 말뿐이었다면 이제는 사업단에 녹아들 수 있는 그런 계기가 되어 정말 감사하게 생각해요.(2015.7.28. (사)부산돌봄사회서비스센터 센터장)

특히 위의 관점은 최근 돌봄 근로자들의 근로 실태에 대한 토론회를 부산여성회와 함께 진행하면서 그때 함께 모인 사람들과 토론하여 정리된 것이기도 하다. 특징적인 것은 돌봄기업으로서의 사업과 지역사회실천, 그리고 지역사회 자체의 역할에 대한 총체적인 고민을 하고 있다는 점이다. (사)부산돌봄사회서비스센터에 있어 지역사회실천이란 '사회적 돌봄의 실현'이며 돌봄은 특정 집단의 전문성이나 전문 기술로 성취되는 것이 아니라 제공자는 이용자를 돌보고, 지역사회는 다시 제공자를 돌보는 커뮤니티 체계를 만드는 것이 돌봄 영역에서 지역사회에 기여할 수 있는 부분이라고 생각한다. 그리고 이런 관점에서 사업을 진행하고 있다.

사람에 대한 성장 측면을 보자. 이 기업의 경우 앞서 간략하게 서술했 듯이 협동조합적인 운영을 지향하고 있다. 그러나 많은 경우 돌봄기업들은 규모가 큰 편이고 이럴 경우 협동조합적 운영에 대해 어려움을 느끼는데 ─㈜천안돌봄사회서비스센터에서 어려움으로 생각했던 부분이기도 하다.─(사)부산돌봄사회서비스센터 또한 회원이 400명(직원 284명)이 넘는 큰 조직이다. (사)부산돌봄사회서비스센터는 이 문제를 해소하기 위해 400명 중 각 팀별로 2~3명을 선출해 40여 명의 리더를 집중 양성한다. 이들을 대상으로 집중 훈련과 교육 등을 시행하고 있으며 이 리더들을 중심으로 운영위원회를 구성한다. 이 리더들은 운영위원회에서 의사결정의 경험을 쌓고 이 능력을 강화하기 위한 임원 교육 등을 동시에 받는다. 이런 과정을 통해 주체들이 사업에 참여하는 협동조합적 운영 모델을 만들어 나가고 있다.

(사)부산돌봄사회서비스센터는 광역기업으로서 지역에 대단히 많은 네트워크에 결합하여 역할하고 있지만, 직접적으로 지역과 만나는 방식은 건강관련 교육 및 프로젝트를 통해서이다. 특히 지역에 필요한 돌봄

(사)부산돌봄사회서비스센터에서 진행하는 건강관리사 교육

관련 교육을 지속적으로 진행하고 있는데, 부산 시민을 대상으로 치매예방, 뼈건강, 골다공증 예방 교육을 시행하고 있다. 또한 부산 내 5개 정도 구청 평생학습 및 다문화센터 등과 연계해 2개월에 1번 이상 산모교육을 진행하고 있으며, 최근에는 정부의 산모신생아 서비스 제공기관 4곳과 연계해 교육을 진행하고 있다. 건강관련 특화 프로젝트로는 부산 연제구와 연계해 뼈건강 프로젝트를 수행하며 중장년층 건강에 기여하고 있는 점이 지역 네트워크에서 지역화와 맞닿아있는 지점으로 볼 수 있겠다.

㈜컴윈

㈜컴윈은 네 개 범주인 사업 / 사람의 성장 / 조직의 운영 / 지역네트워크 중 구성원과 지역 네트워크에서 지역사회실천이 주요하게 드러나는 기업이다. 특히 초기 위치해있던 지역을 떠나 현재의 지역으로 이전한

이후, 본격적으로 지역사회에서 역할을 시작한 것이 2011년도 이후라는 것을 감안했을 때, 지역에서 비중 있는 역할을 하고 있는 것으로 볼 수 있다.

먼저 사업측면에서 보자면, 사업은 전국적인 수준에서 진행되기 때문에 지역차원에서 사업을 통해 지역사회실천을 도모하기에는 어려움이 있다. 그러나 수익의 일부분으로 화성시에 장학금을 지원하고 있으며, 지역아동센터에 컴퓨터를 지원하는 등의 활동을 통해서 지역의 빈곤층 및 지역아동센터 등과 연계를 하고 있으며, 이런 성과가 ㈜컴윈의 자체 브랜드 컴퓨터인 COMWIN의 생산을 지역차원에서 독려하고 공동구매로 이어지고 있어 지역사회실천의 선순환 효과를 보여주고 있기도 하다.

둘째, 사람의 성장 관점에서 구성원들의 역량강화 측면을 살펴보자. 앞서 언급했듯이 ㈜컴윈은 이전하기 이전의 지역자활센터로부터 인력을 수급하고, 현재 직원들도 자활출신들이 대부분이다. 현재 대표가 취임했을 때 느꼈던 몇 가지 문제의식을 중심으로 보자면, 근태가 다소 불규칙적이었고, 내부적인 소통이 원활하지 못했으며, 직원의 자존감이 낮다는 것이었다. 먼저 근태를 정상화하기 위해 문제가 되는 상황을 하나씩 정리하기 시작했는데, 3년 간 회식자리에서 술을 먹지 않은 일 등이 소소한 예일 수 있겠다. 소통문제를 해결하기 위해 소통할 수 있는 다양한 '거리'를 제공했고, 야유회, 등산, 영화모임 등을 통해 일 외에도 사람들이 서로 자연스럽게 소통할 수 있는 기회를 확산했다. 가장 중요한 문제는 자존감인데, 자존감을 높이기 위해 취한 전략은 자기 개발을 강조한 것이었다. 이는 뭔가를 성취한 후에 느끼는 감정이 자기존중감으로 이어질 것이라고 생각했기 때문이다. 먼저 각자 업무에 도움이 될 만한 자격증들을 따도록 독려하고, 교육비를 전액 지원했으며 인센티브로 연결했다. 컴퓨터 정비, 운전면허, 환경기능사 등이 이에 해당하고 금연도 지원했다. 또한 '자활출신'이 아닌 자활기업이자 사회적기업의 일원으로 스스로를 여길 수 있도록 직원들과 미션을 공유하고, 직원들이 외부에 ㈜컴윈에 대해 충분히 설명할 수 있도록 '회사에 대한 인식과 설명'을 평가항목에 배치해 ㈜컴윈 구성원으로서의 정체성을 인지할 수 있도록 독려했다.

셋째, 내부 운영측면에서는 기본적으로 협동조합적인 운영방식을 지향한다. 매월 정례화된 월례회의에서 사업보고, 회계보고, 건의사항 등이 한 번에 이뤄진다. 특히 2012년 협동조합 전환 필요성이 제기된 이후, 2014년 3개월 간 직원 중 팀을 꾸려 외부 전문가와 협동조합 전환 컨설팅을 진행했고, 최종 실행에 대해 결정이 남았다. 그리고 이 과정에서, ㈜컴윈 자체가 다양한 자원 결합의 산물이기 때문에 사회적기업으로서 지역에 존재해야 하는 이유를 분명히 할 필요가 있다는 과제가 도출되었다. 이후 지역화 전략을 고려하여 미션을 재구성할 계획이다.

마지막으로 ㈜컴윈이 가장 두각을 나타내는 부분은 지역 네트워크와의 관계이다. 회사 시스템이 안정화 된 2011년 이후 지역에서의 역할을 본격적으로 탐색하기 시작했다. 지역에서의 활동이 본격화 된 것은 2012년부터로, 지역 내 자활관련분과 활동, 장학금 지원 및 컴퓨터

지원 등을 거쳐 화성사회적기업협의회를 주도하여 결성했다. 그러나 사회적기업의 역량만으로는 지역의 역할이 협소하다고 판단하고 사회적경제협의회를 결성해 사무국으로 역할해오고 있다.

구체적으로 지역과 만난 사례를 하나 살펴보자. 지역 문제에 자주관리모델을 도입하고자 하는 취지에서 지역 생활쓰레기수집 운반업 관련, 이를 주민의 힘으로 관리하기 위해 사회적협동조합 '내일로'를 결성했다.

> 지역사회와 처음 사업을 진행한 겁니다. 지역을 어떻게든 변화시켜보자는… 프랑스의 지역관리모델을 화성에 한 번 도입해보자. 하여 사회적경제기업 8개, 화성 YMCA, 환경운동연합, 화성자활, 주민 200여명 정도가 참여해 사회적협동조합을 만들어서 지역관리 일은 지역주민들이 직접 운영하는 방식으로 해보자. 수하천 관리, 아파트 공원관리 해마다 예산이 책정되니 주민들이 직접 관리해서 우리동네만의 특징 있는 공원을 만들자… 왜 이렇게 하게 되었냐고 하면 너무나 당연했습니다. 우리도 협동조합을 추구하고 있었고, 지역사회와 소통을 해야 하는 필요성이 있었으니까요.(2015.7.28. ㈜컴윈 대표)

이 사회적협동조합은 6개월에 걸쳐 지역의 주민, 시민단체, 사회적경제기업, 지역자활센터 등을 만나는 과정을 통해 만들어졌다. 주민설명회 역시 다양한 지역주민들을 수차례 걸쳐 만나왔는데, 이는 사회적협동조합을 만드는 과정에 충실했음을 보여준다.

다만 아쉽게도 계획했던 사업을 입찰 받지는 못했다. 하지만 이 과정에서 사회적경제 토대가 미약한 지역에서 민간 네트워크를 구성하고, 이 경험을 바탕으로 지역관리 모델을 구체화하고자 노력했으며,

사회적협동조합 내일로를 조직하기 위한 과정들

특히 이 전체적인 과정에서 실무 등에 주도적인 역할을 해왔다는 점 등을 통해 ㈜컴윈이 짧은 시간이지만 지역에서 중요한 역할을 해왔음을 확인할 수 있었다. 실제 화성시 지자체에서는 사회적경제 영역에서 ㈜컴윈을 주요한 파트너로 인지하고 있는 것으로 보인다. 이렇듯 ㈜컴윈은 지역의 자활기업이자 사회적기업으로서의 역할을 적극적으로 수행하고 있다.

제Ⅲ부

현장 정리하기

Chapter 14
지역자활센터의 지역사회실천 정리하기

이제 정리를 해보자. 먼저, 사례로 살펴본 지역자활센터들의 지역사회실천부터 보자. 지금까지의 과정을 통해 알 수 있는 것은 지역사회실천에 대한 근본적인 인식이 지역자활센터가 지역에 존재하고 있으며 지역에서 살고 있는 취약계층을 지원하는 것이기 때문에, 지역에서 의미 있는 사업을 하거나 이를 위한 지역 네트워크 영역에서 활동하는 것에 대해서는 공감하고 있다는 것이다. 이유는 크게 두 가지로 보인다. 하나는 지역자활센터의 애초 목적이 지역 취약계층에 '일'을 지원하는 것이기 때문에 이를 원활하게 지원하기 위해서는 필수적이라는 당위적인 접근이며, 또 하나는 이왕이면 이 '일'이 지역에 유익한 일이 됨으로써 자활을 통해 지역에 긍정적인 역할을 하고 싶다는 사회 혁신자적인 태도가 동시에 존재하는 것이다.

다만, 지역사회실천의 필요성에는 공통적으로 높은 인식수준을 보이고 있으나 지역자활센터마다 실천하고 있는 지역사회실천의 내용은 매우 다양하다는 것을 알 수 있었다. 그러나 이런 다양한 경험에도 불구하고, 공통적인 범주로 묶어볼 수 있는 지역사회 실천의 영역을 분류해 볼 수 있었다. 우리는 여기서 그 영역을 크게 네 가지로 정리했으며 주요 내용은 아래 〈표 7〉과 같다.

〈표 7〉 지역자활센터의 지역사회실천 대분류

영역	지표	주요활동
좋은 일 만들기	일자리 지속가능성 확장	• 사례관리 강화 • 사업화 강화 • 지역자원 활용 및 연계 • 협동조합적 훈련 강화
	일자리 공공성 강화	• 지역의 필요를 사업화 • 지역을 고려한 사업 모델 창출 • 사업 목표 설정 시 공공성 강화 고려 • 지역 일자리 전문기관의 위상 요구
사람의 성장	사업역량	• 직무직능 능력 강화 • 전문자격증·민간자격증 취득 지원 • 주민주도 사업 진행 • 기관과 사업단, 기관과 자활기업 관계 독립
	주체역량	• 교육(지속적이고 장기적인 비전) • 주민 자치역량 강화 • 센터운영에 주민 참여 • 지역 현안에 참여 • 실무자 역량강화
기관의 운영	비전 공유	• 조직 비전 설정 • 비전의 공유
	운영의 민주성 강화	• 의사결정 구조 • 실무자 권한 강화 • 주민 주체 권한 강화

영역	지표	주요활동
기관의 운영	지역 연계 지원	• 지역활동가 채용 • 실무자 지역활동 참여 독려 • 필요서비스 적극 연계 • 교육강화를 위한 외부 자금 연계
지역 네트 워크	지역 타 자활센터 관계	• 지역내 자활센터와 협력
	지역과 사업	• 지역 필요에 기반한 사업 • 지역사업 참여
	지역 네트워크 에서의 역할	• 지역네트워크 결성 • 지역네트워크와 자활사업의 연계

크게 봤을 때, '좋은 일 만들기', '사람의 성장', '기관의 운영', '지역네트워크'로 영역을 분류하여 볼 수 있는데 각 기관의 활동들은 이 네 가지 측면에서 역동적으로 얽혀있는 것으로 보인다.

'좋은 일 만들기'는 단순한 일자리 제공을 넘어서는 접근이다. 일자리 제공의 주체는 기관인데 비해, 좋은 일 만들기의 주체는 기관을 비롯하여 이 일에 관련한 모든 사람들을 포함하기 때문이다. 그렇기 때문에 '일'에 대한 기관의 철학, 참여하는 주민, 일하는 실무자 그리고 지역의 다양한 자원들이 모두 고려되어야 하는 요소가 된다. '좋은 일 만들기'에 대한 지표는 일의 지속가능성을 위한 노력과 일자리 자체의 공공성 강화라는 두 개 지표로 살펴본다.

그리고 '사람의 성장'은 모든 기관에서 공히 발견되는 영역으로, 지역에서 지역자활센터의 기능이 무엇이 되었든, 구체적인 사업이 무엇이 되었든 결국 이 모든 것을 가능하게 하는 것이 사람이라는 데 기인한다.

사람의 성장은 사업 역량에 대한 성장과 주체로서의 역량에 대한 성장이라는 두 가지 지표로 분류했다.

세 번째는 기관의 운영인데, 지역에 대한 기관의 활동이 지역사회실천을 지향한다 하더라도 이를 가능하게 하는 조직의 분위기가 없이는 이 지향은 사문화될 소지가 높다. 즉, 말과 서류로만 남게 될 수 있다는 것이다. 지역사회실천의 방향이 센터장이나 혹은 소수만의 비전이라면 이 또한 기관 전체의 활동으로 연결되기 어렵다. 그렇기 때문에 지역사회실천이 기관의 공동의 목표가 되기 위해 기관의 분위기를 형성하는 것이 중요하고 이를 전체적인 '기관의 운영'으로 분류했다. '기관의 운영'은 총 세 가지 척도로 구성되어 있었다. 기관의 비전을 만들어나가는 과정과 공유를 위한 노력, 다양한 주체가 평등하게 소통하기 위한 민주적인 의사소통 체계, 그리고 구성원들이 지역사회 실천에 일원이 될 수 있게끔 지지해주고 외부와 소통하려고 하는 분위기를 만들기 위해 기관 차원에서 지역과의 연계를 지원하고자 하는 정도가 그것이다.

마지막으로 지역사회실천이 구체적으로 발생하는 지역 네트워크 상황을 살펴본다. 지역 네트워크 관계는 크게 세 가지 지표로 정리된다. 타 지역자활센터와의 관계, 지역과 함께 하는 사업, 그리고 지역을 이슈로 하는 지역 네트워크 관계가 그것이다.

그런데 이 네 영역은 역동적으로 얽혀있다. 지역에서 의미 있고 지속가능한 좋은 일을 만들려고 하다 보니 사람의 성장이 중요한 화두가 될 수밖에 없고, 이런 분위기가 기관 차원에서 동의되고 조성되며 지지되어야 한다. 그리고 이런 과정들이 지역 네트워크를 맺는데 간접적인 영향을 끊임없이 미친다.

사례로 살펴본 지역자활센터들에서 이 네 가지 영역의 활동이 대체적으로 모두 발견되지만, 실제 구체적인 활동을 살펴봤을 때는 서로 상이한 전략을 선택하기도 한다. 예컨대 참여주민을 사업의 주체로 세우는 과정을 생각할 때, 어떤 기관은 참여주민의 의사를 반영해 사업을 수행하기도 하고, 어떤 기관은 지역의 필요를 우선으로 하여 사업을 정하고 그 안에서 참여주민을 주체로 세우고자 하기도 한다. 혹은 자활사업의 지속가능성을 높이기 위해 어떤 기관은 사업의 규모화를 추진하기도, 어떤 기관은 사업의 생활경제화·소규모화를 전략적으로 선택하기도 한다. 즉, 지역사회실천은 여러 차원에서 일어날 수 있지만, 그 구체적인 활동은 지역의 특성과 기관의 철학, 주체들의 의지 등 다양한 변수에 따라 다르게 나타날 수 있는 것이다.

또한 조사를 진행할 때 4개 영역을 미리 정하고 인터뷰를 한 것이 아니라 인터뷰 내용을 기반으로 4개 영역을 도출한 것이기 때문에 전체 지역자활센터의 4개 영역에 대한 활동이 충분히 담겨져 있지 않기도 하다. 이 4개 영역을 미리 설정하고 현장에 방문했다면 더 많은 활동들을 확인할 가능성이 높았다는 것을 짚고 넘어갈 필요가 있다. 즉 이 4개 영역의 발견은 다양한 사례로부터 일반적 사실을 끌어내는 방법으로 도출되었으며, 지역사회실천을 이 구분을 통해 좀 더 세분화해서 살펴볼 수 있다는 데 의의가 있다. 그렇기 때문에 현재 상황에서는 지역사회실천에 대한 모형을 섣불리 만들어 제안하기 보다는, 각 지역 및 참여자의 특성, 지역자활센터의 철학을 바탕으로 다양한 실험이 가능하다는 데 의미를 두고 그 궤적들을 이해하는 과정이 필요한 것 같다. 그래서 향후 범용화 할 수 있는 지역사회실천의 모델이 필요하다면, 그건 더 많은 현장의 경험이 축적되고 일관된 경로가 발견된 이후에 제안하는 것이 바람직할 것이다.

좋은 일 만들기

본 조사에서 발견된 '좋은 일 만들기'를 위한 실천과 그에 대한 성과는 〈표 8〉과 같다.

'좋은 일 만들기'를 위한 노력은 크게 두 가지 지표, 일자리 지속가능성 확장과 일자리 공공성 강화로 압축되었다. 먼저 일자리 지속가능성 확장을 위한 실천을 보자.

이를 위해 사례관리에 집중하는 기관들이 발견되었다. 특히 광진지역자활센터와 포항나눔지역자활센터는 초기 사정 과정에 집중하고 있으며, 특히 광진지역자활센터의 경우 월 2회 각각 강점관점과 조직관점으로 분류된 독특한 사례관리 방식을 확인할 수 있었는데, 이 과정의 일환으로 참여주민을 사업단에 배치하기 전, 2주 간의 파견기간을 두고 그 과정을 평가한 후, 사업단에서도 원하고 참여주민도 원할 경우 배치하는 과정을 두고 있다.

그러나 무엇보다도 사업화 자체를 강화하기 위한 노력에 집중하는 사례들도 발견된다. 남양주지역자활센터의 경우, 특히 서비스를 중심으

〈표 8〉 지역사회실천 1: 좋은 일 만들기

영역	지표	주요활동	성과
좋은일 만들기	일자리 지속 가능성 확장	• 사례관리 강화 초기사정 집중, 사례회의 시스템화, 사업단 배치 시 파견기간 적용 • 사업화 강화 규모화, 법인화, 표준화사업 정착, 생활경제화, 상품과 서비스 품질 강화, 단계별 성장모델 적용 • 지역자원 활용 및 연계 법인, 지역네트워크, 대학, 복지·시민 단체 • 협동조합적 훈련 강화 공동비전설정작업, 독립 예정 사업단 정기적 훈련, 자활기업 독립 여부 사업단 내부 결정	- 참여주민 특성에 맞는 업무 배치 가능 - 참여주민과 사업단 융화 기회 제공 - 지역특성에 적합한 사업화 방식 모색(규모화/생활경제화) - 지역 주체들과 관계형성 - 지역 영향력 제고 및 지역사업 주체로 성장 - 행정조직 선물 관행 변화
	일자리 공공성 강화	• 지역의 필요를 사업화 지역 욕구에 기반한 사업, 운영위원회 차원에서 지역 이슈 아이템 논의 • 지역을 고려한 사업 모델 창출 지역관리형 모델, 친환경·자원순환형 사업, 순환경제 시스템 구축 • 사업 목표 설정 시 공공성 강화 고려 • 지역 일자리 전문기관의 위상 요구	

로 사업을 특화시키고, 사업을 공식화하기 위해 법인화하며, 사업을 묶어 규모화함으로써 지역사회와 사회적경제 영역에서 주요하게 활동하는 사업화 전략을 채택했다. 반면 강북지역자활센터는 생활경제를 잇기 위해 골목길에 작은 점포들을 내는 방식으로 사업화를 진행하고 있었다. 노원지역자활센터의 경우는 지속적으로 진행하고 있는 5대 표준화사업

을 성공적으로 지역에 정착시키기 위한 다양한 노력을 전개하고 있다. 부천소사는 사업에 대한 단계별 접근을 시도하고 있는데, 각 사업단들이 지역의 공공성을 우선 고려하기 이전에, 참여주민의 특성과 역량에 맞게 눈높이로 사업을 진행하고, 사업이 안정되면 이후 지역과 만나기 위한 다양한 시도를 하고 있었다. 즉, '선(先) 할 수 있는 일, 후(後) 지역을 위한 일'을 하고자 하는 방향을 세웠다는 것이 독특하다. 또한 부천소사지역자활센터는 제품의 품질 강화에 대한 중요도를 매우 높게 여기기도 한다.

일자리를 지속가능하게 하기 위해 지역의 자원을 활용하고 연계하는 과정은 어찌 보면 자연스러운 과정인 것 같다. 기관에게 가장 가까운 지역 자원이라고 한다면 모법인이 될 수 있는데, 청원지역자활센터와 광진지역자활센터, 부천소사지역자활센터는 모법인과 상호 간의 활발한 교류 혹은 강한 사업적 연계를 가지고 있는 것으로 나타났다. 또한 광진지역자활센터, 포항나눔지역자활센터, 여주지역자활센터는 인문학 강좌, 지역조사 등의 영역에서 지역 대학과 지속적으로 관계를 맺고 있었다. 이 외에도 지역의 복지·시민단체 및 다양한 지역네트워크를 통해 자원을 활용하고 연계하고 있는 과정이 거의 모든 기관에서 발견되었다.

마지막으로 몇 개 사례에서 협동조합을 지향하는 실질적인 훈련을 강화하는 경향이 발견되었다. 이유는 이렇다. 자활 사업 자체가 다양한 협동의 산물이고, 실제 사업단의 운영도 협동과정으로 운영되도록 안내하는 보편적인 경향이 있기 때문에 이를 보다 엄밀하게 하고자 하는 의미가 있다. 사실 이 과정이 어설프게 운영되면, 최악의 경우 구성원들이 책임은 회피하고 권한만 세우게 되는 상황에 직면하게 될 수 있다. 그리고 훈련이 충분히 되지 않을 경우 현실에서 적절하게 대응하지 못하는 경우들이 많다. 물론 협동조합적 훈련을 강화하는 것은 비단 사업의 지속가능성을 높이기 위함만은 아니다. 이 과정은 또한 주체역량을 강화하고 운영의 민주성을 담보하는데 기본적인 과정이기도 한 것이다. 협동조합의 운영을 강화하기 위해 특히 주목할 몇 가지 활동은 먼저 사업단의 운영 방향 자체를 협동조합으로 잡은 광진지역자활센터와 독립을 앞두고 있는 사업단의 구체적인 주체를 대상으로 1년 이상 협동조합 운영 과정을 진행 중인 부천소사지역자활센터의 사례 등을 참고할 수 있겠다. 실제 광진지역자활센터의 경우, 독립한 8개 자활기업 중 4개가 협동조합이며, 부천소사지역자활센터는 독립을 앞둔 3개 사업단의 구체적인 주체들과 주 2회, 1년 이상의 협동조합 운영을 위한 워크숍을 진행하고 있다.

다음으로 '좋은 일 만들기'를 위해 일자리 자체의 성격을 공적으로 하고자 하는 사례들이 발견된다. 이를 일자리의 공공성 강화로 분류했다. 이를 위해 먼저 지역의 욕구를 수렴해 사업화하는 사례들이 발견되는데, 청원지역자활센터, 전주덕진지역자활센터, 포항나눔지역자활센터의 사례에서 이 과정을 좀 더 자세히 살펴볼 수 있다. 그리고 지역에서 수렴된 욕구는 아니더라도, 현재 지역의 상황을 고려했을 때 지역에 필요하다고 생각되는, 즉 지역을 고려한 사업모델을 창출한 사례들도 있다. 고성지역자활센터의 지역관리형 모델과 강북지역자활센터의 친환경·자원순환형 사업이 구체적인 예가 될 수 있겠다. 그리고 전주덕진지역자활센터의 경우, 초기 사업단의 목표를 설정할 때, 사업단 자체가 아닌 사업단의 지역사회에서의 역할을 고려해 항상 공공성을 강화하는 방향으로 목표를 설정하고자 노력하고 있었다. 그리고 실제 지역자활센터가 지역에서 일을 만들어내는 일을 지속하고 있기 때문에, 오히려 지역에서 당당하게 일자리 전문기관의 위상을 요구할 필요가 있다고 느끼며 이를 위한 노력이 포항나눔지역자활센터에서 발견된다.

'좋은 일 만들기'를 위해 일자리의 지속가능성과 공공성을 강화한 결과, 그 성과를 다음과 같이 응답했다. 먼저 사례관리를 강화하면서 참여주민 특성에 맞는 업무 배치가 가능해졌고, 실제 주민들의 만족도도 높게 나타났다. 그리고 광진지역자활센터의 사업단 배치 시 파견기간을 두는 활동은 사업단과 신규 참여주민 간의 융화기회를 제공함과 동시에 현재 사업단에서 일하고 있는 참여주민들이 존중받는 효과를 동시에 가져왔다. 또한 자활사업에 지역의 자원을 연계하는 과정을 통해 지역사회 인지도가 올라가고 또한 영향력도 높아져 지역사업의 주체로 성장한 사례들도 있었다. 특히 지역 안에서 지속가능성을 고민하다보니 지역 특성에 맞춘 사업화 방향을 잡아나가는 데 지속적인 훈련이 됐음은 물론이다. 아울러 제품의 품질 강화에 중요도를 높게 둔 경우, 사업단의 물품을 통해 행정조직의 선물 관행을 바꾸기도 했는데, 부천소사지역자활센터의 쿠키와 호두파이가 부천시청 인사이동시—그전에는 꽃을 주던 관행—제공되는 선물로 자리잡았기도 했다.

사람의 성장

본 조사에 참여한 모든 기관은 사람의 성장에 대해 오래된 고민과 경험, 그리고 다양한 실천들을 하고 있는 것으로 나타났다. 그리고 사람의 성장을 위해 일을 하는 사람으로서의 역량(사업 역량)과 자신의 삶터와 일터에서 주체로 설 수 있도록 하는 역량(주체 역량)을 지원하고 있는 경향이 발견되었다. 이를 위한 주요 활동과 그 활동의 성과는 〈표 9〉와 같다.

사업 역량 강화를 위한 활동은 모든 지역자활센터에서 발견되었다. 각 사업단에 필요한 직무직능 교육을 강화하고 타지역 사업 견학 등을 지원하고 있다. 노원지역자활센터에서는 사업단 대표에 순환대표제를 도입하면서 구성원들이 돌아가며 대표를 수행하면서 실질적인 책임을 경험하도록 하고 있다. 특히 고성지역자활센터와 남양주지역자활센터에서는 사업단 간 협력시스템을 구축해 시너지 효과를 내고자 했던 점이 발견된다. 아울러 남양주지역자활센터, 포항나눔지역자활센터, 여주지역자활센터에서는 삶의 기반이 될 수 있는 전문 자격증 및 민간 자격증 취득을 위한 지원을 하고 있는 것으로 나타났다. 또한 주민이 주도해 사업을 진행할 수 있도록 지원하는 경향도 모든 기관에서 발견되는데, 특히 포항나눔지역자활센터는 초기개입에 집중하되 점진적으로 개입을 줄여나가는 방식을 시스템화한 것이 특징적이다. 그리고 이처럼 주민주도를 독려하는 분위기는 자연스럽게 사업단과 자활기업과의 관계도 독립적이 되는 것으로 이어지는데, 기관마다 독립성의 기준은 다 다르다.

〈표 9〉 지역사회실천 2: 사람의 성장

영역	지표	주요활동	성과
사람의 성장	사업 역량	• 직무직능 능력 강화 교육 강화, 타 지역 견학, 순환대표제, 사업단 간 협력시스템 구축 • 전문자격증·민간자격증 취득 지원 • 주민주도 사업 진행 • 기관과 사업단, 기관과 자활기업 관계 독립	- 순환대표제를 통한 다양한 구성원의 사업에 대한 관심 상승 - 사업단 협력 증진(상호 재정지원 등) - 사업단 구성원의 책임감 상승 - 대학진학, 업무 전문화 - 자활기업의 높은 자율성
	주체 역량	• 교육(지속적이고 장기적인 비전) 인권교육, 역량강화 정기교육, 리더십 교육, 인문학강의 장기 운영(동문 후속 모임 운영) • 자치역량 강화 주민회의, 자치운영위원회(매주), 주민전체모임 기획 및 집행, 자조모임 활성화, 자활공제조합 운영 • 센터운영에 주민 참여 • 지역 현안에 참여 토론회, 서명 등에 참여 • 실무자 역량강화 교육 활성화, 전체 회의에 참여, 업무 로테이션, 지역활동 참여	• 내부 성과 불만 및 민원 감소 다양한 아이디어 도출 및 사업 기획 및 집행능력 강화 공제활동에 대한 자부심 (특히 정기적 인문학 교육을 통한) 리더그룹의 형성 실무자 업무집중도 상승, 이직률 감소 • 외부 성과 지역활동 주체로 성장, 지역행사 기획, 지역 네트워크 참여 지역 시민단체 가입, 자발적 기부 증가, 지역 모임 생성 등

모든 실무까지 분리시키는 경우, 투명성 담보를 위해 회계 실무를 지원하는 경우, 활동은 전폭적으로 지원하고 간섭하지 않되 실무는 전체적으로 지원하는 경우 등 다양하다.

이와 같은 사업 역량 강화는 현장에서 몇 가지 긍정적인 성과를 가져왔다. 먼저 순환대표제 적용은 다양한 구성원이 실질적인 책임을 경험하면서 사업에 대해 관심이 높아지는 효과를 가져왔다. 또한 사업단

간 협력시스템을 구축하고자 했던 남양주지역자활센터의 경우 사업단 간 어려움이 있을 경우 실질적인 도움을 상호 간에 나누는데, 재무적인 어려움 또한 재정지원을 통해 나누고 있는 것으로 나타났다. 자격증 취득을 지원한 경우에는 참여주민의 자존감이 높아지고, 업무에 대한 전문성이 높아지며, 포항나눔지역자활센터 참여주민의 경우 관련 전공으로 대학에 진학하는 사례도 발견된다. 마지막으로 사업단 및 자활기업과 기관이 독립적인 관계를 유지하면서 특히 자활기업은 스스로 업무에 대한 인식과 책임성이 높아졌으며, 기관으로부터 자유롭게 활동하는 자율성이 매우 높은 것을 참여주민들의 인터뷰를 통해 확인할 수 있었다.

그러나 전체 기관에서 사람을 성장시키고자 할 때, 사업 역량보다 주체 역량 강화를 위한 다양한 실천에 더 많은 실험들이 진행되고 있음을 확인할 수 있었다. 먼저 교육이다. 인권 교육(강북), 리더십 교육(부평, 부평남부, 광진, 여주), 역량강화 정기교육(청원), 인문학 강좌(광진, 여주) 등의 교육을 진행하고 있었고, 대부분의 기관에서 교육 뿐 아니라 이 주체적 역량을 발현할 수 있도록 현장에서 경험할 수 있는 다양한 기회를 제공하고 있었다. 예를 들면 정기적인 주민회의·자치운영회를 직접 운영하게 하거나(남양주, 노원, 부평, 부평남부, 광진, 여주), 광진지역자활센터의 경우 대표들로 하여금 주민 전체 모임의 1년 과정을 기획 실행하게 했다. 또한 부평, 부평남부, 청원, 광진, 전주덕진, 여주지역자활센터의 경우 자율적으로 운영되는 다양한 자조모임이나 동아리가 활성화되어 있었고, 자활공제조합 또한 활성화되어 있는 경우가 많았다(부평, 부평남부, 남양주, 청원, 광진, 여주). 특히 광진지역자활센터는 공제조합 운영의 권한이 모두 참여주민에 있었으며, 여주지역자활센터는 지역 주민들을 포함하여 공제조합을 운영하고 대출의 내용도 매우 다양한 것으로 확인되었다. 또한 센터 운영에 직접 참여하는 경우(노원, 광진, 전주덕진)도 있었는데, 노원지역자활센터에서는 센터 기관 평가에 참여주민을 포함하기도 한다. 대외적으로는 토론회, 서명 활동 등을 통해 지역 현안에 참여하도록 독려(노원, 포항나눔)하기도 하는 등 다양한 방식의 '실질적인 참여와 기회'를 부여하기 위한 노력들이 발견되었다.

주체역량 강화를 위한 노력은 실무자를 대상으로도 확인된다. 실무자가 참여할 수 있는 다양한 교육 참여의 기회는 모든 기관에서 열어놓고 있으며, 타 사업에 대한 이해를 높이기 위해 업무 로테이션을 하는 경우도 있다. 특히 광진지역자활센터의 경우, 전체 실무자가 기관의 모든 회의에 참여하면서 집단 수퍼비전이 가능한 구조를 만들고자 했다. 아울러 참여의지와 관심 영역에 따라 다양한 지역 활동에 참여할 수 있도록 독려하고 있었다.

주체 역량을 강화하고자 한 노력의 성과는 크게 두 가지로 볼 수 있다. 하나는 기관 내부의 성과이고 다른 하나는 외부 성과이다. 먼저 내부 성과의 경우, 가장 크게는 불만 및 민원이 감소했다. 부평, 부평남부, 전주덕진지역자활센터의 경우 주체성을 강화하는 과정을 통해 불만 해소 및 동기 유발이 동시에 가능해졌다고 응답했다. 참여주민이 다양한 의사결정 과정에 참여하거나 운영의 주체가 되기 때문에 문제를 현재의 시스템을 통해 해결할 수 있게 된 까닭으로 보인다. 또한 스스로를 사업의 주체로 인지하면서 다양한 아이디어가 도출되고 사업을 기획하는 능력과 집행 능력 또한 강화되었다. 운영의 주체가 된다는 것은 그만큼 책임감이 요구되는 과정이기 때문에 참여주민 중 이를 부담스러워하는 사람도 있지만, 이 과정을 통해 리더로 성장하는 사람들도 분명히 나타난다. 리더로 성장한 그룹의 경우 좁게는 사업운영을 위한, 넓게는 지역사회에서 역할을 위한 다양한 아이디어와 기획력이 증가하게 된다. 내부 성과가 잘 드러나는 부분 중 또 하나는 공제활동과 관련되어 있다. 실제 광진지역자활센터 공제조합의 이사는 외부 활동을 할 때 공제조합에서 일하고 있다는 것에 자부심을 드러낸다고 응답했다. 실무자에게서도 유사한 경향이 발견된다.

성과는 내부에서만 국한되지 않는다. 실제 많은 참여주민들이 지역에서의 주체로 성장했다. 특히 지역단위 마을 축제에 정기적으로 참여하는 지역자활센터의 경우(부평, 부평남부, 청원), 지역 행사의 기획 및 구성에서 중심적인 역할을 하고 있으며, 청원의 경우 참여주민들이 지역 내 자발적인 모임을 만들어가고 있기도 하다. 남양주지역자활센터 및 노원지역자활센터의 경우, 참여주민 및 자활기업 종사자들이 지역 네트워크에 참여하는 비중이 매우 높은 것도 긍정적인 성과로 볼 수 있다. 이 결과 부평, 부평남부, 노원, 전주덕진지역자활센터 등에서는 사업단 혹은 자활기업의 자활센터 또는 지역사회에 자발적인 기부로 이어지기도 했다. 여주지역자활센터의 참여주민들이 지역사회 다양한 복지인프라의 대표로 성장한 것도 눈여겨볼만 하다. 하지만 거의 모든 기관의 응답에서 확인되는 가장 중요한 요소는, 무엇보다도 참여주민들이 스스로를 지역에 필요한 사람이라고 인식하게 되었다는데 있다고 볼 수 있다.

조직의 운영

사실 지역에서 유용한 역할을 하는 센터가 되기 위해 비전을 설정하고 사람을 성장시키는 과정이 있다하더라도 이를 조직적인 차원에서 실제로 가능하게 하는 것은 다른 차원의 문제이다. 즉, 기관의 사업이 지역사회실천과 맞닿게 하고, 또한 다양한 구성원이 지역사회실천의 주체가 되기 위해서 기관 자체에서 이를 가능하도록 하는 시스템과 분위기를 형성해야하는 것이다. 본 조사를 통해 만난 지역자활센터들의 활동을 살펴본 결과, 크게 세 가지 맥락에서 지역사회 실천을 위한 조직의 운영방식이 확인되었다. 이는 각각 '비전의 공유', '운영의 민주성 강화', '지역 연계성 강화'로 요약되며, 자세한 내용은 〈표 10〉과 같다.

사실 한 조직을 이해하는데 매우 중요한 것 중 하나가 조직의 비전이다. 기관이 무엇을 위해 왜 존재하는지를 표현하는 함축적인 문구이기 때문이다. 이 조직의 비전이 실제로 사업에 잘 반영되는지, 구성원들이 이 비전을 이해하고 있는지는 조직 진단을 하는데 있어서 중요한 요소이기도 하다. 이런 차원에서 구성원들과 함께 비전을 만들어 온 사례(남양주, 광진, 부천소사, 여주)들이 의미가 있는데, 특히 부천소사지역자활센터와 여주지역자활센터의 경우 지역의 다양한 이해관계자를 이 과정에 포함시키기도 했다. 이런 기관의 경우, 구성원들의 비전 인식 수준이

〈표 10〉 지역사회실천 3: 조직의 운영

영역	지표	주요활동	성과
조직의 운영	비전 공유	• 조직 비전 설정 지역과 주체를 구체화하는 비전 설정, 구성원 전체, 지역주체 등 포함 • 비전의 공유 주요 문서에 비전 삽입, 사업시 고려	- 조직과 사업에 대한 공통된 이해 증가 - 사업운영에 있어 비전 고려
	운영의 민주성 강화	• 의사결정 구조 센터장 권한 축소(권한<책임), 수평적 관계 조성, 회의의 정례화(협의·논의 구조 강화), 공식회의를 통한 공동결정, 법인과 공동 기획 • 실무자 권한 강화 실무자 사업 권한 강화, 자율성 강화 • 주민 주체 권한 강화 주민주도의 사업 진행, 주민의 센터 운영 참여, 주민회의에 대한 피드백, 사업단과 독립적 관계, 주민자치사업 실무지원 강화	- 상호 공유 기회 확대 - 결정된 내용 집행 노력 증가 - 각 주체들의 업무 부담 감소 및 역할에 집중 가능
	지역 연계성 강화	• 지역활동가 채용 • 실무자 지역활동 참여 독려 • 필요서비스 적극 연계 • 교육강화를 위한 외부 자금 연계	- 지역 필요 사업과 적극 연계 - 지역 내 기관 및 법인 인지도 상승

매우 높은 것으로 나타났으며, 광진지역자활센터의 경우 기관에서 발행되는 주요문서에는 항상 비전을 삽입함으로써 비전이 사문화되지 않도록 노력하고 있었다.

비전을 공유하기 위한 노력은 자연스럽게 조직과 사업에 대한 공동의 이해가 높아지는 결과로 이어졌다. 또한 사업을 운영하거나 기획하는데 있어서도 기관의 전체적인 방향인 비전을 고려하여 사업 목표를 설정하는 등 이를 일치시키려는 노력이 증가했다.

또한 조직이 지역사회 실천에 적극적이고, 무엇보다 구성원이 적극적이기 위해서는 구성원들이 기관에서 자율적으로 일하는 것이 중요하다. 이를 인식한 기관의 경우 구성원들의 자율성을 높이기 위해 민주적인 소통 구조, 민주적인 의사결정 구조를 만들기 위해 노력하고, 구성원들인 실무자와 참여주민의 권한을 강화하고자 노력하는 것으로 나타났다. 거의 모든 지역자활센터에서 회의가 정례화되어 있었고, 중요한 의사결정은 공식회의를 통해 이뤄지고 있었다. 특히 전주덕진지역자활센터와 광진지역자활센터, 포항나눔지역자활센터의 경우 센터장의 권한을 축소하고 실무자 및 참여주민의 권한을 강화하는 것을 중요하게 생각하고 있었다. 특히 실무자의 권한을 강화하여 자율성을 높이고 이를 통해 각자 담당한 사업단에 책임감을 높이거나 더 다양한 사업에 도전할 수 있도록 독려하고 있었다. 광진지역자활센터는 센터의 모든 공식회의에 전체 실무자가 참여하도록 하고 있다는 것이 특징적이었다. 주민주체의 권한을 강화하고자 하는 노력도 공히 발견되는데, 기본적으로 대부분의 자활센터에서 주민주도로 사업을 진행하거나, 대표자회의를 정례화하여 현황을 정기적으로 공유하기도 하고(노원, 청원, 광진, 전주덕진), 참여주민 회의에 대해서는 반드시 피드백을 하며(전주덕진), 주민자치사업의 실무지원을 강화(광진)함으로써 참여주민들이 보다 더 자발적으로 사업 및 운영에 참여할 수 있도록 독려하고 있었다.

운영의 민주성을 강화하고자 한 노력을 통해 기본적으로 일하는 사람들 간의 상호 공유 기회가 확대되었다. 함께 논의하고 결정하는 과정을 통해 결정된 내용에 대해 집행하려고 하는 노력이 증가했으며,

논의 과정에서 각 주체들의 역할이 분명해짐으로써 각 주체들의 업무 부담 역시 감소했다. 이를 통해 각자의 역할에 충실하고 집중할 수 있는 구조가 만들어지는 것으로 보인다.

마지막으로 지역자활센터 및 구성원들이 지역에 보다 편안하게 연계될 수 있도록 분위기를 조성하고자 했다. 사실 대부분의 지역네트워크 활동은 기관장들을 중심으로 해서 진행되는데, 그렇다 할지라도 필요나 욕구에 따라, 혹은 기관 비전에 따라 다양한 구성원들의 지역사회 참여를 중요하게 생각한다면 이것이 실제 가능할 수 있도록 하는 분위기가 중요하다. 대부분의 기관에서—실제 참여의 정도 및 수준은 별개로—특히 실무자로 하여금 지역활동에 참여할 수 있도록 독려하는 문화가 발견되었다. 실제 노원지역자활센터의 경우 실무자들의 지역활동이 많이 부각되었고, 이 과정에서 지역의 필요사업과 적극적으로 연계되고 있음이 확인되었다. 그리고 이런 활동을 통해 지역 내 기관의 인지도가 높아지는 것은 자연스러운 일이다. 그 외에도 지역사회 실천에 대해 운동적 방향성을 중요하게 생각하는 기관의 경우, 지역 활동가를 채용하고자 했다. 부평, 부평남부, 청원, 광진, 전주덕진지역자활센터 등에서 이런 경향이 발견되는데, 이는 자활 실무자에게 요구되는 유대감 및 지역사회 실천의 자발성이 중요한 요소라는 공감대에 기인한 것으로 보인다. 또한 특징적인 것은 앞서 말했듯 대부분의 기관에서 교육을 중요하게 생각하고 있기 때문에, 특히 인문학 과정 등을 외부자원을 연계하여 진행하는 경향이 발견된다는 것이다. 실제 교육을 매개로 한 지역의 연계는 지역과 간접적으로 만날 수 있는 유용한 수단이 될 수 있다는 점에서 이런 접근은 의미 있는 것으로 보인다.

지역 네트워크

앞서 정리한 '좋은 일 만들기', '사람의 성장', '조직의 운영'이 지역사회 실천을 위해 필요로 하는 영역이었다면, 지역 네트워크는 이 영역들의 역동적인 작동으로 나타난 결과물로 볼 수 있다. 지역 네트워크는 세 가지 지표로 분류되었다. 지역 내 타 지역자활센터와의 관계, 지역과 함께하는 사업, 그리고 지역 네트워크에서의 역할이 그것이다.

〈표 11〉 지역사회실천 4: 지역 네트워크

영역	지표	주요활동	성과
지역 네트워크	지역 타 자활센터 관계	• 지역내 자활센터와 협력 실무자참여주민 교육 공동 진행, 지역 네트워크 공동 조직 및 공동 참여, 공동 사업	- 갈등 완화 - 다양한 협력 가능성 상승
	지역과 사업	• 지역 필요에 기반한 사업 센터주변 인프라에 대한 관심, 복지인 프라 확충, 지역순환경제시스템 구축, 지역관리형모델, 도시재생사업 참여 • 지역사업 참여 마을축제, 장터 등	- 지역 내 인지도 상승 - 행정의 관심과 연계 높아짐 - 지역 그룹의 다양한 제안 증가
	지역 네트워크 에서의 역할	• 지역네트워크 결성 지역복지 민간네트워크 결성, 사회적 경제 네트워크 주도적 결성 • 지역네트워크와 자활사업의 연계 사업 연계, 공동 사업 모델, 자활공제조 합에 지역 참여 등	- 사회적 가치의 지역적 확산 - 행정의 논의 파트너로 성장 - 지역에 필요한 공동과제 도출 - 지역사업의 다양화 - 자활사업과의 연계를 통한 지속가능성 강화

간혹 한 지역에 여러 개 지역자활센터가 존재하는 경우가 있다. 이런 경우 내부적 이유 혹은 외부적 요인에 의해 갈등이 발생할 가능성은 항상 존재한다. 조사한 지역자활센터는 지역 내 다른 지역자활센터들과 어떤 관계를 맺고 있을까? 먼저 본문에서 부평지역자활센터와 부평남부지역자활센터를 묶어서 살펴본 것에서 알 수 있듯이, 이 두 지역자활센터의 경우, 사업을 비롯하여 공동교육, 지역네트워크 공동 구축 및 참여 등 다양한 차원의 협력이 이뤄지고 있는 것으로 나타났다. 이 외에도 청원지역자활센터는 청주지역자활센터와 공동사업을 진행하기도 하며, 부천소사지역자활센터의 경우도 사업을 논의하기 전 다른 2개 지역자활센터와 협의 이후 진행하고 있는 것으로 나타났다. 특히 부평지역자활센터와 부평남부지역자활센터의 관계로부터, 지역자활센터의 협력을 통해 발생 가능한 다양한 갈등을 완화할 수 있고 보다 긍정적으로는 다양한 협력의 가능성이 지속적으로 열리는 것을 확인할 수 있었다.

그렇다면 본격적으로 지역자활센터는 기관의 사업을 지역과 어떻게 연계하고 있을까? 먼저 지역의 필요에 기반해서 사업을 진행하는 경우가 있다. 전주덕진지역자활센터의 경우 센터가 위치한 그 주변에서 사람들을 만나 사업을 논의하는 것이 특징적이었으며, 고성지역자활센터와 여주지역자활센터의 경우, 농촌지역의 취약한 복지인프라를 자활사업을 통해 일궈왔다. 특히 고성지역자활센터의 경우, 지역관리형 모델과 지역순환경제시스템을 구축하는 등의 전체 지역적 전략을 구상하고 있었다. 또한 남양주지역자활센터와 광진지역자활센터도 지역의 복지네트워크에 긴밀하게 참여하고 있었다. 노원지역자활센터와 포항나눔지역자활센터는 사업 구상시 지역의 필요를 만나기 위한 노력이 부각되는 사례들이다. 강북지역자활센터는 지역의 요청에 따라 도시재생사업에 결합하고 있었고, 특히 지역아동센터와의 관계는 지역자활센터와의 상생적 사업을 하는데 유용한 여러 가지 단초를 제공했다. 청원지역자활센터, 포항나눔지역자활센터, 여주지역자활센터 등에서 이 사례들을 볼 수 있다. 이렇게 지역의 필요를 사업으로 연계시키는 경우들도 있지만, 이 외에도 지역에서 진행되고 있는 사업에 적극적으로 참여하는 경우도 많다. 가장 대표적인 것이 지역에서 정기적으로 진행되는 마을축제나 장터에 참여하는 것인데, 대부분의 기관에서 그런 네트워크가 지역에 존재한다면 참여하고 있었고, 특히 부평과 부평남부, 전주덕진지역자활센터의 경우 지속적인 참여를 통해 기관들이 마을 축제의 주요 이해관계자로 성장하기도 했다.

이런 과정들을 통해 지역사회에서 인식이 높아졌음은 물론이다. 특히 행정의 관심과 연계가 강화되었고, 지역의 다양한 그룹들로부터 제안이 증가하기 시작했다. 이는 지역 네트워크에서의 역할에서 보다 분명히 드러난다.

지역네트워크 활동에서 가장 눈에 띄는 것은 지역에 필요한 네트워크 결성에 지역자활센터가 중심적인 역할을 하는데 있다. 특히 사회적경제 담론이 사회적으로 확장되면서 지역의 사회적경제 조직들을 묶어내는데 중심적인 역할을 한 것으로 드러났다. 부평, 부평남부, 노원, 청원, 광진, 전주덕진지역자활센터의 경우, 지역 내 사회적경제 네트워크 결성에 주도적인 역할을 했고, 특히 광진지역자활센터는 지역복지 민간네트워크 결성에도 주도적으로 참여했다. 이와 같은 네트워크의 결성은 무엇보다 지역에 필요한 공동 과제를 도출하는 민간의 힘이 축적되는 과정이며, 다양한 사회적가치가 지역으로 확산되는데 중요한 역할을 하고 있다. 또한 지역의 자활 및 사회적경제 영역이 지자체와 거버넌스를 구축하는 데 중심적인 역할을 하고 있고, 지자체의 중요한 논의 파트너의 역할도 가능해졌다. 그리고 이렇게 확장된 네트워크는 지역자활센터의 사업과도 연관폭을 넓혀주었다. 부평, 부평남부, 노원, 광진, 전주덕진지역자활센터 등에서 다양한 방식으로 지역사회네트워크가 기관의 사업으로 연결되는 사례들이 발견되었다. 특히 여주지역자활센터는 공제조합을 지역으로 확장해 지역의 다양한 취약계층이 참여함으로써 보다 안정적으로 공제조합을 운영할 수 있게 된 것으로 보인다. 이렇듯 지역의 네트워크가 지역자활센터의 다양한 사업들과 연계되면서 지역자활센터의 사업이 보다 다양해짐과 동시에 지역자활센터의 사업단 및 자활기업들의 사업이 지역에서 보다 지속가능해지는 과정들을 확인할 수 있었다.

Chapter 15
자활기업의 지역사회실천 정리하기

이번에는 자활기업의 지역사회실천 사례를 정리할 차례이다. 이 책에 소개된 사례가 일반적이지는 않지만 지역사회실천을 고민하는 자활기업들에게 의미 있는 시사점을 제공해줄 수는 있을 것이다. 함께 보자.

자활기업에 대한 정리도 앞서 정리된 지역자활센터의 4가지 영역(좋은 일 만들기, 사람의 성장, 기관의 운영, 지역 네트워크)을 기본으로 했다. 다만, 자활기업의 경우 '좋은 일 만들기'가 궁극적인 목표가 아닌 경우가 있어 '좋은 일 만들기'를 '사업의 지역성'으로 대체하여 살펴봤다. 즉, 자활기업의 지역사회 실천을 살펴보기 위해 사업의 지역성, 사람의 성장, 기업의 운영, 지역 네트워크 네 가지 영역에서의 활동을 살펴봤다.

먼저 사업의 지역성이다. 네 개 기업 중 세 개 기업이 사업 자체의 지역성이 높게 나타났다. ㈜즐거운밥상의 경우 공공급식의 단가가 낮아 전체 천안지역에 제공할 경우 수익이 날 수 없는 구조임에도 공공급식을 제공하고, 이런 노력이 지역에서 인정받아 다양한 수익사업으로 연결된 경우이다. ㈜천안돌봄사회서비스센터와 (사)부산돌봄사회서비스센터의 경우 제공하는 서비스 자체가 지역의 필요를 기반으로 하고 있기 때문에 사업 자체의 지역성이 높고, 특히 (사)부산돌봄사회서비스센터의 경우 광역자활기업이기 때문에 지역 내 지역자활센터의 자활사업단으로부터 양성되는 돌봄서비스 공급 인력을 지속적으로 고용하고 있다.

두 번째로 사람의 성장이다. ㈜즐거운밥상이 우선순위를 높게 두고 있는 부분인데, 이를 위해 구성원들의 욕구를 반영해 교육을 진행해왔으며, 주체적 역량강화를 위해 회의를 정례화하고 주요 의사결정은 이 회의 구조를 통해 함께 진행하는 방향을 지향하고 있다. 이런 차원에서 내부적으로 지속적으로 협동조합 전환 논의를 하는 것 또한 특징이다. 다만 2015년 사업여건의 큰 변화가 있어 교육 진행은 어려움을 겪고 있다. 이 외에도 자격증 등을 위한 시간 할애, 교육비 전액 지원 등을 사람의 성장을 위해 고려하고 있다. ㈜천안돌봄사회서비스센터는 사무실 직원과 현장 직원으로 나눠 사람의 성장을 도모하는데, 교육에 대한 직원들의 의욕이 낮아 다른 방법을 모색했다. 회의 정례화는 물론이고, 연 2회 평가와 워크숍을 통해 ㈜천안돌봄사회서비스센터의 1년 살림을 함께 결정하는 과정에 사무실 직원이 중심적으로 결합한다. 현장 직원의 경우, 현장직원으로부터 수렴되는 의견을 사업에 진행하는 등의 방식으로 수렴되는 의견을 해소함으로써 지속적으로 사업과 관련한 의사소통이 원활하도록 유도하고 있다. (사)부산돌봄사회서비스센터는 기업이 커지면서 자활출신이 아닌 구성원들이 많아지고, 조직의 비전에 대해 공동의 이해가 없다는데 문제의식을 가지고 전체 구성원들과 기업의 비전을 설정하기 위해 1년 반 동안 외부자원을 동원해 워크숍을 진행했다. 이를 통해 기업 구성원들의 공통의 비전이 만들어졌고, 사업에 대한 이해, 철학, 지역에 대한 관점 등이 정리되고 있는 과정들에 대해 설명하고 있다. 마지막으로 ㈜컴윈은 기업 운영 초기, 취약계층의 자존감 향상을 우선순위에 두고, 이를 해결하기 위한 단기적이고 효과적인 방법으로 각종 자격증 지원, 금연 지원 등 스스로가 성취감을 느낄 수 있는 분야에 대해 시간적·금전적 지원을 했고, 이를 인센티브로 지급하기도 했다. 또한 구성원들이 '집-일-집-일'의 패턴으로 삶을 살고 있다는 점에서 서로 이야깃거리를 늘릴 수 있도록 다양한 소모임을 활성화시키고자 했다.

세 번째, 지역사회실천을 활성화하기 위한 조직 차원의 노력이다. 4개 기업 모두 협동조합을 지향하기 때문에 기본적으로 의사소통 구조를 민주적으로 만들기 위한 노력들을 하고 있고, 그 시작은 정례화된 회의를 통해 중요한 의사결정을 한다는데 있다. ㈜즐거운밥상의 경우 정례화된 회의뿐 아니라 매월 1회 전체 구성원을 대상으로 사업을 보고하고 의견을 나눈다. 즉, 구성원들이 의사결정에 참여할 수 있도록 지속적인 정보를 제공하고자 하며, 매년 직원들이 돌아가며 총회 준비위원회 활동을 3개월 정도 수행하면서 ㈜즐거운밥상의 1년 살림을 만드는 데 참여하고 있다. ㈜천안돌봄사회서비스센터의 경우, 팀별 월례회의를 정례화해 회의를 통해 주요한 의사결정을 수행한다. 그리고 지속적인 참여를 독려하기 위해 다양한 교육을 안내하고, 자율적으로 수강하도록 독려하고 있다. (사)부산돌봄사회서비스센터는 규모가 큰 기업의 협동조합적인 운영이 도드라지는 사례이다. 전체 회원이 400여명인데, 이 400명은 모두 회비를 내고 있는 회원들이다. 이 중 40여명의 대표를 선출하고, 이들이 직접적으로 운영에 참여할 수 있도록 양성하는 방식을 기업차원에서 준비하고 있다. 실질적인 운영에 참여함으로써 형식적으로, 그리고 직접적인 참여가 이뤄지고 있는 것으로 볼 수 있겠다. 컴윈의 경우도 정례화된 회의를 통해 중요한 의사결정을 진행한다. 특히 2015년에는 협동조합 전환에 대한 컨설팅을 진행했는데, 외부전문가와 컴윈 내부 구성원들을 중심으로 3개월 간 전체 직원과 함께 집중적으로 논의했던 과정이 특징적이다.

마지막으로 자활기업들의 지역 네트워크 활동을 간략하게 보자. 먼저 ㈜즐거운밥상은 네트워크 활동에 대한 명확한 기준이 있는데, 기업이 몸담은 천안지역뿐만 아니라 충청남도 단위의 네트워크 구성에도 적극적으로 역할하고 있다. 시단위의 경우 시 자체의 시민사회 활성화를 위해 사람을 양성할 수 있는 플랫폼을 지원하고자 한다. 그 결과물로 (협)우리동네가 만들어지게 되고, 천안 지역의 청년, 노동, 시민사회, 사회적경제 조직들이 연대할 수 있는 공간 및 플랫폼으로 기능하고 있다. 충남도 차원에서는 충남도와 대등하게 소통하는 것을 목적으로 하는 민간 거버넌스 등을 만드는 데 중심적으로 기여해왔다. ㈜천안돌봄사회서비스센터의 경우, ㈜즐거운밥상과 함께 초기 시·도 단위의 네트워크 결성에 주도적인 역할을 해왔으나, 오히려 천안 지역의 돌봄 욕구와 관련한 구체적인 활동들이 더 특징적이다. 욕구를 수렴하기 위해 지역의 시민사회단체들과 지속적인 네트워킹을 하고 있으며, 여기에서 수렴된 욕구들에 구체적으로 응대하고자 하는 노력들이 발견된다. (사)부산돌봄사회서비스센터도 유사한 경향이 발견된다. 광역자활기업이기 때문에 다양한 네트워크에 참여하고 있지만, 구체적인 활동이 두드러지는 것은 지역 차원의 건강 관련 다양한 프로젝트를 하고 있다는데 있다. 지역의 평생학습센터, 다문화센터 등과 연계해 정기적인 산모교육을 진행하고 있으며, 연제구청과 연계하여 주민들을 대상으로 치매예방, 뼈건강 프로젝트 등을 진행하고 있다. 마지막으로 ㈜컴윈의 경우 ㈜즐거운밥상처럼 지역 차원의 네트워크를 만들고 초석을 다듬는데 중심적인 역할을 했다. 또한 이렇게 모인 네트워크 구성원들 및 지역 시민들과 함께 지역의 구체적인 이슈에 대응하고자 사회적협동조합을 설립했던 구체적인 협동의 경험과 성과를 가지고 있다는 점이 특징적이다.

이상 자활기업들의 사업의 지역성, 사람의 성장, 조직의 운영, 그리고 지역 네트워크 영역에서의 지역사회실천을 살펴봤다. 4개 자활기업 모두 네 가지 영역에서의 지역사회실천을 위한 시도들을 하고 있으나, 모든 활동이 매우 다양한 양상으로 진행되고 있는 것을 확인할 수 있었다. 그리고 안타깝게도 본 조사에서는 이 활동들의 성과를 살펴보는 데는 한계가 있었다. 다만 이 자활기업들의 경험을 통해 몇 가지 생각할 거리들이 남겨진다.

먼저 사람의 성장에 있어 두 가지 변수가 영향을 미치는 것을 확인할 수 있다. 하나는 사업적 변수이고 다른 하나는 구성원의 출신이다.

사업적 변수란 ㈜즐거운밥상의 사례에서 확인되는데, 사업 시작부터 2014년까지 특히 사람의 성장에 우선순위를 뒀지만, 2015년 급격한 사업변화 과정에서 교육에 집중할 수 있는 여유를 잃게 되었다. 둘째, ㈜컴윈을 제외하고 인원 변동이 생기는 기업들에서 나타난 특성인데, 인원이 바뀌고 민간인력이 고용될 경우, 기업과 대표가 추구하는 비전과 직원의 비전이 일치하지 않게 되는 경향이 생기며, 이는 궁극적으로 자활기업이 일반기업처럼 인지되는 구성원과 그렇지 않은 구성원들 사이의 간극으로 존재할 수 있다는 것이다.

다음으로 조직의 운영에 있어 네 개 기업 모두 협동조합적인 운영을 지향한다는 지향점 자체가 매우 고무적이다. 그러나 이를 현실화하기 위한 노력에는 차이들이 발견되는데 이는 상대적으로 직원이 적은 기업과 직원이 많은 기업으로 나눠 볼 수 있겠다. 직원이 적은 ㈜즐거운밥상과 ㈜컴윈의 경우 구체적으로 협동조합 전환에 대한 논의까지 진행했으나 즐거운밥상은 구성원의 의견이 합의가 되지 않아서, 컴윈의 경우 사업상의 이유로 현재는 멈춰있는 상태이다. ㈜천안돌봄사회서비스센터와 (사)부산돌봄사회서비스센터는 300여 명의 직원으로 구성되어 있어 협동조합적인 운영을 하는데 쉬운 조건은 아니다. 다만 (사)부산돌봄사회서비스센터의 경우, 구성원 중 구성원 대표를 리더로 양성하여 실질적인 운영 과정에 참여시키는 방식을 추구한다면, ㈜천안돌봄사회서비스센터의 경우 현장의 욕구에 즉각적으로 대응하는 방식으로 진행하고 있는 점이 차이점이다. 즉, 협동조합적 운영과 관련해서도 사업적 이유, 내부적 소통의 이유, 규모의 이유 등 다양한 변수가 영향을 미치고 있음을 확인할 수 있었다.

마지막으로 지역네트워크에 대한 관점차이도 확인된다. 사업적 특성도 영향을 미치겠지만, ㈜즐거운밥상과 ㈜컴윈의 경우, 지역의 사회적기업, 사회적경제 관련 네트워크를 만들어내는데 적극적인 역할을 해왔다. 특히 ㈜즐거운밥상의 경우 특히 충남 차원의 거버넌스 기능의 민간네트워크 강화에 힘쓰고 있으며, ㈜컴윈은 화성시 차원의 민간 네트워크를 구성하고 이 네트워크의 구체적인 활동으로 사회적협동조합을 만들어 네트워크 구성원들이 지역의 구체적인 이슈에 직접 대응하고자 했었던 과정이 특징적이다. ㈜천안돌봄사회서비스센터의 경우에도 초기에는 지역 전체 네트워크 구성에 적극적으로 기여했으나, 시간이 지나면서 돌봄 욕구를 둘러싼 구체적인 지역 욕구에 응답하는 방식이 더 많이 발견되고, 이는 (사)부산돌봄사회서비스센터에서도 유사하게 나타난다. 이렇듯 지역네트워크에 결합하는 방식과 관점도 자활기업마다 차이가 존재한다. 다만 지역자활센터와는 달리 네 개 기업 모두 다른 직원들이 지역사회 네트워크에 참여하는 비중은 매우 낮은 것으로 확인된다. 이런 경우 대표 중심의 네트워크 활동이 기업 자체의 비전 및 구성원들의 비전과 공유되는 과정이 매우 중요하다.

〈표 12〉 자활기업의 지역사회실천

구분		(주)함께일하는세상	(주)청인돌봄 사회서비스센터	(사)부성돌봄 사회서비스센터	(주)컴인
주요현황	사업내용	공공급식 위탁, 자동 도시락 판매, 바케팅 등	종합 돌봄 서비스 제공	병원간병, 산모서비스 중심 돌봄 서비스 제공	전기전자폐기물 재활용
	미션	유지	유지	재정립(2014)	재정립 준비 중
	경로	자활사업단 → 자활기업	지역자활센터부설 → 자활기업	돌봄사업단 연합 → 지역자활센터 협회 부설 → 독립	자활사업단 → 자활기업
	사회적 기업(법인)	인증 (주식회사/협동조합 전환 논의 중)	인증 (주식회사/협동조합지향)	인증 (비영리법인/협동조합지향)	인증 (주식회사/협동조합 전환논의 중)
지역사회실천	사업의 지역성	• 수익보다 지역 전체에 급식제공 →지역에서 인정 및 타 사업으로 연계	• 전체 지역과 돌봄 영역 연계	• 지역 내 센터 돌봄사업단과 일시 연계	• 전국적인 수준에서 진행되기 때문에 지역화와 연계점은 없음.
	사람의 성장	• 욕구조사를 통한 교육 진행 • 역량강화 지원, 자격증 등 교육시 연계	• 연 2회 평가 및 워크숍 • 구성원 및 이해관계자 수렴을 통한 사업 진행	• 자활출신이 아닌 구성원들과의 소통을 위해 공동 비전작업 진행 (1년반)	• 기술습득 향상을 위한 역량강화 지원 및 인센티브 지급, 자격증 등 소통을 위한 소모임 활성화
	조직의 운영	• 공식적 회의를 통한 소통 및 결정 • 매월 사업 보고 및 공유 • 총회준비위, 특위 등 활용	• 다양한 교육 안내, 자율 수강 • 팀별 월례회의, 작원으로 운영되는 정규회, 연 1회 야유회	• 구성원 400명 중 40여 명이 리더를 양성하여 운영위원회 구성, 협동조합 훈련	• 매월 정례회의 진행, 시행보고, 회계보고, 건의사항 • 협동조합 전환건설팅 진행
	지역사회실천	• 시단은: 시민사회 활성화를 위한 기반조성과 사람 양성. ex) 지역 플랫폼 (협우리동네) 결성 • 도단은: 사회적기업의회, 사회적경제네트워크 등 결성주도	• 돌봄 필요 수급을 위한 시민단체 네트워킹 • 시도 단위 네트워크 결성 및 주도	• 돌봄 의료 지역주민 교육 - 부정평생학습, 다문화센터 등과 연계하여 산모교육 진행 연 6회 (연예구) - 배ㅁ 건강 프로젝트(연예구) - 지역여성화와 근로조건 실태조사	• 사회적기업, 사회적경제 협의회 결성 및 주도 • 지역관리모델 수립: 생활쓰레기 수집업 관련 사회적협동조합 설립

■ 에필로그

자활사업이 지역을 바꿀 수 있을까?

아직 자활사업이라는 것이 세상에 등장하기 전, 빈민밀집지역에서 진행되었던 생산공동체운동에 주목을 한 연구자가 있었다. 생산공동체운동을 살펴본 그는 어떤 기대를 하게 된다. 그것은 지역사회에 기반한 공조체계의 구축을 통해 협동적 시스템을 만들고 그것을 바탕으로 지역사회 빈곤 문제를 해결해나갈 수 있을 것이라는 기대였다. 그 기대를 그는 〈그림 5〉와 같이 표현한다. 그리고 몇 년 후 자활지원센터 시범사업이 시작된다.

당연한 이야기지만 〈그림 5〉는 당시 현장에서 제기했던 것을 반영한 것이다. 앞에서 설명했지만 빈민밀집지역 주민운동은 국내에서 지역사회실천의 거의 시초라고 할 수 있는 사례이다. 생산공동체운동은 빈민밀집지역 주민운동의 일환이었으니 그 자체로 지역사회실천의 한 사례였던 것이다. 그들은 자신들의 지역사회실천 경험과 방식이 빈곤 문제에

〈그림 5〉 협동조합운동의 고취 및 한국적 모형정립 방안

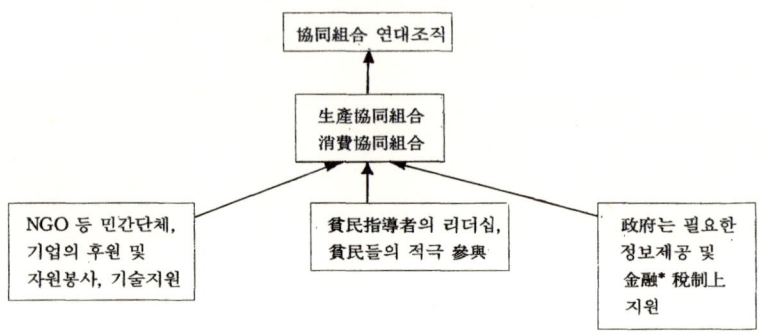

* 기존 새마을事業費 및 生業資金 融資制度를 再整備하여 주로 새마을金庫와 信用組合을 활용하되 貧民들을 조직화하는 방향으로 인센티브 제공.

자료: 권순원(1993:81)에서 인용.

대한 해법이 될 수 있다고 바라봤었다. 아직 자활사업이 시작되기 전인 1995년에 정부의 국민복지기획단 회의에서 송경용이 발표한 글의 일부분은 이런 자신감을 보여준다.

> (중략)이런 문제를 극복하기 위한 방안으로 구체적인 대안에 앞서 가장 원칙적인 대안으로 빈민지역의 민간자원들과의 유기적 협력체계와 공동의 사업진행을 제안하는 바이다. 생산적 복지의 대상인 빈민지역의 가난한 사람들의 정서와 욕구를 가장 잘 알고 있다고 생각하며 집행력도 갖추고 있는 집단이기 때문이다. 또한 그동안의 경험과 실험, 연구에 의거한 풍부한 아이디어를 가지고 있으며 적합한 인재를 조직할 수 있는 자원과 능력도 어느 정도 갖추고 있다고 생각한다.

구체적인 대안의 하나로 위에서 언급한 용역과 생산자협동조합, 교육, 문화활동을 할 수 있는 종합system 구축을 제시한다(하략).

물론 자활지원센터 시범사업에 〈그림 5〉와 같은 방안이나 송경용의 주장이 전적으로 반영되었다고 보기 어려울 수는 있다. 그러나 정부의 자활사업 구상에 큰 영향을 미친 것은 분명하다. 실제로 시범사업 시절부터 자활사업의 현장을 지켜온 이에 따르면 시범사업이 준비되던 시기에 정부에서 발표한 정책해설 자료를 보면 생산공동체운동 진영에서 요구한 정책의 상당부분이 반영되었다고 한다(김승오, 2010). 그 결과 자활지원센터는 어느 정도 근로능력은 있으나 교육·기술·자본 등 자활여건이 취약한 지역사회 빈곤층의 자주적인 빈곤탈피 노력을 지원해주는 보육기관(Social Incubator)으로서의 성격을 부여받는 것으로 이해되었었고(권춘택, 1997), 시범사업 시기에 자활사업 현장의 대체적인 분위기는 지역사회에서 가난한 사람들과 함께 협동조합을 조직해내는 것으로 여겨졌었다.

이처럼 자활사업은 지역사회실천의 한 결과물이자 전형적인 사례로 모습을 드러낸 정책이다. 그러나 오늘날 자활사업은 그것이 등장했던 시절의 모습과 많이 달라졌다. 자활사업은 이제 정부의 공공부조 정책의 하나로 여겨지고 있으며, 지역자활센터는 이를 수행하는 전달체계로서, 그리고 자활기업은 자활사업의 한 결과물 정도로 이해된다. 요컨대 정책이라는 틀거리 내에서만 이해되고 있다는 것이다. 그런데 정부 정책에서 자활사업과 지역사회실천과의 관계는 성립될 여지가 존재하지 않는다. 그것은 현행 자활사업이 갖는 강한 시장지향성 때문이다.

현행 자활사업에서 자활은 취·창업을 통한 탈빈곤이다. 이는 정부의 정책 목표가 빈곤층을 경쟁 노동시장으로 이끄는 것임을 의미한다. 그런데 사회보장 시스템이 취약한데다 갈수록 비정규 고용이 확대되고 있는 현실은 설사 취업을 했다 하더라도 그것이 경제적 안정과 지속성을 보장해주지 못한다. 창업을 해도 마찬가지다. 이미 자영업자는 잠재적 빈곤층으로 규정받는 현실이다. 특히 자활사업 참여자들의 대부분은 '장기 빈곤', '취약한 노동시장 경험', '여성 중고령자', '취약한 건강과 상대적으로 낮은 학력'이라는 특성을 지니고 있다. 이런 특성을 가진 집단들은 보통 인적자본 수준이 낮다고 표현되며 노동시장에서의 경쟁력이 취약한 집단으로 규정된다. 한 마디로 시장을 통한 자립·자활은 결코 일반적인 경로가 될 수 없는 이들이 자활사업에 참여하는 셈이다.

그럼에도 불구하고 정부는 이들에게 시장을 통한 자립·자활을 요구하고 정책의 틀거리 내에 존재하는 지역자활센터로서는 이 경로를 외면할 수 없는 실정이다. 요컨대 지역자활센터가 처한 구조가 그들로 하여금 시장지향성을 갖도록 하고 있는 셈이다. 그리고 이는 현장의 딜레마로 작동하고 있다. 지역자활센터는 기본적으로 사회복지기관이다. 사회복지사업법에 명시된 사회복지시설이기도 하다. 지역자활센터를 구성하고 있는 실무자들의 상당수가 사회복지사이다. 전통적으로 사회복지는 시장이 갖고 있는 문제에 대처하는 특성을 가지고 있었다. 지역자활센터의 실무자들 역시 이런 교육을 받은 이들이다. 게다가 자활사업에 참여하는 이들은 시장 지배적인 질서에서 경쟁을 통한 해결보다는 치유와

보호가 더 필요하고 역량을 강화시켜야 할 집단이다. 결국 정책 대상의 특성은 치유와 보호에 중점을 두거나 역량을 강화시키려는 시도를 체계적으로 진행할 것을 요구하지만 정책 요구는 경쟁 노동시장으로의 진입을 요구하고 있어 정책 대상과 정책의 요구 간에 매우 커다란 간극이 놓여 있다고 할 수 있다. 그리고 이 간극 속에서 시간을 거듭할수록 지역자활센터들은 시장지향성에 경도되고 있고 이제 지역사회실천이 자활사업의 원형이었다는 것은 점차 잊히고 있는 실정이다. 이런 현상의 중요한 배경에는 물론 지도·감독이나 평가 등 정부의 정책을 수행하는 기관들에게 필연적으로 따르는 정부 개입이 놓여 있다.

결국 제도를 생각하지 않을 수 없다. 지역사회실천의 한 결과물로 탄생했던 자활사업은 국민기초생활보장법이라는 특정 제도에 편입된 이후 강한 제도의 규정력을 갖게 되고 제도에 기반해서 새로운 틀이 만들어지게 된 것이다. 지역자활센터의 구성원들은 지역사회실천을 수행하는 활동가라기보다는 정부에서 요구하는 정책 목표를 달성하려는 실무자가 되어가고 있으며, 자활기업들은 지역사회의 협력적 관계를 기반으로 탄생한 지역사회의 경제조직이 아니라 시장의 한 개별 행위자로 여겨지고 있다. 이 책에서 소개되었던 사례가 발표되었던 현장에서 참여했던 한 참여자의 논평은 그래서 인상 깊다. 지역자활센터와 자활기업의 지역사회실천 사례를 소개하는 장에서 그는 이 조직들의 활동을 시장 사업자의 측면에서 논평하고 있다.

(중략)두 번째는 우리가 어떤 변화를 통해 어떤 수익 모델이 창출되었는지에

대한 내용이 전혀 없이 나열식으로만 되었다. 만약 기업가가 왔다면 콧방귀를 뀌지 않았을까? 자랑만 하지 말고 수익모델을 만들면 좋겠다. 어떻게 수익이 변화되고 창출되었는지 그 부분에 대해 솔직하지 못한 것 같다(하략). (2015.10.7. 연구 사례발표회)

제도의 주체는 정부이다. 정부는 정책 목표를 실현하기 위해 제도를 만든다. 현장 활동가들은 지역사회에 기반한 공조체계를 구축하고 그것에 기반한 협동적인 조직을 만들어 지역사회의 빈곤 문제를 해결하고자 했다. 이 과정은 그 자체로 매우 역동적일 수밖에 없으며, 지역사회의 변화와 맞물리는 것이기도 하다. 그러나 정부는 생계급여를 제공하기 위한 조건 부과의 일환으로 자활근로라는 대규모 공공 일자리를 만들었으며, 아직 준비가 되지 않은 지역에까지 전달체계를 급속도로 확산시켰고, 5대 표준화사업과 같은 표준화된 공공 노동을 유도했다. 정책 목표는 더 많은 지역에서 더 많은 사람들이 노동을 하는 것이었고, 기초생활보장 수급자에게 생계급여를 지급하는 것에 대한 정당성을 확보하는 것이었으며, 더 많은 사람들이 탈수급을 하는 것이었다. 그러다보니 탈수급과 취·창업이 강조되는 시장지향성만 이제 남게 된 것이다.

그러나 인간은 능동적 주체이기도 하다. 제도의 강한 규정력이 있다 하더라도 자활사업의 수행 주체들이 새로운 상상력을 갖는다면, 시장지향성이라는 제도의 규정력을 제어하고 자활사업이 지역사회를 변화시키는 동력이 될 수 있는 기회의 창출은 가능하다. 이 책에서 소개하고 있는 사례들이 그것이다. 게다가 이 사례들은 일부일 뿐이다. 이 책에서 소개되지 않은 훌륭한 사례들도 충분하다. 이 책의 사례들에서 살펴본 것처럼 지역사회실천은 엄청난 행위가 아니다. 지역에 대한 구상을 가지고 자활사업 참여주민과 지역자활센터, 그리고 자활기업이 지역에서 어떤 역할을 하면 되는 것이다. 자활사업은 여기에서 매개가 되는 것이다.

시장은 기본적으로 개별화와 원자화를 기반으로 작동되는 속성을 지니고 있어서 인간의 삶을 파편화시킨다. 누구도 인간의 삶이 파편화되는 것을 긍정적인 것이라 하지 않을 것이다. 지역사회실천은 앞에서 살펴본 것처럼 지역사회를 기반으로 한 공동체성의 형성을 중시한다. 자활사업은 기본적으로 가난한 사람들이 더 나은 삶을 영위해나가도록 지원하는 사업이다. 그래서 일자리도 필요하고 수익도 필요하다. 그러나 교육도 필요하고 치유 프로그램도 필요하며, 지역사회의 지지망도 필요하다. 그것뿐만이 아니다 자부심도 필요하며, 문제를 해결해나가는 능력도 필요하다. 서로 협력하고 어울리는 것도 필요하다. 그리고 이러한 것들은 지역사회가 함께 만들어나갈 때만이 가능할 수 있는 것들이다. 그러니 이것이 잘 이뤄진다는 것은 지역사회가 경쟁적이기보다는 협력적인 모습을 가졌음을 의미한다. 그것은 그 이전과는 다른 모습의 지역사회일 것이다. 즉, 자활사업의 지역사회실천은 자활사업이 매개가 되어 지역을 변화시키는 것인 셈이다. 자활사업이 지역을 변화시킬 수 있다는 것, 그것은 충분히 실현 가능한 상상이다.

부록

1. 지역사회실천 말하기

1) 지역사회와 공동체

지역사회실천(community practice)을 말하려면 우선 지역사회란 무엇인지를 짚고 시작을 해야 한다. 지역사회는 community의 번역어이다. 그런데 community는 지역사회 이외에 공동체로도 번역되곤 한다. community는 그리스어로 동료애(fellowship)를 뜻하며, 어원적으로 볼 때는 공동의 뜻을 가진 'common' 또는 'communal'과 하나로의 통합을 의미하는 'unity'의 합성어(이성·정지웅, 2002)로 지역성, 사회적 상호작용, 관계의 공유 등을 특징으로 한다(Bernard, 1973). 사실, 전통 사회에서 공동체는 곧 지역사회이기도 했다. 이동이 잦지 않았고 공동 노동을 했었으며, 많은 경우 혈연으로 매여져있었기에 지역사회의 구성원들에게 공동체 의식은 자연스러운 것이었다(김정원, 2012).

그러나 오늘날에는 지역사회를 넘어선 단위에서도 다수의 공동체가 존재한다. 게다가 지역사회라는 용어 자체에는 이미 지리적 경계를 갖는 지역성(locality)이 내포되어 있다. 그렇다면 지역사회라 하면 local community 또는 place-based community로 규정하는 것이 적합할 수도 있다. 실제로 community는 공동체로 번역하는 것이 좀더 적합하고, 지역사회란 그러한 공동체 가운데 지역성을 띠는 하부 단위로 식별하는 것이 타당하다는 지적도 있다(한상진·황미영, 2009).

이런 점에서 접근한다면 지역사회를 설명하면서 community라는 개념을 사용한다는 것은 해당 지역사회에서 공동체성이 형성되거나 작동되도록 도모해야 한다는 의지가 개입해 들어가는 의미가 있다고 볼 수 있을 것이다. 그렇다면 지역사회실천은 지역사회에서 공동체성이 형성되거나 작동할 수 있도록 하는 실천 행위라 할 수 있을 것이며 오늘날 누군가가 지역사회실천을 이야기한다는 것은 곧 공동체의 필요성에 대한 자각을 하고 있다는 것이기도 할 것이다.

공동체에 대한 인간 사회의 관심은 매우 오래된 역사를 갖는다. 그것은 인간이 원자화된 개인으로서 존재하는 것이 아니라 공동체 속에서 존재하기 때문일 것이다. 가령, 아리스토텔레스는 인간이 공동체적 동물이 될 수밖에 없는 본성을 지닌 존재라고 했으며, 고대 그리스 시대에서 시민은 단순한 인간이나 개인이 아니라 '특정한 공동체의 구성원'을 지칭했다. 그리고 중세에 이르면 공동체에 대한 논의는 시민사회라는 개념과 결부되기 시작한다(박호성, 2009). 이런 점에서 보면 공동체에 대한 문제의식은 곧 사회에 대한 문제의식이기도 하며, 또한 시민(citizen)에 대한 문제의식이기도 하다고 볼 수 있다.*

이처럼 인류 역사에서 공동체에 대한 관심이 꾸준히 제기되어온 가운데 그것이 두드러지기 시작한 것은 근대, 특히 19세기에 들어서이다. 이 시기는 산업혁명과 함께 자본주의 시스템이 자리 잡고 시장경제가 지배적인 경제 시스템이 되면서 전에 없던 급격한 변화가 사회 전반에 몰아치던 때였다. 이 시기에 당대의 많은 사회이론가들은 오랫동안 사람들의 생활 단위였던 규모가 작고 상호의존적인 사회관계가 붕괴되어 가고 있음을 공유를 하면서 다양한 해법을 제시한다. 아마도 생시몽(Henri de Saint-Simon)과 푸리에(Charles Fourier), 그리고 오웬(Robert Owen)으로 대표되는 유토피아 사회주의는 이와 같은 사회적 변화에 대한 해법이 등장하는데 기폭제로서의 역할을 했었다고 볼 수 있을 것이다.

특히 19세기 후반~20세기 초에 시장에 의한 사회의 지배는 매우 격렬했는데, 이런 상황을 목도하면서 폴라니(Karl Polanyi)는 다시 사회가 시장을 통제할 수 있어야 함을 강하게 주장하기도 한다(Polanyi, 2009). 그리고 시장에 의한 사회의 지배는 오늘날 신자유주의라는 이름으로 재림했고, 우리는 시장의 논리로 일상이 지배되는 상황을 목도하고 있다. 그 결과 여기저기서 공동체는 파괴되고 공동체의 구성원인 인간의 삶은 갈수록 황폐화되어 가고 있다. 이런 상황에 지친 이들은 지금 공동체의 필요성을 강조하고 있으며, 또 어떤 이들은 직접 그것을 만들기

---

* 신진욱(2009)에 의하면 공동체의 관심사를 공유하고, 자유롭고 평등한 주체로 서로 관계 맺으며, 공동의 문제를 함께 숙의하고 해결하는 사람이 시민이다. 한편, 오랫동안 사회와 국가는 동일시되어 왔다. 그것이 분리되기 시작한 것은 개인이 발견되기 시작한 근대에 이르러서이다. 그런 의미에서 오늘날 공동체는 개인을 인정해야만이 존재할 수 있다. 신진욱의 견해처럼 자유롭고 평등한 주체로 서로 관계를 맺는다는 것은 각각의 개인이 자유롭고 평등한 주체임을 인정해야 한다는 것을 말한다.

위해 나서기도 하고 있다. 오늘날 '대안 운동'이라고 언급되는 것들이 바로 그것이다. 마을만들기, 지역화폐, 로컬푸드, 공정무역, 지역순환경제시스템 등 다양한 모습으로 나타나는 이른바 '대안 운동'은 기실 그 이면에 공동체의 구축이라는 지향을 담고 있는 것들이다. 최근 각광받고 있는 사회적경제라는 용어는 종종 위와 같은 '대안 운동'과 결부되기도 하는데, 이는 사회적경제가 시장에 의한 사회의 지배가 아닌 경제 활동을 매개로 해서 사회의 공동체성을 강화하고자 하는 지향에 대한 기대가 담겨져 있는 것이라고 할 수 있을 것이다.

이처럼 오늘날 '대안'에 대한 많은 갈구가 존재하고 있으며, 그것은 곧 공동체에 대한 지향을 담고 있다고 설명할 수 있다. 그런데 놓치지 말아야할 것은 '대안 운동'으로 언급되는 사례들을 보면 공동체에 대한 지향을 담고 있는 실천들의 상당수는 지역성과 결부되어 있다는 것이다. 이는 지역사회를 기반으로 조직되는 대안 운동들은 사실 지역사회실천이라는 측면에서 접근해볼 수 있는 여지가 있음을 의미하기도 한다. 앞에서 지역사회실천은 지역사회에서 공동체성이 형성되거나 작동할 수 있도록 하는 실천 행위라 할 수 있을 것이라는 주장은 이렇게 여기서 확인된다.

2) 지역사회실천

앞에서 지역사회와 공동체에 대한 이야기를 통해서 지역사회실천이라는 개념에 대한 접근을 나름대로 설정해봤다. 그런데 지역사회실천은 학문 영역에서는 사회복지학에서 주로 언급된다. 그래서 사회복지학에서 이뤄지는 접근에 주목한다면 이 개념에 대한 좀 더 자세한 이해를 할 수 있을 것으로 보인다. 감정기 외(2005)에 의하면 지역사회 내 집단, 조직, 제도 등의 행동양태를 바꾸거나, 이들과 사람들 사이의 관계 및 상호작용 방식을 바꾸기 위해 사회복지실천 기술을 적용하는 것이 지역사회실천이다. 다만, 지역사회실천이 사회복지학에서 주로 언급되기는 하나 일반적으로 사용되는 용어는 아니다. 국내에서는 지역사회복지실천의 유사 용어로 평가받고 있으며, 실제로도 뚜렷한 구분 없이 지역사회실천과 지역사회복지실천이 혼용되어 사용되는 경향을 보인다. 게다가 과거에는 지역사회조직(community organization)이 주로 사용되기도 했었다. 실은 지역사회복지실천이라는 용어가 공식적으로 등장한 것도 비교적 최근이다. 감정기 외(2005)에 의하면, 한국사회복지교육협의회가 2000년 교과목지침서에서부터 종전에 '지역사회조직', '지역사회조직 실천' 혹은 '지역사회복지의 실천' 등으로 칭하던 것을 '지역사회복지실천'으로 정하면서 공식화되었다고 할 수 있기 때문이다. 한편, 이들은 "지역사회를 단위로 한 사회복지실천의 방법"으로 지역사회복지실천을 정의하면서 크게 세 가지 개념구성 요소를 제시한다. 첫째, 접근의 단위인데, 그것은 지역사회이다. 둘째, 구체적 관심의 대상인데, 그것은 하나의 지역사회 전체가 될 수도 있고 그것을 구성하는 내부의 개인, 집단, 조직, 제도일 수도 있다. 셋째, 개입의 목표인데, 그것은 지역사회 구성원들이 당면하고 있는 문제와 욕구를 해결하기 위한 지역사회의 변화이다.

이런 점에서 보면, 지역사회복지실천은 지역문제를 해결하기 위해 지역사회를 변화시키기 위한 실천 활동인 셈이다(이인재, 2002). 실제 지역사회복지실천은 상당히 포괄적인 범주를 갖고 있다. 가령, 지규옥(2015)은 영국과 미국의 사례를 소개하면서 '자조를 기반으로 하는 주민 참여 모델 확산', '지역과 이용자 중심의 서비스 제공', '협동과 연대를 통한 네트워크 구축'을 지역사회복지실천의 공통점으로 소개하고 있다. 감정기 외(2005)에서는 좀 더 구체적으로 정책 및 제도적 접근, 전문적 접근, 사회운동적 접근, 상조적(mutual help) 접근, 지지적 접근의 다섯 가지로 구분하기도 한다. 또한 지역사회복지실천의 모형으로 가장 널리 알려진 로스만(Jack Rothman)의 유형 분류를 보면 지역사회복지실천 모형이 지역사회에 대한 폭넓고도 구체적인 접근을 도모할 수 있음이 확인되기도 한다.

그러나 오랫동안 국내에서는 지역사회복지실천을 사회복지 시설이 중심이 되어 지역사회에 서비스를 공급하는 행위로 인식되어 왔다. 매우 좁은 의미로 이해되어 온 셈이다.* 이 글에서 굳이 지역사회실천이라는 용어를 채택한 것은 이러한 그간의 관행을 넘어 좀더 적극적이고 포괄적인 의미로 접근을 해보자는 취지를 갖고 있다. 물론 이 취지의 초점은 지역사회의 변화이다. 그러면 지역사회를 변화시켜가기 위한 기본적인 방식으로는 어떤 것들이 있을까? 이와 관련해서는 체코웨이(Checkoway, 1997)가 정리한 것이 비교적 이해를 쉽게 할 수 있을 것으로 보인다.

---

* 피셔와 로마노프스키(Fisher & Romanofsky, 1981)에 의하면 지역사회실천은 사회사업 전통과 정치적 행동주의 전통으로 구분된다. 이런 분류법을 수용한다면 한국에서 그간 지역사회실천은 사회사업 전통이 지배적이었다고 할 수도 있을 것이다.

〈표 13〉 로스만의 지역사회복지실천 모델 비교

영역	지역사회개발	사회계획	사회행동
지역사회복지실천 개입목표	지역사회능력향상과 통합 (과정목표)	지역사회문제 해결 (과업목표)	지역사회권력관계 및 자원동원구조의 변화
지역사회문제에 대한 전제	지역사회능력의 상실, 민주적 문제해결능력 부재 전통적 정태적 지역사회	구체적인 영역별 사회문제: 건강, 주택, 약물 등	사회정의의 부재, 구조적 억압, 불평등
변화전략	지역사회 내 다양한 집단간 합의 도출	자료수집과 분석에 근거한 최선의 계획 수립	표적대상에 대항하는 주민동원 및 조직
변화전술기법	합의도출	조사와 분석기술	대결 직접행동 협상
사회복지사의 주요 역할	조력자, 조정자, 촉매자	전문가, 자료분석가, 촉진자	옹호자, 선동가, 중재자, 협상자
변화의 매개체	과업지향적 소집단 활용	공식적 조직 (예: 관료조직)	대중조직과 정치과정의 변화
권력구조(집단)에 대한 견해	지역사회 일원으로서의 협력자	고용주와 후원자	표적집단으로서 변화대상, 억압자
수혜 대상의 범위 규정	지리적 개념의 지역사회 전체	지역사회 일부 또는 전체	지역사회 일부
지역사회 이해관계 및 하위체계에 대한 전제	공통의 이해관계, 선의의 경쟁 및 이해관계에 대한 협의·조정 가능	사안에 따른 실용적 접근	갈등적 이해관계, 제한된 권력과 자원
수혜집단 구성원	지역주민 시민	서비스의 소비자	억압으로 인한 피해자
수혜집단의 역할에 대한 인식	문제해결에 필요한 합의도출과정 참여	서비스 이용	실천활동가의 고용주 및 사용자
임파워먼트 개념의 활용	협동적이고 의사결정이 가능한 지역사회의 능력 구축	소비자로서의 욕구반영 및 서비스 선택정보 제공	지역주민의 의사결정과정 참여

자료: Rothman, Erlich & Tropman, 2001, pp.45-46. 감정기 외(2005: 106)에서 재인용.

첫째, 문제 해결의 주체로서 지역사회의 강화를 강조한다. 둘째, 지역사회 변화는 연대를 통한 집단행동을 통해 이뤄진다. 셋째, 지역사회 변화과정에서는 조직화를 통한 문제해결을 모색한다. 넷째, 문제해결은 지역주민들과 함께 시작한다. 다섯째, 지역사회의 변화를 위해서는 지도력 개발이 요구된다. 여섯째, 지역사회 변화의 동력으로서 인적·물적 자원 연계가 필요하다. 일곱째, 지역사회 변화에는 여러 가지 전략적 고려가 필요하다. 여덟째, 변화에 대한 신뢰, 즉 집단개입으로 인한 지역사회 변화 가능성에 대한 신뢰가 필요하다(이인재, 2002에서 재인용). 이것을 다시 정리하자면 지역사회실천은 지역사회의 문제를 찾아 해결하는 것이며, 문제 해결의 주체는 지역사회 주민이고, 지역사회 주민이 문제 해결의 주체가 되기 위해서는 주민 역량 강화와 자원 연계가 수반되어야 하며, 결국 그것이 제대로 이뤄지기 위해서는 지역사회 변화에 대한 믿음이 필요하다고 정리할 수 있을 것이다.

그러면 국내에서 지역사회실천의 역사는 어디에서부터 찾을 수 있을까? 여러 의견이 있을 수 있겠지만 조직적인 시작을 찾자면 이 책의 1부에서 언급한 1970년을 전후한 시기에 빈민밀집지역에서 시작된 주민운동에서 찾는 것이 맞을 것이다. 빈민밀집지역 주민운동은 주민조직가의 등장과 함께 시작되는데, 이들이 처음 등장한 것은 1968년에 연세대학교에 도시문제연구소(Institute of Urban Studies and Development)가 미국 연합장로교회의 지원을 받아 설립되고 여기에서 알린스키의 활동 방법론인 CO(Community Organization)에 입각한 행동훈련 프로그램(Action Training Program)을 실시하고 훈련받은 주민조직가

〈표 14〉 빈민밀집지역 주민운동의 활동 내용

유형	내용
주민생활실태조사 및 욕구파악	주민들의 의식화 및 조직화를 위해서는 당면 문제 파악이 급선무. 이를 위해 주민 지도를 그리고, 이를 보다 자세히 하기 위해 행상을 하거나 함께 막노동판에 나가거나 같이 술을 마시기도 함.
철거 등 이슈 투쟁에 대한 지원	빈민지역의 가장 빈번한 이슈인 강제 철거에 관여해 정부 당국에 진정서를 내거나 교회 등에 호소문을 뿌리는 것, 또는 직접 시위를 조직하기도 함.
기초생활서비스 확보를 위한 사업	인간다운 삶을 위한 최소한의 조건조차 제공되지 않는 상태에서 의료협동조합이나 진료소, 주민병원 설립 시도, 공동주택조합 추진, 탁아소나 신협 설립.
근거지에서의 각종 프로그램 운영	교회 및 지역 센터를 중심으로 각종 소모임 운영, 공부방이나 경로잔치, 부녀자소비조합, 미혼여성노동자를 위한 교양강습, 청소년 야학, 독서회, 토론회 등

자료: 신명호 외(1999: 61-63) 참조 구성.

들이 빈민밀집지역에 파견되면서부터이다. 주민조직가들은 철거가 예정되어 있거나 빈민들이 밀집되어 있는 지역에 들어가 함께 살면서 다양한 활동을 조직하는데, 신명호 외(1999)에서는 그것을 〈표 14〉와 같이 정리한다.

이후 지역사회복지관이 들어서면서 지역사회실천은 복지서비스 공급을 중심으로 담론과 실천이 조직되지만, 뚜렷한 사회복지 정책도 변변한 지역복지 서비스 공급 주체도 없던 당시에 빈민밀집지역 주민운동의 주민조직가들은 철거가 예정되어 있거나 빈민들이 밀집되어 있는 지역에 들어가 함께 살면서 하나의 모델로는 설명하기 어려운 다양한 지역사회실천의 모습을 보여주었다.* 그리고 후일 지역사회를 기반으로

---

* 알린스키의 CO론은 정치적 행동주의의 측면에서 설명이 되곤 하지만 빈민밀집지역 주민운동의

하는 다양한 사회운동과 사회복지 실천에 영향을 미친다. 물론 1부에서 설명한 것처럼 자활사업 역시 빈민밀집지역 주민운동의 한 흐름을 역사적 기원으로 한다.

2. 지역자활센터와 자활기업 알아보기–제도적 이해

1) 지역자활센터

지역자활센터는 보건복지부 자활사업의 최일선에 위치한 조직으로 이를테면 자활사업의 신경과 같은 조직이다. 국민기초생활보장법 제16조는 수급자 및 차상위자의 자활 촉진에 필요한 사업을 수행하게 하기 위하여 사회복지법인 등 비영리법인과 단체(이하 이 조에서 "법인등"이라 한다)를 법인등의 신청을 받아 지역자활센터로 지정할 수 있으며 이 때 지역사회복지사업 및 자활지원사업 수행능력·경험 등을 고려해야 한다고 기술되어 있다. 즉, 지역자활센터는 해당 지역에서 일정한 역할을 수행한 경험이 있는 조직만이 운영할 수 있는 셈이다. 이렇게 지역자활센터를 지정받은 조직을 모법인이라고 한다.

1996년에 자활지원센터라는 명칭으로 시범사업으로 출발한 지역자활센터는 국민기초생활보장법이 제정되면서 공식적인 전달체계로서

전개 과정을 보면 이 지점으로만 설명할 수 없다. 지역사회구축(community building)이나 지역사회개발(community development)의 면모도 함께 나타나는데, 이는 개발도상국의 빈민밀집지역에서 조직되는 지역사회실천이 어느 한 유형으로만 나타나는 것은 불가능하기 때문일 수 있을 것이다. 필리핀의 빈민밀집지역 활동 사례를 분석한 Duthy & Bolo-Duthy(2003)은 그래서 지역사회조직, 지역사회구축, 지역사회개발의 협력 모델을 보여주기도 한다.

역할을 부여받게 되었고 그 과정에서 급속도로 확대된다. 기초생활보장 수급자의 규모 등의 문제로 지정이 되지 않았거나 몇 가지 문제로 지역자활센터의 지정이 취소된 예외적인 경우를 제외하고 전국 대부분의 기초지자체에 존재하고 있으며, 일부 기초지자체에는 2~3개가 있기도 하다.

지역자활센터의 가장 일반적인 활동은 자활근로를 운영하고 이를 바탕으로 자활기업을 창업하는 것이다. 자활근로는 '국민기초생활보장법에 의한 저소득층에게 자활을 위한 근로의 기회를 제공하여 자활기반을 조성하는 사업'으로 정의되는데, 2014년 기준 자활사업 총 예산의 94.5%(약 4천억원)를 차지하는 핵심 프로그램이다(보건복지부, 2014, 김정원 외, 2014에서 재인용). 시장진입형, 사회서비스형, 인턴·도우미형, 근로유지형 등으로 구성되어 있으며, 이 중 시장진입형과 사회서비스 일자리형의 일부는 향후 시장진입을 준비해야 한다. 이런 점 때문에 자활근로는 창업을 위해 자활능력을 개발하는 일종의 보육 단계로서의 성격을 갖는다. 시장진입형 자활근로사업은 사업단 구성으로부터 2년

〈표 15〉 지역자활센터 지정 추진 경과

구분(연도)	1996	2000	2001	2002	2003	2004	2011
총계(개소)	5	70	169	192	209	242	247
지정(개소)	5 (시범사업)	50	99	30	17	33	5
취소·반납				7 (취소 4)			

자료: 보건복지부(2015:224)에서 인용.

(시·군·구청장이 인정할 시 3년) 이내에 자활기업으로 전환·창업해야 하며, 사회복지서비스 제공이 아닌 사회서비스형 자활근로사업단은 2년 이내(시·군·구청장이 인정할 시 3년까지)에 시장진입형 자활근로사업단으로 전환하거나 자활기업으로 창업을 해야 한다.

물론 자활근로 이외에 다른 사업도 가능하다. 기본적으로 국민기초생활보장법은 자활근로를 명시하고 있지는 않다. 다음과 같은 사업이 명시되어 있다. '자활의욕 고취를 위한 교육', '자활을 위한 정보제공, 상담, 직업교육 및 취업알선', '생업을 위한 자금융자 알선', '자영창업 지원 및 기술·경영 지도', '자활기업의 설립·운영 지원', '그 밖에 자활을 위한 각종 사업'이다. 여기에 2015년에 발간된 사업 지침인 보건복지부의

〈표 16〉 시장진입형 및 사회서비스형 자활근로사업 내용

	시장진입형 자활근로	사회서비스형 자활근로
정의	매출액이 총 사업비의 30% 이상 발생하고, 일정기간 내에 자활기업 창업을 통한 시장진입을 지향하는 사업단 사업	사회적으로 유용한 일자리 제공으로 참여자의 자활능력 개발과 의지를 고취하여 향후 시장진입을 준비하는 사업으로 매출액이 총 사업비의 10% 이상 발생하여야 함
인건비	36,770원/일 1일 8시간 주 5일 근무시 월 878,020원	33,270원/일 1일 8시간 주 5일 근무시 월 787,020원
인건비와 사업비 비율	70:30	70:30
추진기간	사업단 구성으로부터 2년 내 자활기업 창업 (기초지자체장 인정시 3년까지)	사업단구성으로부터 2년까지 허용되며 기간내 시장진입형 자활근로사업단으로 전환하거나, 자활기업으로 창업하여야 함(단, 시·군·구청장이 필요하다고 인정한 경우 3년까지 가능)

자료: 보건복지부(2015) 참조 구성.

〈자활사업안내〉에는 사회서비스지원사업이 추가되어 있다.

지역자활센터의 재정은 크게 보조금과 사업비로 구분이 가능하다. 보조금은 자활사업이라는 정부의 특정 사업을 수행하는 대가로 지급받는다고 할 수 있는 것으로 기관의 운영에 소요되는 경비이다. 사업비는 사업을 수행하는 과정에서 확보된다. 가장 대표적인 것이 자활근로사업비이다. 이밖에 장기요양보험사업이나 사회서비스전자바우처사업과 같은 사회서비스사업을 수행한다면 역시 그에 따른 사업비를 확보할 수 있다. 또한 자활사업단 운영에 따른 수입금의 사용도 제한적이지만 가능하다.* 경우에 따라서는 취업성공패키지와 같은 고용지원 프로그램을 운영하기도 한다. 이는 지역에 따라서 지역자활센터가 상당히 큰 규모의 재정을 운영하는 민간 기관이 될 수도 있음을 의미한다. 게다가 자활근로사업단이나 사회서비스사업의 운영은 인력을 투입해서 경제활동을 하는 행위이다. 이 역시 지역에 따라서는 상당히 큰 영향을 미칠 수 있는 가능성이 지역자활센터에 있음을 의미한다.

그러나 민간 기관으로서 정부의 재정을 사용하기 때문에 그에 따른 정부의 개입이 불가피하다. 정부는 3년 주기로 지역자활센터에 대한 운영 평가를 하고 그에 따라 시·군·구별 조건부수급자 규모, 지역자활센터 참여 수급자 등 운영규모를 결정하여 규모에 따라 지역자활센터 운영비를 차등 지원하기도 하며, 매년 성과평가를 실시하기도 한다. 성과평가는 지역자활센터의 지정취소 및 인센티브 지원에 반영한다.

---

* 자활사업활성화사업비라고 하는 명목으로 자활근로사업단 매출적립금의 최대 20%까지를 공동 교육비, 전문가 인건비, 사업단 경영 및 마케팅 개선 지원 등 자활사업 활성화를 위하여 사업단이 공통 활용할 수 있다. 다만 기관 운영비로는 사용하지 못한다.

이와 별도로 지역자활센터의 사업운영에 관한 지도·감독이 이뤄진다. 이와 같은 중첩적인 개입은 지역자활센터의 자율성을 제약하는 요소가 되기도 한다. 실제로 시범사업 시절에 비해서 제도화 이후, 그리고 제도화 이후에도 초기에 비해서 최근으로 올수록 지역자활센터의 자율성과 활력은 크게 약화되었다는 평가이다.

2) 자활기업

자활기업은 통상적으로는 자활근로사업을 기반으로 창업한 조직으로 인식된다. 공식적으로는 수급자 및 차상위자가 상호 협력하여, 조합 또는 부가가치세법 상의 사업자의 형태로 설립·운영되는 업체로 국민기초생활보장법에 의한 자활공동체의 요건을 갖춰 보장기관으로부터 인정을 받은 조직을 지칭한다. 여기서 보장기관이라 함은 국민기초생활보장법에 의한 급여를 행하는 국가 또는 지방자치단체를 말한다. 오랫동안 자활공동체로 불렸으나 2011년 12월에 국민기초생활보장법이 개정되면서 2012년 7월 1일부터 자활기업으로 명칭이 변경되었다. 자활기업은 제도의 측면에서 접근할 때 자활사업의 최종 귀착지이자 탈출구로 인식된다. 그것은 현재의 자활사업 제도 내에서는 자활기업 이상의 단계가 없기 때문이다.

    자활기업은 기초지자체 수준에서 인정되는 자활기업과 광역지자체 수준에서 인정되는 광역자활기업, 그리고 보건복지부가 인정하는 전국자활기업이 있다. 광역자활기업은 2개 이상의 기초지자체의 자활기업이 연합해 구성하는 경우와 2개 이상의 기초지자체 수급자 등이 참여해 신규 자활기업을 구성하는 경우가 인정된다. 전국자활기업은 2개 이상의 광역지자체를 포함하는 자활사업 추진을 목적으로 해야 한다. 한편, 앞에서 말한 것처럼 일정한 요건을 갖춰야만 자활기업이 될 수 있다. 그것을 2015년을 기준으로 제시하면 다음과 같다.

첫째, 구성원 중 기초생활보장 수급자가 1/3이상이어야 한다. 단, 기존 자활기업에 참여하던 수급자가 전·출입 등 변동 요인에 의해 감소할 경우는 1/5까지 인정한다.

둘째, 조합 또는 부가가치세법상의 사업자로 설립한다(사업자 등록이 필수 요건은 아님).

셋째, 모든 구성원에게 시장진입형 표준소득액('15년 기준 878,020원) 이상의 수익금 배분이 가능해야 한다.

넷째, 자활근로사업단이 자활기업으로 전환할 경우 업종 및 업태의 동일성이 유지되어야 한다.

이상과 같은 자활기업 성립요건을 모두 갖춘 경우에는 요건 충족에 관한 증빙서류 및 구성원 명단, 사업계획서(최근 3개월간의 경영실적 및 향후 전망 등을 종합적으로 작성), 자활기업의 정관 또는 규약, 기타 관련 서류 등을 보장기관에 제출하고 인정을 받는 절차를 거친다.

그럼, 이렇게 해서 창업한 자활기업의 일반적인 특성은 어떨까? 중앙자활센터에서 보유하고 있는 〈2015년 2분기 자활기업 성과데이터〉를 활용해 분석해봤다. 등록된 전체 자활기업은 1,334개인데, 이 중 데이터를 입력한 자활기업은 769개였다. 자료상의 한계가 있지만 구성

〈표 17〉 수급지위별 자활기업참여자

	수급자(특례 포함)	차상위(저소득층)	일반	계
숫자	1322	4070	152	5544
비율	23.8%	73.4%	2.7%	100.0%

〈표 18〉 성별 자활기업 참여자

	남성	여성	계
숫자	1375	4169	5544
비율	24.8%	75.2%	100.0%

〈표 19〉 연령대별 자활기업 참여자

	20대	30대	40대	50대	60대	70대 +	계
숫자	69	252	1043	1884	1055	61	4364
비율	1.6%	5.8%	23.9%	43.2%	24.2%	1.4%	100.0%

비를 중심으로 접근한다면 특성을 이해하는데 충분한 자료이다.

앞의 표들은 자활기업에는 중고령자들이 많이 참여하며 수급자와 차상위 등 빈곤층이 많이 참여하고 남성보다 여성이 많이 참여함을 보여주고 있다. 이는 자활기업이 주로 취약집단이 참여하는 경제 조직임을 보여준다. 그럼, 자활기업의 경제적 성취는 어떨까? 데이터를 분석해 보니 1인당 월평균 임금은 1,010,893원으로 나타났다. 업종이나 기업의 규모에 따라 차이가 존재하기는 한다. 그러나 전반적으로는 1인당 월평균 임금이 2인 가구 기준 최저생계비와 비슷한 수준이라고 할 수 있겠다.*

〈표 20〉 고용규모별 자활기업

	+100명	50~99명	10~49명	5~9명	3~4명	2명	1명	계
숫자	6	9	97	131	226	238	57	764
비율	0.8%	1.2%	12.7%	17.2%	29.6%	31.2%	7.5%	100.0%

그러면 자활기업의 고용 창출 현황은 어떨까? 분석 결과 1개소당 7.2명이 구성원으로 참여하고 있다. 그런데, 자활기업 간에 고용 규모에서 매우 큰 편차가 존재한다. 고용 규모가 가장 큰 기업은 203명이며, 모두 6개 기업이 100명 이상을 고용하고 있는 것으로 나타났다. 그러나 한 명 내지 두 명이 구성원으로 참여하고 있는 기업이 40%에 이르고 있다. 고용 규모가 큰 기업들은 대개 돌봄서비스 업종이었다. 100명 이상 고용 규모 자활기업 중 5개가 돌봄서비스 업종이며, 돌봄서비스 업종이 아닌 경우도 돌봄서비스 사업장을 포함하고 있는 경우였다. 고용 규모를 50명 이상으로 확장할 경우 15개 기업 중 11개가 돌봄서비스 업종일 정도로 고용 규모가 큰 자활기업에서 돌봄서비스 업종이 차지하는 비중은 큰 편이다.

업종별로 살펴보면 업종별로는 집수리 업종에서 자활기업이 가장 많고 그 뒤를 청소가 잇고 있다. 기타를 제외하면 음식점/음료판매가 셋째로 많고 이어서 돌봄서비스였다.

정리하자면, 자활기업은 자활근로를 통해 창업한 빈곤층의 일터라는

---

* 2015년 기준 월 최저생계비는 1인 가구 61만7천281원, 2인 가구 105만1천48원, 3인 가구 135만9천688원, 4인 가구 1,668,329원이다.

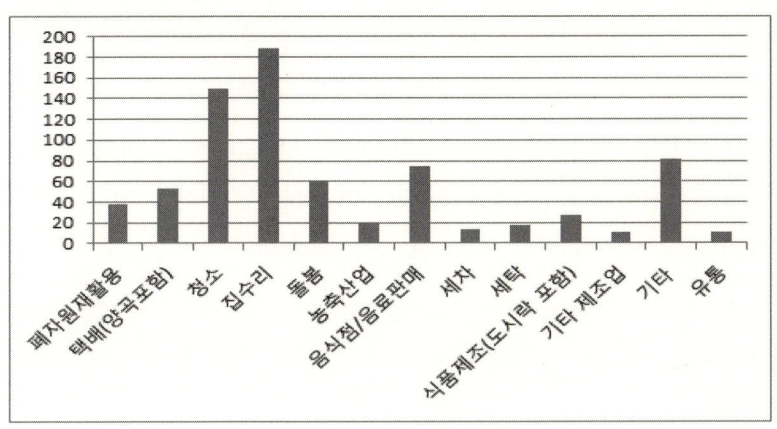

〈그림 6〉 업종별 자활기업

제도적 특성 이외에 〈서비스산업 + 노동집약적 업종〉이라는 특성을 지니고 있으며, 경제적 성취는 그리 크지 않은 모습을 갖고 있다고 할 수 있다. 그런데 잠깐 짚어보자. 경제적 성취가 크지 않은 기업이다? 정확하게는 크지 않은 것이 아니라 취약하다. 기업인데 경제적 성취가 취약하다? 정부의 지원을 받아 만들어지는 기업인데 경제적 성취가 취약하다고 하니 뭔가 큰 문제가 있다고 생각하는 사람이 많을 것이다. 그러나 한 발 떨어져서 봐야 한다. 그것은 구성원들의 특성과 자활기업이 조직되는 방식이다.

 자활기업의 구성원들은 노동시장에서 경쟁력을 갖추기 어려운 이들이다. 기본적으로 경제적 성취에 한계가 있을 수밖에 없다. 게다가 자활기업은 정부의 지원이라는 공적 자원과 지역자활센터의 지원이라는 사회적 자원이 결합된 산물이다. 이는 자활기업이 '기업'이라는 형식을 갖고 있다 하더라도 더 높은 수준의 경제적 성취를 기준으로 바라보는 것은 올바른 관점이 아닐 수도 있음을 말한다. 기업이라고 해서 반드시 경제적 성취가 최우선일 필요는 없다. 자활기업의 구성원 특성과 조직 과정의 특성을 고려한다면 그 역할과 평가의 기준을 시장에 초점을 두기보다는 사회에 초점을 두는 것이 더 바람직할 것이다. 기업은 경제 활동을 하지만 사회의 산물이고 구성단위이다.

자활기업에 대한 정부 지원

-. 자활근로사업단 매출적립금 이용(60%까지 가능, 매출적립금 지원시 1천만원 이상 고가설비, 전세자금 및 임대보증금 등은 지역자활센터 명의로 관리하며, 자활기업 지원기간 종료 후 자활기업 일부 부담을 통해 명의를 자활기업으로 전환 가능

↳ 사업단 구성인원의 2/3 이상 자활기업 전환시 창업자금 100% 이내에서 필요 자금/사업단 구성인원의 1/2 이상 자활기업 전환시 창업자금 70% 이내에서 필요 자금/사업단 구성인원의 1/2 미만 자활기업 전환시 창업자금 50% 이내에서 필요 자금

-. 기초생활보장수급자를 채용할 경우 인건비 지원(지원결정일로부터 6월, 최대 5년까지)

-. 비수급 자활근로참여자를 채용할 경우 자활기업 전환 후 초기 6월간 인건비 지원.

-. 창업 후 3년 이상 지원대상 자활기업에 대해 기계설비 구입 및 시설보강 사업비 지원을 위해 자활기금을 활용해 최대 5천만원까지 지원 가능

-. 자활기금을 활용한 지원(자활기업 사업자금의 융자 지원, 전세점포임대지원)

-. 자활기업으로 결정된 날로부터 3년 동안 자치단체 보장기관이 직접 또는 지역자활 센터를 통해 지원 가능하며, 지원기간 경과 후에는 요건에 따른 검토 후 추가 2년까지 지원 가능

보건복지부(2015) 참조

■ 참고 문헌

감정기·백종만·김찬우. 2005. 『지역사회복지론』. 나남출판.
권순원. 1993. "빈곤대책의 재조명: 협동조합을 통한 탈빈곤운동의 활성화를 중심으로." 『한국개발연구』 15(2): 65-87.
권춘택. 1997. "자활지원센터의 현황과 과제-주민운동적 관점에서." 자활지원센터 직원 워크숍 자료, 장소 및 날짜 미상.
김성오·김규태. 1993. 『일하는 사람들의 기업: 스페인 몬드라곤에서 한국의 광동택시까지』. 나라사랑.
김승오. 2010. "시범 사업 단계: 자활사업 제도화 초기." 『자활운동의 역사와 철학』. 한국지역자활센터협회.
김원홍·김태홍·양인숙·김복태. 2012. 『부평구 지역특성에 맞는 일자리창출 방안모색』. 인천광역시 부평구.
김정원. 2012. "자활기업의 지역화 실천: 사회적 경제 네트워크 구축을 중심으로." 『사회적 경제와 자활기업』. 아르케.
____. 2015. "빈곤 문제에 대한 대응과 사회적경제: 빈민밀집지역 주민운동 분석을 중심으로." 『경제와 사회』 제106호: 171-204.
김정원·이문국·김은주. 2010. 『자활사업과 지역화 실천』. 나눔의집.
김정원·김병인·남궁명희·서희정·박용수. 2014. 『나도 일하고 싶다: 당사자, 한국의 고용복지를 말하다』. 인간과 복지.
김홍일. 2002. "자활사업과 지역공동체: 자활사업과 지역공동체 운동의 연관성." 『도시와 빈곤』 56: 5-16.
박호성. 2009. 『공동체론: 화해와 통합의 사회·정치적 기초』. 효형출판.
보건복지부. 2015. 『2015 자활사업안내(Ⅰ)』. 보건복지부.
송경용. 1995. "저소득층의 자활프로그램 활성화(Ⅱ)." 국민복지기획단 회의 자료, 장소 및 날짜 미상.
신명호·이신행·정원용·홍현미라·민동세·전홍규·이호·이근행. 1999. 『지역주민운동 리포트』, 한국도시연구소.
신진욱. 2009. 『시민』. 책세상.
엄한진·박준식·안동규. 2011. "대안운동으로서의 사회적 경제: 프랑스 지역관리기업의 사례를 중심으로." 『사회와 이론』 18: 169-203.

이문국. 1999. "자활지원센터의 성립과 지역복지적 의의." 『월간복지동향』 1999년 6월호: 6-11.
_____. 2002. 『자활사업과 임파워먼트 실천:자활지원 활성화를 위한 임파워먼트 실천 사례연구』. 나눔의집.
이성·정지웅. 2002. 『지역사회조직론-지역사회리더십과 시민운동을 중심으로』. 학지사.
이인재. 2002. "지역복지 실천의 의미와 주체." 『상황과 복지』 11: 205-233.
자규옥. 2015. "지역사회복지 실천모델로서의 협동조합운동." 『사회복지정책』 42(1): 187-210.
한국자활후견기관협회. 2003. 『해외연수 자료 묶음집』.
한상진. 2004. "지구화, 공동체, 자활의 전략." 『서울도시연구』 5(2): 105-116.
한상진·황미영. 2009. 『지역사회복지와 자원부문—한국과 영국의 사회적 기업 사례를 중심으로』. 집문당.

Bernard, Jessie. 1973. *The Sociology of Community*. Scott, Foresman and Company. Glenview, Illinois.
Duthy, Stephen., Bolo-Duthy, Bernadett. 2003. "Empowering People's Organizations in Community Based Forest Management in the Philippines: The Community Organizing Role of NGOs", *Annals of Tropical Research*. Vol. 25. No. 2. pp. 13-27.
Hur, Mann Hyung. 2006. "Empowerment in Terms of Theoretical Perspective: Exploring a Typology of The Process and Components Across Disciplines", *Journal of Community Psychology*. Vol. 34. No. 5. pp. 523-540.
Polanyi, K.(홍기빈 옮김). 2009. 『거대한 전환』. 길.
Fisher, Robert., Romanofsky, Peter. 1981. "Introduction", *Community Organization for Urban Social Change : A Historical Perspective*. Edited by Robert Fisher & Peter Romanofsky. Greenwood Press. Westport, Conneticut·London.

■ 찾아보기

(ㄱ)

게이트웨이　63, 64, 70, 102, 175
공공 시장　87, 111
공동체　23-25, 28, 29, 31, 33, 46, 56, 75, 76, 91, 99, 109, 116, 117, 125, 133, 187, 200, 210, 217, 263, 266-269
국민기초생활보장법　11-13, 23, 30, 33, 38, 52, 67, 80, 261, 275-277, 279
규모화　80, 82, 83, 85, 88, 93, 192, 230, 232

(ㄴ)

노동자협동조합운동　26

(ㄷ)

도시문제연구소　273
동형화　170

(ㄹ)

로스만　271, 272

(ㅂ)

빈민밀집지역　6, 7, 22-24, 26, 29, 40, 70, 73, 75, 94, 113, 257, 273-275

(ㅅ)

사례관리　64, 78, 123, 129, 132-134, 139, 150, 151, 227, 231, 232, 235
사회적경제　18, 23, 32, 33, 58-60, 67, 68, 70, 72, 75-79, 83, 85, 91, 95, 97, 98, 100, 107, 115-117, 123, 131, 135, 136, 139, 156, 157, 167, 209, 210, 215, 222, 223, 232, 245, 247, 248, 252, 255, 256, 269
사회적 프랜차이즈　76, 86, 118
사회혁신　62, 65
생산공동체운동　25, 26, 29, 30, 257, 259
생활경제　53, 54, 56, 60, 61, 230, 232
시민　32, 33, 59, 164, 219, 253, 267, 268
시범사업　29, 31, 38, 61, 70, 94, 100, 101, 113, 166, 167, 212, 257, 259, 275, 276, 279
실업극복운동　38, 57, 68, 69, 113

(ㅇ)

알린스키　23, 24, 273, 274
일자리전문기관　169, 182
임파워먼트　31, 71, 104, 272

(ㅈ)

자조 24, 26, 27, 31, 72, 73, 237, 238, 271

자원순환 57, 98, 109, 232, 235

자치의식 71-74

자활공제협동조합 30, 64, 65, 72, 73, 89, 92, 98, 103, 104, 116, 120, 121, 125, 160, 161, 187, 193, 198

주민조직가 23-26, 30, 40, 73, 273, 274

지역관리기업 33, 44, 46, 47

지역사회복지실천 270-272

지역사회실천 17, 22, 23, 30, 31, 33, 36, 49, 122, 142, 157, 186, 202, 205, 206, 217-220, 226, 227, 229-232, 237, 241, 242, 245, 249, 251, 253, 256, 257, 259, 261, 263, 266, 267, 269-271, 273-275

지역순환경제시스템 32, 33, 36, 42, 49, 51, 245, 246, 269

지역아동센터 40, 112, 117, 173, 178, 179, 189, 191, 197, 220, 247

지역재생 37, 44, 60, 61

지역화 18, 31-33, 123, 165, 198, 206, 210, 217, 219, 221, 256, 269

(ㅋ)

크레솔 183, 184

(ㅌ)

탈수급 17, 187, 262

(ㅍ)

폴라니 268

프레이리 23, 24

■ 저자 소개

김정원
사회학을 공부했고 1990년대 후반부터 빈곤과 사회적경제를 화두로 해서 조직가와 연구자로서 활동을 하면서 몇 권의 책과 논문을 발표했다. 자활정책연구소 소장을 역임했고 지금은 전북대학교 사회과학연구소 학술연구교수로 있다. 어쭙잖게도 자신을 현장 연구자로 생각하고 있으며 연구는 항상 현장과 교감하고 현장에 기여해야 한다고 생각하고 있다.

장효안
2006년 석사논문을 쓰면서 사회와 경제를 다르게 해석하는 이론이자 실천으로써 사회적경제를 접했다. 이후 사회적기업지원센터, 충남발전연구원 사회적경제지원센터 등에서 일하면서 현장에서 사회문제를 해결하고 더 나은 공동체, 더 나은 사회를 만들기 위해 성찰하고 분투하는 다양한 사람들을 만나왔다. 현재는 협동조합 우리동네 이사로 활동하면서 박사논문을 집필하고 있다.

- **사회적경제의 이해와 전망**
  (김성기 외 지음)

  이 책이 다루는 내용은 파이도 키울 수 있고 지속성도 제고할 수 있는 새로운 경제, 대안적 경제에 대해 모색하고자 함에 있다. 집필자들은 이 책에서 '어떻게 하면 이들의 경제적 성과를 높여서 지속가능하게 할 것인가'의 난제를 풀어가기 위한 해법을 찾아보고자 했다.

- **사회적기업을 어떻게 혁신할 것인가**
  (한겨레경제연구소 지음)

  이 책은 기업 운영을 통한 사회문제 해결이라는 사회적기업 본연의 목적을 달성하기 위한 12가지 혁신에 대해 다루었다.

  열두 가지의 각기 다른 모델로 운영되는 사회적기업들의 사례를 통해 사회적기업이 추구하는 혁신이 어떤 기업 운영방식으로 구현되는지, 기업적 사회혁신의 구체적 방법론은 무엇인지를 보여주고 있다.

- **지역사회 기반 사회적기업**
  (김성기 편)

  이 책은 한국의 지역사회 기반 사회적기업들이 어떤 형태로 존재하고 어떻게 활동하는지, 그들의 잠재력과 성과는 무엇인지를 소개한다. 저자들은 전북지역의 사회적기업 탐방으로부터 시작하여, 충청, 제주, 경남, 충남 아산지역, 전남 곡성·여수지역, 태백·강릉 지역에 이르기까지 전국 대부분 지역의 대표적 사회적기업과 지원조직을 탐방했다. 이 책은 이 탐방의 기록이다.

「아르케」의 책

- **사회적경제의 이해와 전망** (김성기 외 지음)
- **이탈리아 사회적경제의 지역전개** (타나카 나츠코 지음, 이성조 옮김)
- **사회적기업을 어떻게 경영할 것인가** (한겨레경제연구소 지음)
- **사회적기업의 이슈와 전망** (김성기 지음)
- **사회적기업이란 무엇인가** (김정원 지음)
- **사회적경제와 자활기업** (김정원 외 지음)
- **한국의 모금가들** (정현경 외 지음)
- **자발적 복지사회** (김경동 지음)
- **지역사회를 비즈니스하다** (김창규 지음)
- **지역통화입문** (아베 요시히로 외 지음/전정근 옮김)
- **지역사회를 건강하게 만드는 커뮤니티비즈니스** (호소우치 노부타카 편저/박혜연, 이상현 옮김)
- **마을은 보물로 가득 차 있다** (오하라 가즈오키 지음/김현정 옮김/원기준 감수)
- **1% 너머로 보는 지역활성화** (지바 미쓰유키 지음/서하나 옮김/최경국 감수)
- **소통과 나눔 그리고 새로운 마을** (와다 다카시 편저/손주희 옮김/한영혜 감수)
- **소호와 함께 마을만들기** (시바타 이쿠오 지음/서현진 옮김)
- **그린투어리즘** (다나카 미쓰루 외 지음/권희주 옮김)
- **스마트커뮤니티** (호소노 스케이로 편저/권윤경 옮김)
- **마을 만들기 매뉴얼** (가사기 히로오 지음/황선희 옮김)
- **NGO학** (박상필 지음)
- **NPO란 무엇인가** (레스터 설러먼 지음/이형진 옮김)
- **NPO와 시민사회** (사토요시유키 지음/송석원 옮김)
- **비영리 경제학** (데니스 영, 리차드 스타인버그 지음/이형진 옮김)
- **비영리조직 경영** (김정린 지음)
- **지역재단이란 무엇인가** (박원순 지음)
- **재단이란 무엇인가** (안하이어 지음/이형진 외 옮김)
- **모금을 디자인하라** (정현경 지음)
- **모금이 세상을 바꾼다** (킴 클라인 지음/이정화 옮김)
- **모금은 모험** (조안 플래너건 지음/임금선 옮김)
- **기부향기는 매콤한 페퍼로드를 타고** (김누리 지음)
- **기부문화의 대변혁** (그레이스 외 지음/김경희 옮김)
- **아름다운 제휴, 기업과 시민사회단체가 만났을 때** (셜리 사가와 외 지음/이형진 옮김)
- **급변하는 시대의 시민사회와 자원봉사** (김경동 지음)
- **시민정치론** (러셀 J. 달톤 지음/서유경 옮김)
- **직접민주주의** (주성수 지음)
- **주민참여와 민주주의** (무로이 쓰토무 엮음/황선희 옮김)
- **시민정치론 강의: 시티즌십** (키이스 포크 저/이병천 외 옮김)
- **급진주의자를 위한 규칙** (사울D.알린스키 지음/박순성 외 옮김)
- **한국 시민사회의 성찰** (김호기 지음)
- **민주주의 대 민주주의** (주성수 편저)
- **인권: 이론과 실천** (마이클프리먼 지음/김철효 옮김)
- **갈등해결과 한국사회** (정주진 지음)
- **공공갈등 해결-정부, 기업, 시민단체를 위한 실전 가이드** (카펜더 지음/정주진 옮김)